GÜNTHER FRANZ

Der Dreißigjährige Krieg
und das deutsche Volk

QUELLEN UND FORSCHUNGEN ZUR AGRARGESCHICHTE

Herausgegeben von

Professor Dr. Dr. Friedrich Lütge
München

Professor Dr. Günther Franz Professor Dr. Wilhelm Abel
Stuttgart-Hohenheim Göttingen

BAND VII

Der Dreißigjährige Krieg und das deutsche Volk

Untersuchungen zur Bevölkerungs- und Agrargeschichte

Von

Professor Dr. Günther Franz
Stuttgart-Hohenheim

3. vermehrte Auflage

Mit 16 Abbildungen
und 1 Falttafel

GUSTAV FISCHER VERLAG · STUTTGART

1961

© Gustav Fischer Verlag : Stuttgart
1961
Alle Rechte vorbehalten
Satz und Druck: Westholst. Verlagsdruckerei Boyens & Co., Heide/Holst.
Einband: Ladstetter & Co., Hamburg
Printed in Germany

ERICH MASCHKE

IN FREUNDSCHAFTLICHER ERINNERUNG
AN DIE GEMEINSAMEN JENAER JAHRE

Vorwort

Die Erstauflage dieses Buches erschien 1940 als Band 6 der «Arbeiten zur Landes- und Volksforschung», die ich zusammen mit Erich Maschke für die von uns begründete Anstalt für geschichtliche Landeskunde an der Friedrich-Schiller-Universität Jena herausgegeben habe. 1943 erschien, wiederum im Verlag Gustav Fischer in Jena, eine zweite vermehrte Auflage, die noch vor Kriegsende vergriffen war. Schon damals hatte ich den Plan, eine künftige Neuauflage in eine Darstellung des Wiederaufbaues Deutschlands nach dem Dreißigjährigen Krieg einzuschmelzen. Vorstudien, großzügig durch die Akademie für Raumforschung und Landesplanung gefördert, haben mich in den Nachkriegsjahren lange Zeit beschäftigt. Andere Verpflichtungen verhinderten jedoch vorerst den Abschluß der Arbeit, so daß ich mich jetzt doch zu einer Neuauflage entschlossen habe, die sich damit begnügt, das inzwischen erschienene und auch einiges ältere, von mir früher übersehene Schrifttum einzuarbeiten. Dadurch ergaben sich mancherlei Ergänzungen und Bestätigungen, auch neue Schattierungen, nirgends aber brauchte ich das vor 20 Jahren gezeichnete Bild in seinen Grundzügen zu ändern. Die Ergebnisse des Buches sind, das darf ich wohl sagen, zum Gemeingut geschichtlicher Darstellung geworden. Trotzdem oder gerade deswegen scheint es mir angebracht, den Unterbau für meine Thesen, der aus so vielen kleinen und kleinsten Mosaiksteinen errichtet wurde, erneut vorzulegen.

Inzwischen sind verschiedentlich, unter Benutzung meines Buches, Karten des Bevölkerungsverlustes im Dreißigjährigen Krieg entwickelt worden (Westermanns Atlas, Bevölkerungs-Ploetz). Ich habe mich daher entschlossen, auch dieser Neuauflage eine Skizze beizugeben, obgleich ich mir der Schwierigkeit der kartographischen Festlegung, die leicht zu einer Vereinfachung führen kann, bewußt bin. Daß Karten der Bevölkerungsdichte für das 16. und 17. Jahrhundert möglich sind, zeigen nicht nur die diesem Buche beigegebenen Beispiele, sondern vor allem die letzten Forschungen meines zu früh verstorbenen einstigen Jenaer Kollegen F. Koerner.

Den Herren Landesarchivar Dr. Blaschke, Prof. Dr. E. Keyser und Oberregierungsrat Dr. Kluge danke ich für Kartenvorlagen. Mein Assistent Dr. E. Klein hat dankenswerterweise die Korrekturen gelesen und das Register gefertigt.

Daß das Buch im alten Verlage erscheinen kann, ist mir eine Freude, und ich danke der jetzigen Verlagsleiterin Frau von Lucius, daß sie in der gleichen selbstverständlichen Weise wie einst ihr Vater Dr. h. c. Fischer auf alle Ausstattungswünsche eingegangen ist. Ebenso freut es mich herzlich, daß das Buch die gleiche Widmung tragen kann wie einst vor über zwei Jahrzehnten.

Stuttgart, Juli 1961

Günther Franz

Inhalt

Einleitung. Forschungsstand und Quellenlage 1

1. Kapitel. Der Bevölkerungsverlust 5

Ursachen 5 – Schongebiete: Niederdeutschland 7 – Alpenländer 14 – Sachsen 15 – Zerstörungsgebiete: Ostdeutschland (Kurmark, Pommern, Mecklenburg, Schlesien, Böhmen) 17 – Mitteldeutschland (Magdeburg, Thüringen) 28 – Südwestdeutschland (Hessen, Pfalz, Elsaß, Baden) 36 – Oberdeutschland (Württemberg, Bayern, Franken) 42 – Bevölkerungsverlust und Bevölkerungswandel 47

2. Kapitel. Die Herkunft der Neusiedler 52

Oberrhein 52 – Württemberg und Franken (österreichische Emigranten) 65 – Sachsen (böhmische Exulanten) 73 – Thüringen, Magdeburg 76 – Kurmark 78 – Mecklenburg und Pommern 83

3. Kapitel. Die agrargeschichtlichen Folgen des Krieges 85

Wüstungen 85 – Agrarkrisis und Verschuldung 86 – Der Wiederaufbau in Mittel- und Oberdeutschland 87 – Die Meierverfassung in Nordwestdeutschland 91 – Gesindeordnungen 93 – Die Entwicklung der ostdeutschen Gutsherrschaft (Kurmark, Lausitz, Schlesien, Böhmen, Mecklenburg und Pommern) 94

Ortsregister 106

Einleitung

Die Folgen des Dreißigjährigen Krieges für die deutsche Volksgeschichte, vor allem auch für das deutsche Bauerntum, sind oft erörtert worden. Frühere Forschung war geneigt, den Krieg für alle Schäden der Zeit und nicht nur dieser verantwortlich zu machen. Der Bevölkerungsverlust wurde, auf das Ganze gesehen, überschätzt. Der Krieg sollte einen allgemeinen Kulturverfall, eine Kreditkrise, die Verkleinbürgerlichung unseres Lebens zur Folge gehabt haben. Die Wüstungen, deren Zahl in vielen Landschaften fast die der heute noch bestehenden Orte erreicht, sollen der Volksüberlieferung nach, der die Wissenschaft lange folgte, in diesen Notjahren entstanden sein. Die Darstellung von GRIMMELSHAUSENS Simplicius Simplicissimus oder von MOSCHEROSCHS Philander von Sittewaldt, die Klagen einzelner Pfarrer oder interessierter Stände, die Zeichnungen CALLOTS galten als gültige Quellen, die unzulässig verallgemeinert wurden. GUSTAV FREYTAGS Bilder aus der deutschen Vergangenheit sind ein Beispiel jener älteren Schilderungsart.

Nach der Darstellung ERDMANNSDÖRFERS[1], die als erste vorsichtiger zu werten begann, hat HOENIGER gegen die «Legende von der kulturvernichtenden Wirkung des Dreißigjährigen Krieges» Stellung genommen[2]. Doch übertrieb er in anderer Weise und suchte alle Kriegsfolgen wegzuleugnen. Er rechnet mit einer Bevölkerungsverminderung von nur 5 %. Die Plünderungen hätten zu keiner tatsächlichen Einbuße am Volksvermögen, sondern nur zu einer Besitzverschiebung geführt. «Das Gut wechselte nur den Eigentümer.» Wenn HOENIGER nicht dem Krieg, sondern der staatlichen Zersplitterung Deutschlands die Schuld an der Verkümmerung des deutschen Lebens beimißt, so sucht er Ursachen zu scheiden, die nicht voneinander zu trennen sind.

HOENIGERS Aufsatz führte zu einer erneuten Aussprache über die Kriegsfolgen. In den Jahrzehnten, die seitdem verflossen sind, ist eine beträchtliche Zahl von Einzeluntersuchungen, vor allem von Dissertationen, erschienen, die einen gültigen Überblick gewinnen lassen, auch wenn für weite Gebiete noch keine ausreichenden Unterlagen zur Verfügung stehen[3].

---

[1] Deutsche Geschichte vom Westfälischen Frieden bis zum Regierungsantritt Friedrichs d. Gr. Bd. 1 (1892).
[2] R. HOENIGER, Der Dreißigjährige Krieg und die deutsche Kultur (Preußische Jahrbücher 138, 1909, S. 403–450). Vgl. jetzt auch den zusammenfassenden Überblick von R. ERGANG, The Myth of the all-destructive fury of the Thirty Years War (Pocono Pines, Pa. 1956, 40 S.), dem freilich die früheren Auflagen dieses Buches entgangen sind.
[3] Geschlossene Gruppen von Untersuchungen liegen in einer Reihe Tübinger Dissertationen für Württemberg, in einer Anzahl Gießener Arbeiten für Hessen vor. Vgl. auch die zusammenfassende Übersicht von W. GÜNTHER, Grundzüge der sozialen und wirtschaftl. Entwicklung in Deutschland im Zeitalter des Dreißigjährigen Krieges (Diss. Berlin 1931, mit guten Literaturangaben). O. REDLICH, Der Dreißigjährige Krieg und die deutsche Kultur (Ausgewählte Schriften, 1928, 23–38). Ebenso weise ich auf die materialreichen und in der Wertung einsichtigen Abschnitte von G. PAUL, Grundzüge der Rassen- und Raumgeschichte des deutschen Volkes (1935) und Die räumlichen und rassischen Gestaltungskräfte der großdeutschen Geschichte (1938) hin. E. KEYSER, Bevölkerungsgeschichte Deutschlands, 2. Aufl. 1941, 305 ff., bringt vor allem auf Grund des von ihm bearbeiteten Deutschen Städtebuches (1939 ff.) Angaben über den Bevölkerungsverlust einzelner deutscher Städte.

Wirklich genaue Angaben über den Bevölkerungsverlust des deutschen Volkes zu machen wäre freilich nur möglich, wenn im ganzen Reiche zum gleichen Zeitpunkt eine Volkszählung stattgefunden hätte. Das ist selbstverständlich nicht der Fall gewesen. Die Quellen beschränken sich stets auf einzelne Territorien oder auch nur Ämter und Kreise. Sie lassen daher die Bevölkerungsverschiebungen, die in diesen Jahrzehnten, in denen die Bodenverbundenheit allgemein gelockert war, oft schon auf kleinem Raume stattfanden, nicht erfassen. Zudem handelt es sich nur selten um wirkliche Zählungen[4]. Die meisten Angaben finden sich in Steuerlisten, die allein die Haushaltszahlen, nicht die Kopfzahl der Bevölkerung nennen. Auch Listen der wehrfähigen Mannschaft, der Häuser oder Güter treten ergänzend hinzu. Diese Angaben sind jedoch nicht immer ohne weiteres vergleichbar. Man muß sich also in jedem Einzelfall Rechenschaft geben, auf welcher Grundlage die Zählungen stattgefunden haben und welchem Zwecke sie dienen sollten. Ein Rückschluß auf die tatsächliche Einwohnerzahl wird immer nur bedingt möglich sein und nicht zu absolut genauen Angaben führen. Für die Ermittlung der Kriegsfolgen ist er auch nicht notwendig.

Besonders fragwürdig sind Zahlen, die aus den schlimmsten Kriegsjahren stammen. Denn in diesen sind besonders häufig die Einwohner nur in die nächste Stadt oder auch den nahen Wald geflüchtet, um in ruhigeren Zeiten zurückzukehren[5]. Will man die wirklichen Kriegsfolgen erkennen, so wird man nach den Zahlen suchen müssen, die aus einer Zeit stammen, in der bereits wieder friedlichere Verhältnisse eingekehrt sind und die Bevölkerungsbewegung zur Ruhe gekommen ist, auch auf die Möglichkeit hin, daß dann schon wieder in begrenztem Umfang Neusiedlungen stattgefunden haben. Unabhängig von dem Friedensschluß im Jahre 1648 ist für die einzelnen Gebiete der Zeitpunkt verschieden, an dem sie mit dem Wiederaufbau beginnen konnten.

Aufschlußreicher als die Angaben über die tatsächliche Bevölkerungszahl sind fast die Mitteilungen über die wüsten Höfe, obgleich auch hier nicht selten, um Steuererleichterungen zu gewinnen, die Schäden größer angegeben wurden, als sie wirklich waren[6]. Das gleiche gilt von den Zahlen, die wir gelegentlich über den Viehverlust, die unbestellten Äcker oder auch das Ausmaß der Verschuldung erhalten[7].

[4] Prof. B. KUSKE (Köln) wies in einem Brief an mich mit Recht darauf hin, daß «damals – zumal in den geistlichen Ländern – noch die statistische Abneigung des lieben Gottes, der dem König David seine Volkszählung übelgenommen hatte, herrschte, also die Befolgung einer alttestamentlichen Vorschrift».

[5] Um nur ein Beispiel zu nennen: Der Kastner von Hohenfeld am Main berichtete im November 1645, daß die Bewohner «das ganze Dorf öd und leer verlassen, maßen sie noch zur gegenwärtigen Stund abwesend, auch zu besorgen, diesen ganzen Winter nicht wieder heimkommen werden». Im November 1646 berichtete er, sie seien heimgekehrt, nachdem sie ein ganzes Jahr lang «wegen großer Landes- und Kriegsunsicherheit» sich an anderen Orten hätten aufhalten müssen. 1647 weilte ein Teil der Einwohner immer noch in Kitzingen. In Kaltensondheim hatten die Bauern 12 bis 15 Jahre lang eine doppelte Haushaltung, zumeist in der Stadt, in ruhigen Zeiten auf dem Land. (E. KRAUSS, Hohenfeld a. M., 1933, 179, 182). In Basel, das damals 10 000 Einwohner hatte, suchten 1633 4256 Flüchtlinge. 1776 Stück Vieh waren in die Stadt geflüchtet worden. (C. W. BURCKHARDT, Basels Bevölkerung zur Zeit des 30jähr. Krieges 51, 1952, 39).

[6] Als der Rat zu Zwickau 1655 ein Verzeichnis der in Z. ansässigen Bürgerschaft zu Steuerzwecken nach Dresden senden soll, berät er, wieviel man angeben soll. «Es wäre zu bedenken, daß wenn man die Rolle und Mannschaft stark eingebe, es gehen möchte, wie abermals bei der Haubtsteuer, daß hohe Beschwerung und Uflage erfolgen dürfte; gebe mans aber zu schwach an, dürfte Ihr Curf. Dt. hiesigen Platz mit geworbenen Völkern besetzen.» Nachdem der Vorschlag, die Witwen oder auch die Ratspersonen als exempt wegzulassen, abgelehnt worden ist, beschließt man, «daß man das Medium eligirete», in jedem Viertel also etwa 10 Mann wegzulassen. Zwickaus Einwohnerschaft ist 1661 noch um 50 % geringer als 1618. (A. R. KÖHLER,

Selbstverständlich sind für die Dörfer, in denen die Kirchenbücher bis in den Anfang des 17. Jahrhunderts zurückreichen, auch diese eine wichtige Quelle der Bevölkerungsgeschichte, auch wenn sie in den schlimmsten Kriegszeiten vielfach nur sehr unzuverlässig geführt wurden. Doch scheint mir die vielfach angewandte Methode, aus der Zahl der Taufen auf die Einwohnerzahl zu schließen, mehr Fehlermöglichkeiten zu enthalten, als zugegeben wird. Die Kinderzahl wird allzusehr als feststehende Größe genommen[8]. Der Hauptwert der Kirchenbücher liegt in den Angaben über die Herkunft der Neusiedler nach dem Kriege. Hierfür sind sie vielfach die einzige, schlechthin unersetzliche Quelle. Ihre Benutzung leidet freilich darunter, daß sie bis heute nur für wenige Gebiete in den zuständigen Archiven zusammengefaßt sind, eine Fahrt von Dorf zu Dorf aber kaum einem Forscher möglich ist.

Würde man wirklich alle in den Archiven vorhandenen statistischen Quellen unter Heranziehung auch der Kirchenbücher erfassen können, so würde es meines Erachtens möglich sein, Karten zu entwerfen, die die Bevölkerungsdichte Deutschlands vor und nach dem Dreißigjährigen Kriege zeigen und nicht allzu viele Lücken aufweisen würden. Solche Archivstudien jedoch würden die Arbeitskraft eines einzelnen übersteigen. Mir kam es allein darauf an, auf Grund der bisher veröffentlichten Quellen ein Gesamtbild zu zeichnen, das dennoch auf so festen Füßen ruht, daß die Einzelforschung, wie ich meine, es nur ergänzen und bereichern, aber nicht grundsätzlich wird ändern können. Auch wenn ich mich im ganzen nur an gedruckte Angaben halte, ist es mir doch möglich, zahlreiche Quellen erstmals zu verwerten, die bisher von der Forschung noch nicht beachtet worden sind. Denn keine Quellengruppe ist bisher von der geschichtlichen Forschung so vernachlässigt worden wie die bevölkerungsgeschichtlichen Quellen. Sie blieben zumeist den Sippenforschern vorbehalten, die sie in ihren Zeitschriften oder in Privatdrucken veröffentlichen[9]. Und doch enthalten, wie sich ergeben wird, eben diese Bevölkerungslisten zahlreiche Bausteine, an denen der Historiker nicht achtlos vorübergehen kann.

Mir kommt es dabei nicht auf eine kritische Behandlung aller Folgen des Großen Krieges an. Es soll allein festgestellt werden, wie groß wirklich der durch den Krieg

Der Einfluß des Dreißigjährigen Krieges auf die Bevölkerungszahl deutscher Städte, insbes. auf die Zwickaus, Diss. phil. Leipzig Ms. 1919, S. 16 f.) - Ähnlich bemerkt der Pfarrer zu Langhennersdorf zu einer amtlichen Volkszählung 1658: «Sind aber mehr gewesen, um gewisser Ursachen willen nicht angegeben» (KÖNIGSDÖRFFER, Verwüstung der Kirchfahrt Langhennersdorf, 1879, S. 7).

[7] Vgl. hierzu auch die methodischen Bemerkungen von F. KOERNER, Beiträge zur Geopolitik und Bevölkerungsgesch. d. mittl. Saalegebietes (Jena 1935) 29 ff., der in dieser Arbeit erstmals auch für ein begrenztes Gebiet eine Kriegsschädenkarte zeichnet (vgl. u. S. 29), und dessen Studien für das 16. Jahrhundert: Die Bevölkerungsverteilung in Thüringen am Ausgang des 16. Jahrh. (Wissl. Veröffentl. d. Deutschen Inst. f. Länderkunde Leipzig NF. 15/16, 1958) und Die Bevölkerungszahl und Dichte in Mitteleuropa zum Beginn der Neuzeit (Forschungen u. Fortschritte 33, 1959, S. 325–331).

[8] Vgl. die kritischen Beispiele von L. NAUMANN, Skizzen u. Bilder zur Heimatkunde d. Kr. Eckartsberga V (1904) 93.

[9] Auch hier ist Vollständigkeit kaum erreichbar. Ich hoffe dennoch alle wesentlichen Veröffentlichungen erfaßt zu haben. Grundsätzlich abgesehen habe ich von den Angaben, die fast jede Ortsgeschichte über die Folgen des Dreißigjährigen Krieges bringt, da diese Mitteilungen nur selten für ein größeres Gebiet statistisch auswertbar sind. Eine Ausnahme mache ich allein mit den Angaben, die das Deutsche Städtebuch bringt. Doch sind hier die Zahlen meistens leider in Einwohnerzahlen umgerechnet, ohne daß sich erkennen läßt, auf welche Weise sie gewonnen sind. Daß für keine der schleswig-holsteinischen Städte aus dem 17. Jahrhundert Vergleichszahlen vorliegen, zeigt, wie spärlich trotzdem gute statistische Angaben sind.

hervorgerufene Bevölkerungsverlust, vor allem auf dem Lande, gewesen ist, in welcher Form die Wiederbesiedlung nach dem Kriege stattgefunden hat und welche agrargeschichtliche Folgen der Krieg gehabt hat. Die Bedeutung des Dreißigjährigen Krieges für die allgemeine wirtschaftliche Entwicklung Deutschlands scheint mir durch frühere Untersuchungen bereits ausreichend geklärt zu sein[10].

---

[10] Ich verweise auf die genannte Arbeit von W. GÜNTHER und die DAHLMANN-WAITZ Nr. 11106 und 12597 angeführten Aufsätze. Vgl. jetzt auch die Studie von F. LÜTGE, Die wirtschaftliche Lage Deutschlands vor Ausbruch des 30j. Krieges (Jbb. f. Nationalökonomie 170, 1958, S. 43–99) und Strukturelle und konjunkturelle Wandlungen in der deutschen Wirtschaft vor Ausbruch des 30j. Krieges (Sitzungsberichte Bayr. Akademie, phil.-hist. Kl. 1958, 5).

1. Kapitel

Der Bevölkerungsverlust

Deutlich geht aus allen Quellen hervor, daß die unmittelbaren Kriegsverluste verhältnismäßig gering gewesen sind. Trotz aller Grausamkeiten sind es immer nur einzelne, die von Soldaten erschlagen wurden. Zu einer nennenswerten Bevölkerungseinbuße haben alle diese Gewalttaten, so schaurig sie auch im Einzelfall gewesen sein mögen, nicht geführt[1]. Selbst in den Schlachten waren die Verluste nie allzugroß[2]. Auch der Hunger hat sicher nur eine begrenzte Zahl von Opfern gefordert, von den ganz vereinzelten Fällen von Menschenfresserei, soweit sie überhaupt nachweisbar sind, nicht zu reden[3]. Aber das Kriegselend und die Hungersnöte haben – ähnlich wie im Weltkrieg die Hungerblockade – den Volkskörper geschwächt und weniger widerstandsfähig werden lassen, so daß die Seuchen zum gefährlichsten Feinde werden konnten. Denn ebenso wie im Weltkrieg die Grippeepidemie hat auch im Dreißigjährigen Kriege die Pest die meisten Opfer gefordert. Gewiß gab es auch in den Jahrzehnten zuvor schon immer Epidemien, die in einzelnen Orten die Einwohnerschaft in einem heute kaum mehr glaublichen Maße dezimierten[4]. Aber in Friedenszeiten konnte man vor der Pest aus den besonders gefährdeten Städten auf das Land flüchten und sich retten. Jetzt hatte sich schon zuvor die Einwohnerschaft ganzer Landschaften vor den umherziehenden Truppen hinter die Mauern der Städte geflüchtet. Die Pest konnte so in den übervöl-

[1] Auch I. Bog, Die bäuerliche Wirtschaft im Zeitalter des 30j. Krieges (1952) S. 114 weist darauf hin, daß Fälle von körperlicher Gewalt selbst in den letzten Kriegsjahren noch als Ausnahmen angesehen wurden.
[2] K. Th. v. Inama-Sternegg (Die volkswirtschaftl. Folgen des Dreißigjährigen Krieges f. Deutschland, Hist. Taschenbuch, 4. F., Bd. 5, 1864, S. 15) erwähnt, daß zeitgenössische Schätzungen von 325 000 oder 338 000 Kriegsgefallenen sprechen. Eine Nachprüfung ist nicht möglich.
[3] Die Arbeit von F. Julian, Angebliche Menschenfresserei im Dreißigjährigen Kriege (Mitt. d. Hist. Ver. d. Pfalz 45, 1927, 37–92) ist nicht erschöpfend. Einzelfälle scheinen mir zweifellos vorgekommen zu sein. Carpzow, Responsa iuris electoralis (1683) Buch 6, Resp. 94 (S. 228) teilt den Fall eines Heldrunger Bürgers mit, der 1639 seine 70jähr. Frau nach 32jähr. Ehe getötet und ihr Fleisch zum Teil für sich gekocht habe. Damals seien in Heldrungen 67 Menschen an Hunger gestorben. Der Leipziger Schöffenstuhl verurteilte den Täter, der sich selbst angezeigt hatte, zum Tode mit dem Schwert.
[4] G. Sticker, Die Gesch. d. Pest (Abh. a. d. Seuchengesch. I, 1, 1907). J. Nohl, Der schwarze Tod (1924). G. Lammert, Gesch. d. Seuchen, Hungers- und Kriegsnöte z. Zt. d. Dreißigjährigen Krieges (1890). Vgl. auch die beispielhafte Untersuchung von W. Kuhn, Die Pest in Olmütz im Dreißigjährigen Kriege (Die medizinische Welt 14, 1940, 254 ff.) und neuerdings den Forschungsbericht von E. Keyser, Neue deutsche Forschungen über die Geschichte der Pest (VSWG 44, 1957, S. 243–253). K. Kisskalt hat eine größere Zahl örtlicher Untersuchungen über die Sterblichkeit in bayerischen Städten im 17. und 18. Jahrh. durchführen lassen. Vgl. darüber K. Kisskalt, Epidemiologisch-statistische Untersuchungen über die Sterblichkeit von 1600–1800 (Archiv f. Hygiene 137, 1953, S. 26–42). E. Keyser hat seiner Übersicht über Die Ausbreitung der Pest in den deutschen Städten nach den Angaben im Deutschen Städtebuch (Ergebnisse und Probleme moderner geogr. Forschung. Festgabe H. Mortensen, 1954, S. 207–215) eine Karte der Ausbreitung der Pest in den Jahren 1634–40 beigegeben, die ich mit Erlaubnis Prof. Keysers hier wiedergeben kann.

kerten, jedes hygienischen Schutzes baren Orten reiche Einkehr halten. Von den 701 Personen, die in Groß-Salze bei Magdeburg an der Pest starben, waren 429 Bauern[5]. Darmstadt hatte nach der Schlacht bei Nördlingen mehr Flüchtlinge als Einwohner. Von beiden raffte die Pest über die Hälfte dahin. Allein 130 Eberstädter Namen finden sich in den damaligen Darmstädter Totenbüchern[6].

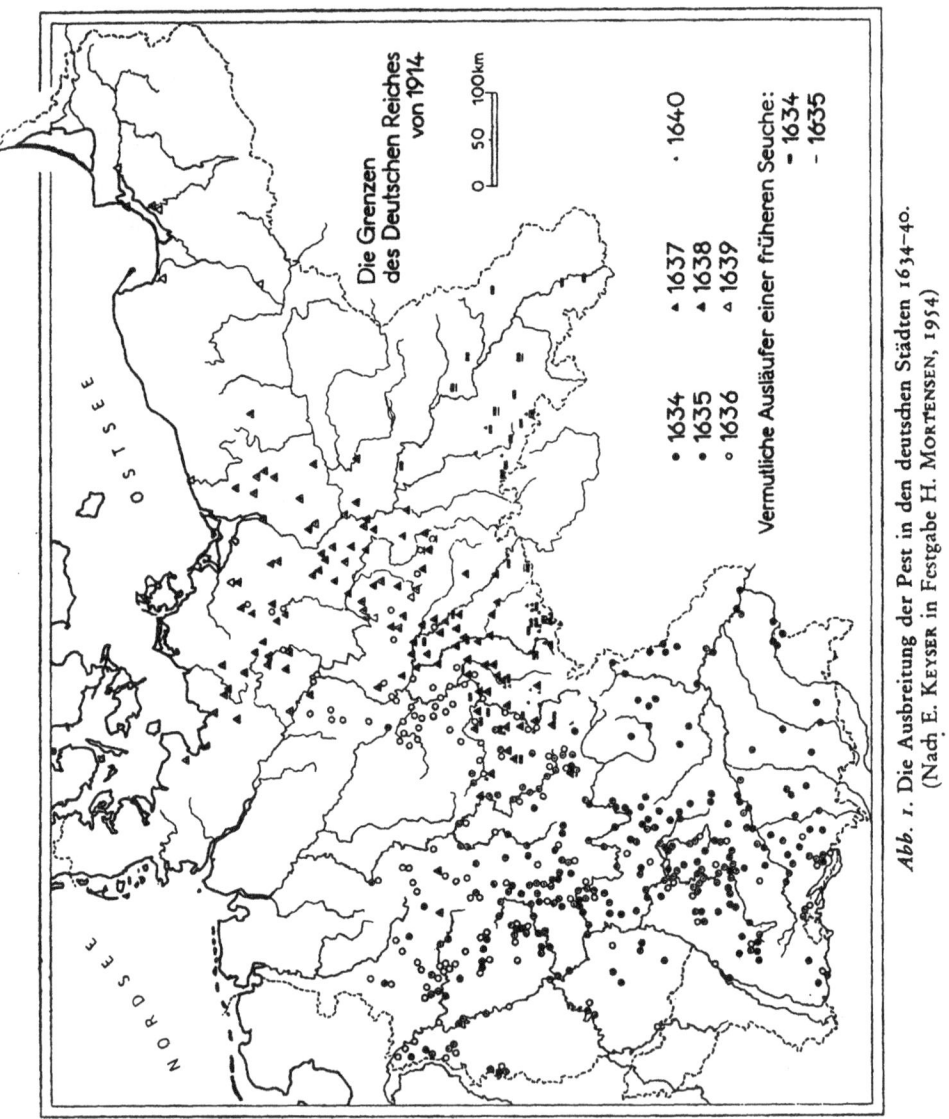

Abb. 1. Die Ausbreitung der Pest in den deutschen Städten 1634–40. (Nach E. KEYSER in Festgabe H. MORTENSEN, 1954)

[5] SCHWANNECKE (S. 28, Anm. 110) S. 17.
[6] O. KELLER, Eberstädter Namen im Darmstädter Kirchenbuch 1632–50 (Mitt. d. Hess. Familiengesch. Ver. 3, 1934, S. 353–360). Von den 710 Menschen, die im Sommer 1635 in Besigheim an der Pest starben, waren 434 Fremde (A. SIEBER, Das Oberamt Besigheim im Dreißigjährigen

Vor dem Kriege waren die Pestverluste, mochten sie noch so schwer sein, immer wieder in erstaunlich kurzer Zeit ausgeglichen worden. Ein gesunder Volkskörper erneuerte sich aus sich selbst, kaum daß es fremder Zuwanderer bedurfte. So starben in Salzwedel 1581 790 Menschen, 10mal soviel als in normalen Jahren, die Zahl der Trauungen ging auf 10 (statt 30) zurück. Doch im folgenden Jahre heirateten 94 Paare. Entsprechend stieg die Kinderzahl[7]. In dem kleinen Ackerbürgerstädtchen Sindringen in Hohenlohe starben 1607 292 Menschen, während die durchschnittliche Sterbezahl nur 11 bis 12 betrug. 173, also drei Fünftel der Toten, waren Minderjährige. Doch die Geburten nahmen unmittelbar darauf so stark zu, daß der Verlust bis 1616 bereits wieder ausgeglichen war[8]. Auch während des Krieges hoben sich wohl nach den Pestjahren die Heiratszahlen. Aber dennoch war die Erholungsfähigkeit des Volkskörpers sehr viel geringer. Die Taufzahlen blieben gering, die Kindersterblichkeit ungewöhnlich hoch[9]. Es brauchte Jahrzehnte, bis Verluste ausgeglichen wurden, die vordem binnen weniger Jahre überwunden worden waren[10]. So war die Pest gewiß die Hauptursache des Bevölkerungsverlustes, aber sie konnte sich so verhängnisvoll nur infolge des Krieges und nur in den Gebieten, die Kriegsschauplatz waren, auswirken. Es ist schlechthin unmöglich, die Pesttoten nicht zu den Kriegsopfern zu rechnen.

Von den Kriegsereignissen und damit auch von den Kriegsfolgen wurden keineswegs alle Gebiete des Reiches gleichmäßig betroffen. Weite Gebiete lagen im Schatten der kriegerischen Auseinandersetzungen und wurden nur wenige Jahre oder gar nicht in Mitleidenschaft gezogen. Englische Reisende berichten von dem blühenden Zustand Ost- und Westpreußens während des Krieges, dem reichen Besuch der Kornmärkte in Thorn, Danzig und Königsberg[11]. Danzigs Getreideausfuhr erreichte 1649 einen Höchststand, den sie erst im 19. Jahrhundert wieder erklomm[12]. Nach dem schwedisch-polnischen Krieg 1626–30 herrschte in Preußen Ruhe. Erst der Neuausbruch des schwedisch-polnischen Krieges 1655 zog auch Preußen in die kriegerischen Auseinandersetzungen hinein.

Gleich Preußen wurden auch große Teile Nordwestdeutschlands vom Kriege fast völlig verschont. Hamburg[13] blühte während des Krieges auf und legte den Grund zu seiner späteren Vormachtstellung im hansischen Raum. Auch die Einwohnerschaft Lü-

Kriege. Diss. Tüb. 1935, S. 52). In der Predigerpfarrei in Erfurt starben 1637—40 6637 Personen, davon allein 2380 im Armenhaus. Zweifellos zumeist Flüchtlinge (E. WAGNER und R. HUTH, Zur Gesch. unserer Dörfer während des Dreißigjährigen Krieges. Jahrb. Ver. Heimatkunde Amtsbez. Vieselbach 8, 1934, S. 121).
[7] F. KAPHAHN, Die wirtschaftl. Folgen des Dreißigjährigen Krieges f. d. Altmark (1911) 39 ff. Vgl. auch die Beispiele von L. NAUMANN, Skizzen a. a. O. V, 96 f.
[8] E. ROESLE, Die Wirkung des Dreißigjährigen Krieges auf die Entwicklung einer ländl. Bevölkerung (Archiv f. soziale Hygiene 7, 1932, 208–14).
[9] In Utzberg bei Erfurt betrug die Kindersterblichkeit von 1626–35 91,74 %, in Vieselbach von 1628–39 sogar 96,25 % (WAGNER-HUTH a. a. O. 122). A. KEILITZ, Die Wirkungen des Dreißigjährigen Krieges in den Wittumsämtern des Hzt. Braunschweig-Wolfenbüttel (1938) S. 14.
[10] Außer KAPHAHN vgl. auch WAGNER-HUTH 120 f., KEILITZ 10 ff.
[11] ILSE HOFFMANN, Dtld. im Zeitalter des 30j. Kr. nach Berichten u. Urteilen engl. Augenzeugen (Diss. Münster 1927).
[12] D. KRANNHALS, Die Rolle der Weichsel in der Wirtschaftsgesch. d. Ostens (in Die Weichsel, hg. R. WINKEL, 1939, S. 123 ff.). G. FRANZ, Die Geschichte des deutschen Landwarenhandels (in Der deutsche Landwarenhandel. 1960), S. 46 ff.
[13] W. KAYSER, Der niedersächsische Kreis (Diss. Hamburg 1927). Die Einwohnerzahl stieg von 40 000 (1600) auf 60 000 (1650). DSB. I, 390.

becks[14] vermehrte sich fast um die Hälfte. Bremen[15] konnte seine Neustadt anlegen. Emden[16] wuchs bis 1650 stetig an und konnte mit seinen 14 000 Einwohnern fast als Großstadt rechnen.

In Schleswig-Holstein wurden zwar einzelne Städte vom Kriege hart mitgenommen[17]. In Neustadt waren 1632 nur noch 80 Häuser bewohnt. Es sank seitdem zur kleinen Landstadt herab. Krempe, einst eine bedeutende Handelsstadt, wurde durch

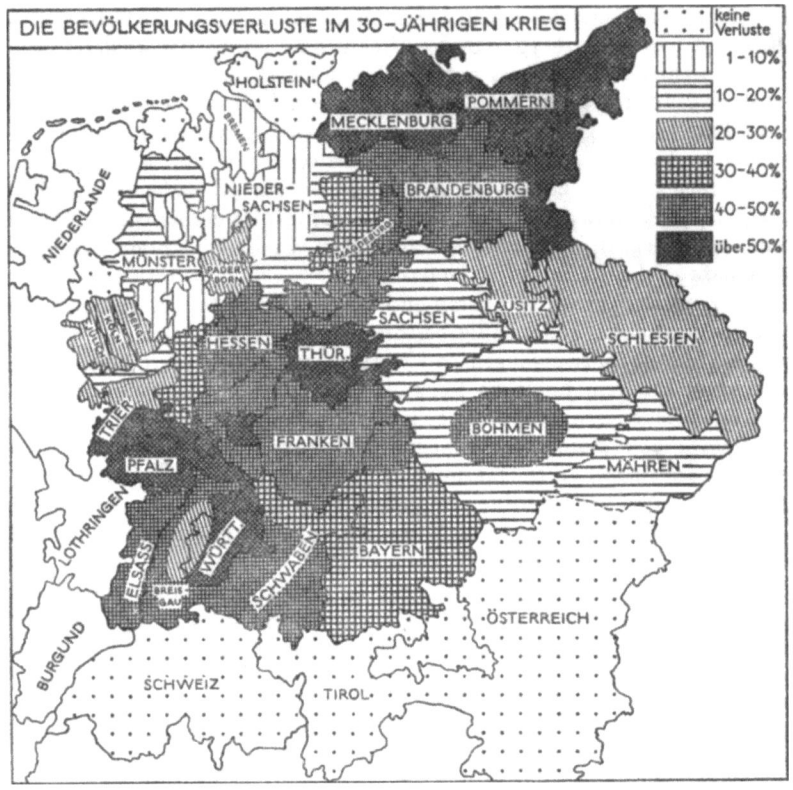

Abb. 2

das neugegründete Glückstadt, durch Hamburg und Altona überholt und verlor die Hälfte seiner Einwohnerschaft. Es erholte sich nie wieder. Auch Eckernförde verlor durch die Pest 1629 fast die Hälfte seiner Einwohner. Doch das waren Ausnahmen. Die Gesamteinwohnerschaft der Städte wie des ganzen Landes blieb sich fast gleich, wuchs vielleicht sogar noch geringfügig an[18]. Auch hier hat erst der Schwedenkrieg 1658-60 schwere Not über das Land gebracht.

[14] Von 22 570 auf 31 068 (DSB. I, 419).
[15] DSB. III (1952) S. 53.
[16] Ebd. S. 123 und ARNDT (vgl. Anm. 18).
[17] DSB. I passim.
[18] C. ARNDT, Die Einwohnerzahlen der niederdeutschen Städte von 1550–1816 (Diss. Hamburg 1946, MS.). ARNDTs Untersuchungen bauen auf den Angaben der ersten drei Bände des DSB. auf. Er nimmt an, daß die Bevölkerung Schleswig-Holsteins (einschließlich Lübecks) sich von

In den holsteinischen Elbmarschen[19] wurden auch während des Krieges Moore urbar gemacht und neues Land eingedeicht. In der Kremper- und Wilstermarsch wurden in diesen Jahren über 100 Familien neu angesiedelt. 23 neue Höfe entstanden in der Nähe Glückstadts, das selbst erst 1616 gegründet worden war. Die Kätnerstellen nahmen zu. Ein zeitweiliger Bevölkerungsabfluß trat allein vorübergehend durch die Abwanderung in die verwüsteten Gebiete Mecklenburgs und der Mark ein. Doch blieben die verlassenen Höfe nicht lange unbesetzt. Neben Marschbauernsöhnen siedelten sich besonders Holländer an. Vor allem aber ergänzte sich die Bevölkerung aus sich selbst. Die Zusammensetzung blieb die gleiche[20].

Auch die welfischen Herzogtümer wurden von den Kriegswirren, vor allem in der zweiten Kriegshälfte nicht sonderlich hart betroffen. Wenn der welfische Gesandte 1648 bei den Friedensverhandlungen erklärte, daß auch in Niedersachsen noch über 200 Städte, Flecken und Dörfer verbrannt und wüst lägen[21], läßt sich eine solche allgemeine Angabe ebensowenig nachprüfen, wie wenn die niedersächsischen Kreistage über den «total zerrütteten» und «völlig enervierten» Zustand des Landes klagten[22]. ARNDT[23] rechnet, daß die Einwohnerzahl Niedersachsens ebenso wie die seiner Städte während des Krieges gleichgeblieben sei[24]. Hannover, Celle und Wolfenbüttel blühten als Residenzstädte während des Krieges auf.

Die Grafschaft Oldenburg hat angeblich während des ganzen Krieges kein fremder Soldat betreten. Graf Anton Günther verstand es, während des Krieges neutral zu bleiben und durch seine weitberühmte Pferdezucht sich und dem Lande große Einnahmen

---

1618 bis 1648 von 502 000 auf 508 000 vermehrt habe (die der Städte von 85 300 auf 86 400). Das ergäbe eine Bevölkerungsdichte von 25 je qkm. H. WEGEMANN, Die Volkszahl Schleswig-Holsteins seit dem Mittelalter (Zs. der Ges. für Schl.-Holst. G. 47, 1917) berechnet dagegen für Schleswig-Holstein und Lauenburg von 1622 bis 1660 einen Rückgang von 472 000 auf 420 000 Einwohnern (Schleswig 215 000:190 000, Holstein 235 000:210 000, Lauenburg 22 000:20 000). Das würde also einen Rückgang von 10 % bedeuten. Doch halte ich ARNDTs Berechnung für zutreffender.

[19] F. SCHWENNICKE, Die holsteinischen Elbmarschen vor und nach dem 30jähr. Kriege (Quellen und Forschungen zur G. Schl.-Holst. 1, 1914) 110–17. D. DETLEFFSEN, G. der holst. Elbmarschen 2 (1892) 256 f.

[20] H. RIEDIGER, Die Bevölkerung des urholst. Kirchspiels Bramstedt (Diss. Hamburg 1937) zeigt, daß von den 451 Hufner und Kätnerfrauen, die zwischen 1618 und 1721 heirateten, 295 aus dem Kirchspiel selbst, die übrigen ausnahmslos aus der näheren und weiteren Umgebung stammten. Auch von den 134 Männern, die einheirateten, stammten 94 aus dem Kirchspiel, 39 aus der Umgebung und nur ein einziger aus etwas größerer Ferne, aus dem Erzstift Bremen. – Es ist zweifellos unbegründet, wenn die Städte 1645 klagten, daß «die Bauern und Untersassen des Landes meistenteils verjagt und von der Hand gebracht» seien. (J. JESSEN, Die Entstehung und Entwicklung der Gutswirtschaft in Schleswig-Holstein, Zs. Ges. schl.-holst. G. 51, 1922, S. 59).

[21] W. HAVEMANN, G. der Lande Braunschweig und Lüneburg 3, (1857) S. 7.

[22] KAYSER a. a. O. S. 7.

[23] ARNDT rechnet zu Niedersachsen nur die Bezirke Lüneburg, Hannover, Bremen und Oldenburg, nicht aber Braunschweig und Hildesheim. Für dies Gebiet nimmt er eine Bevölkerungszahl von 920 000 (Bevölkerungsdichte 34) vor und nach dem Kriege an.

[24] Nur für Wustrow und Wildeshausen nimmt ARNDT einen starken Rückgang an. In Hildesheim stiegen die Geschoßeinnahmen während des Krieges stetig an. Sie betrugen 1635 1610 Taler, 1643 2037 und 1649 6200 Taler (O. FISCHER, Die Stadt Hildesheim während des 30jähr. Kr. 1897). In Stadthagen und der Gft. Schaumburg fand zwar eine Verminderung, aber keine Umschichtung der Bevölkerung statt. Der zeitweilige Rückgang beruhte vor allem auf einem Ausweichen der Bevölkerung. Stadthagen hatte 1614 354 Steuerzahler und 1656 bereits wieder 300 Bürger. 1641 weilte freilich nur ein Drittel der Bürger noch in der Stadt. 1644 waren 147

zu verschaffen. Während des Krieges wurden die Dienste in Geldabgaben umgewandelt, die Meier entlastet, die Zehnten fixiert[25]. Auch das Erzstift Bremen war nur zeitweilig vom Kriege heimgesucht worden[26].

Härter betroffen wurde anscheinend allein das Wendland und die an das mitteldeutsche Kriegsgebiet angrenzenden Striche Südhannovers. Im Amt Lüchow lagen 1639 von 668 amtspflichtigen Höfen 357 wüst. Erst um 1750 wurde im Wendland die Bevölkerungszahl des 16. Jahrhunderts wieder erreicht[27]. Northeim soll nach dem Kriege ein Steinhaufen gewesen sein. In Göttingen wurden von 818 Kothäusern (Katen, Häusern ohne Braugerechtigkeit) 450 abgerissen.

Die Zahl der Tuchmacher sank von 400 auf 17. Noch 1669 bat der Göttinger Rat um Steuerfreiheit für Zuwanderer, um Bauholz und um Förderung der Tuchmacherei, um die Kriegsschäden endlich auszugleichen. Auch in Einbeck gab es 1670 noch 94 unbewohnte Häuser und 435 wüste Stätten. Die Einwohnerzahl war von 1616 bis 1644 auf weniger als die Hälfte (6000 zu etwa 2500) gesunken. Münden erholte sich dagegen, begünstigt durch den Grenzverkehr, rascher[28].

41 Gemeinden des Herzogtums Braunschweig und des Bistums Hildesheim hatten 1539 6993, 1570/80 8113 und 1630/40 6842 Einwohner. Also selbst in dem schlimmsten Kriegsjahrzehnt war die Bevölkerung nur um 10 % zusammengeschmolzen und 1660 bis 1670 hatte sie bereits wieder die Zahl von 9341 Einwohnern erreicht, war also selbst gegenüber dem Bevölkerungszustand von 1570 um 1228 Menschen (15 %) gestiegen. Die Geburtenfreudigkeit war so groß, daß einzelne Gemeinden in 12 Jahren ihre Einwohnerzahl allein infolge des starken Geburtenüberschusses um 15 bis 25 % steigern konnten[29].

Uneinheitlicher ist das Bild, das Westfalen gewährt[30]. Das Bistum Minden, die Grafschaften Lingen[31] (das zu den Niederlanden gehörte) und Bentheim, Mark und Ravensberg und auch das kurkölnische Sauerland[32] scheinen, soweit die spärlichen Angaben

---

Häuser niedergerissen und 79 verschlossen. Vgl. O. ZARETZKY, Stadthagen im 30j. Kr. (Mitt. d. Ver. f. schaumb.-lippesche G. 7, 1939, 305-24). – Im Amt Winsen gab es 1628 160, 1667 154 Hofbesitzer, in der Stadt Winsen 71 und 78 Besitzer (L. WÜLKER, Bevölkerungsgesch. des Kirchspiels Winsen (Neues Arch. f. Landes- und Volkskunde Niedersachsens 1947, S. 176 und Arch. f. Bevölkerungswiss. 11, 1941, S. 257 f).

[25] G. RÜTHNING, Oldenburgische Geschichte 1 (1911). SCHMEDEN, Die Rassenzusammensetzung des oldenburgischen Volkes (Familiengeschichtl. Bll. 28, 1930, 182-84). Schmeden bringt die Tatsache, daß Tilly während der Verfolgung Mansfelds längere Zeit bei Wardenburg in Südoldenburg gelagert hat, mit dem stärkeren Einschlag dunkelhaariger Menschen in dieser Gemeinde in Zusammenhang. C. A. ENDLER, Bevölkerungsgeschichte des Jeverlandes im 17. Jh. (Oldenburger Jahrbuch 52-53, 1952-53, 37-51) erwähnt keine Kriegsfolgen.

[26] KAYSER a. a. O. ARNDT a. a. O.

[27] A. KRENZLIN, Die Kulturlandschaft des hann. Wendlandes (1931) S. 51 f.

[28] HAVEMANN 470 ff. Auch die Angaben, die HAVEMANN S. 7 über 1651 wüstliegende Höfe in einzelnen Ämtern macht, beziehen sich fast ausschließlich auf Südhannover. – J. G. A. GALLETTI, Fortsetzung der allg. Welthistorie 58 (1792) S. 271. H. WALTER, Bevölkerungsgeschichte der Stadt Einbeck (1960) S. 19. W. KRONSHAGE, Die Bevölkerung Göttingens (1960) führt nur bis zum Beginn des Krieges (Pest).

[29] H. MAUERSBERG, Beiträge zur Bevölkerungs- und Sozialgesch. Niedersachsens (1938) 137 ff., 145 ff. A. KEILITZ, Die Wirkungen des 30j. Krieges in den Wittumsämtern des Hzt. Braunschweig-Wolfenbüttel (1938) zeigt, wie das Hzt. Braunschweig Zufluchtsgebiet für die benachbarten, stärker betroffenen Gebiete war.

[30] H. ROTHERT, Die Einwirkungen des 30j. Kr. auf Westfalens Wohlstand und Bevölkerungszahl (Westfälische Forschungen 4, 1941, 134-147).

[31] W. CRAMER, G. der Gft. Lingen im 16. und 17. Jh. (1940).

eine Aussage erlauben, nur wenig Kriegsschäden erlitten zu haben. Die Stadt Essen[33] war schon damals durch ihre Waffenindustrie berühmt und nahm einen starken Aufschwung. Zahlreiche Büchsenmacher und Waffenhändler wanderten aus westfälischen und rheinischen Städten ein. Da kein Seesalz den Rhein mehr heraufkam, wurde in Werl eine neue Saline angelegt. Auch der Steinkohlenbergbau hob sich. In den Gerichten Volmarstein-Herdicke und Schwelm[34] gab es nach dem Kriege kaum wüste Güter. Im Amt Bochum[35] hatten sich die Bauernhöfe von 1542 bis 1664 um ein Viertel vermehrt. Andererseits sank Dortmund[36], das freilich längst seine Stellung als führende Handelsstadt eingebüßt hatte, zur kleinen Ackerstadt herab. Die Patrizier verloren ihre Bedeutung. 1637 wurde erstmals ein Bürgerlicher Bürgermeister.

Auch Soest[37] wurde schwer getroffen. Fast alle Häuser wurden verbrannt oder vernichtet. Zahlreiche Hofstätten wurden zu Gärten, so daß die Stadt seitdem das große Dorf von Westfalen hieß. Recklinghausen[38] wurde zur offenen Stadt und verlor zwei Drittel seiner Bürger. Der Stadt Münster[39] brachte zwar der Friedenskongreß erhebliche Einnahmen. Zudem sah sie als einzige größere Stadt Westfalens während des ganzen Krieges keinen Feind in ihren Mauern. Trotzdem sank die Einwohnerschaft von 1591 (10 613) bis 1669 (5807) auf fast die Hälfte. Doch werden die schwersten Verluste der Stadt erst die dreimalige Belagerung und endliche Eroberung (1655-61) durch den streitbaren Bischof Christoph Bernhard von Galen zugefügt haben. Härter wurden die münsterischen Landstädte betroffen. Aus Rheine, Bocholt, Vreden und Warendorf wanderten zahlreiche Bürger unter dem Druck der Gegenreformation nach den Niederlanden aus. In Rheine lagen noch 1668 100 Hausplätze wüst, nachdem 1647 die Schweden «diesen feinen Ort zum Aschen- und Steinhaufen gemacht» hatten. In Bocholt standen bei Kriegsende 500 Häuser leer. Die Zahl der Bürger war auf 200 gesunken. Auch im Emsland lagen nach dem Kriege zahlreiche Höfe wüst. Doch fehlen genauere Angaben.

Besonders hart scheinen aber das Bistum Paderborn und die Abtei Höxter und Corvey[40] mitgenommen worden zu sein. Paderborn hat neunmal während des Krieges den

---

[32] A. HÖMBERG, Siedlungsgesch. d. oberen Sauerlandes (1938) S. 2 f. nimmt den Bevölkerungsverlust mit über 20 % zu hoch an. Selbst in dem seinen Angaben nach bei weitem am stärksten vom Krieg betroffenen Landesteil, dem Assinghauser Grund, war der Verlust nicht höher, in den meisten anderen Gebieten aber sehr viel geringer.
[33] K. MEWS, Gesch. der Essener Gewehrindustrie (Beitr. zur G. von Stadt und Stift Essen 31, 1912) S. 9 ff. Dagegen O. ISMER, Der 30j. Kr. als Ursache des wirtschaftl. Niedergangs der Stadt Essen (ebd. 36, 1917).
[34] O. SCHNETTLER, Ein Steuerstreik im ehemal. Amt Wetter am Ende des 30j. Kr. (1932), vor allem S. 123 ff., 230 ff.
[35] R. BORGMANN (Westfalen 21, 1926 m. S. 13 ff.). E. SCHULTE, Die Bevölkerung des Amtes Bochum 1664 (Veröff. des Archivs Wanne 1, 1925 und Beitr. zur G. Dortmunds 32, 1925, 161 bis 337). J. BAUERMANN, Jb. d. Ver. f. Orts- und Heimatkunde in der Gft. Mark 51, 1937, 95 bis 128).
[36] J. STEFFEN, Die Reichsstadt Dortmund im 30j. Kr. (Beitr. zur G. Dortmunds 41, 1934, 101). Die Einwohnerschaft sank von 6500 auf 2000 Köpfe, die Taufen allerdings nur um 25 %. In der Umgebung Dortmunds waren dagegen 1655 alle Höfe wieder besetzt, vgl. W. HÜCKER, Die Entwicklung der ländl. Siedlung zwischen Hellweg und Ardey (1939) S. 90 f.
[37] ROTHERT S. 139.
[38] Zs. für vaterl. Gesch. 22 (1862) S. 208.
[39] ROTHERT 135 ff.
[40] ROTHERT 142 ff. Einige Einzelangaben macht P. WIGAND, Provinzialrechte der Fürstentümer Paderborn und Corvey Bd. 2 (1832) 328 f. In der Stadt Borgentreich waren 172 Häuser bewohnt, 83 wüst. In 4 Dörfern des Amtes waren 115 bewohnt und 120 wüst. Im Amt Dringenberg lag 1650 die Hälfte bis ein Drittel der Güter wüst. Weitere Angaben beziehen sich auf die Dörfer Löwen, Eissen, Lütgenede und Dössel.

Herrn gewechselt. Die Einwohnerschaft von Warburg[41] sank von 569 Bürgern und 31 Beiwohnern 1619 auf 411 Bürger und 3 Beiwohner im Jahre 1641, ging also um fast ein Drittel zurück. Freilich wurden 1641 die Juden nicht mitgezählt. Ihre Gemeinde zählte 80 Familien. Sie waren im Kriege anscheinend an Stelle der eingesessenen Bevölkerung getreten. Höxter wurde 1646 nach vielfacher Plünderung durch Niederlegung von Mauern und Schanzen zum offenen Ort gemacht und lag damit jedem Zugriff offen. Paderborn und Höxter grenzten schon an das hessische Zerstörungsgebiet und lagen nahe dem Wesertal an einer der Hauptkriegsstraßen. Auch Obermarsberg[42], die östlichste Stadt des Sauerlandes, wurde im Kriege völlig zerstört. Hatte im ersten Kriegsjahrzehnt die Gegenreformation 147 Familien vertrieben, so gelang es 1646 Wrangel, die nahezu unbezwingliche, auf hohem Bergkegel liegende Stadt zu erstürmen und zu erobern. Die wenigen Bürger, die nach dem Kriege zurückkehrten, mußten den offenen Ort gegen die Wolfsplage mit einem Lattenzaun umgeben.

Auch in der Grafschaft Lippe[43] verlangsamte sich während des Krieges die schnelle Aufwärtsentwicklung des 16. und frühen 17. Jahrhunderts mehr und mehr und machte schließlich einem starken Bevölkerungsrückgang Platz, waren doch im letzten Kriegs-

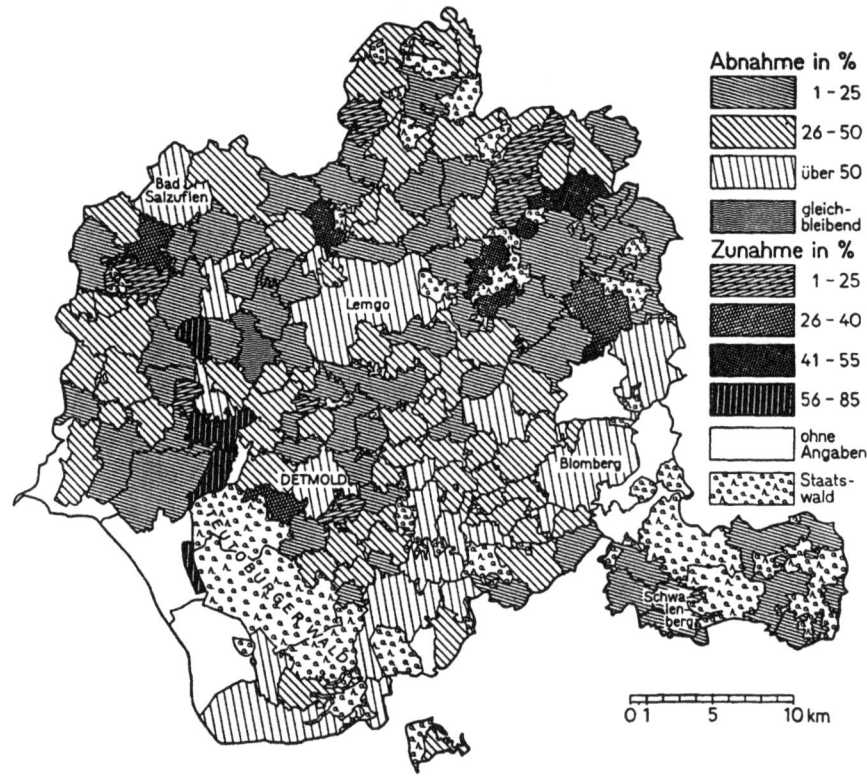

Abb. 3. Die Bevölkerungsbewegung im Lande Lippe 1618–1648 (nach KUHLMANN)

[41] J. SAGEL, Warburg im 30j. Kr. (Diss. Münster 1908) S. 85.
[42] J. SIEBERS, Marsberg zur Zeit des 30j. Kr. (1911).
[43] M. KUHLMANN, Bevölkerungsgeographie des Landes Lippe (1954) S. 38 ff., R. STEGMANN, Die Gft. Lippe im 30j. Kr. (Mitt. aus d. lipp. G. 3, 1903, S. 58, 106 f., 154).

jahrzehnt zeitweise nicht weniger als 20 Regimenter Kaiserlicher in der Grafschaft einquartiert. Die Bevölkerungszahl sank von 40 220 auf 26 000 Einwohner, also um etwa 35 %, so daß die Bevölkerungsdichte von 33 auf 21 Menschen je qkm sich verminderte. Freilich auch in diesem kleinen Gebiet läßt die Karte erkennen, daß das Land sehr unterschiedlich vom Kriege heimgesucht wurde. Im Gebiet der Streusiedlung war der Rückgang geringer als in dem Bereich geschlossener Siedlungsformen. Dörfer auf besonders gutem Boden haben kaum einen Rückgang aufzuweisen. Vor allem betroffen wurden die Städte. Lemgos Größe sank im Kriege dahin. Von 1075 Häusern wurden 467 zerstört. Über 1 Million Taler Schulden lasteten auf der Stadt. In Salzuflen starben 1634 von kaum 1400 Einwohnern 454 binnen 6 Monaten an der Pest. Im ganzen verloren die Städte des Landes 63 % ihrer Einwohnerzahl, so daß der Anteil der städtischen Bevölkerung an der Gesamteinwohnerzahl von 28 % auf 16 % absank. Der Gesamtverlust der Landbevölkerung betrug nur 25 %. Gerade die Dörfer in der nächsten Umgebung der Städte nahmen meist nur sehr wenig ab, ja konnten vereinzelt sogar ihre Einwohnerzahl erhöhen, ein Zeichen dafür, daß sich hier, im Unterschied zu anderen Landschaften, die Stadtbevölkerung auf das Land geflüchtet und seßhaft gemacht hat. Daß dagegen die Dörfer an den großen Verkehrswegen, etwa im Wesertal, besonders hart vom Kriege betroffen wurden, ist von vornherein anzunehmen. Nach dem Kriege nahm die Bevölkerung rasch wieder zu. Bereits 1650 gab es allenfalls noch 20 wüste Bauernstellen im Lande, doch wurde erst nach einem halben Jahrhundert der Bevölkerungsstand der Vorkriegszeit wieder erreicht.

So schwer auch die Verluste in einzelnen westfälischen Gebieten sein mögen, immerhin genügte der eigene Nachwuchs, um nach dem Kriege die Lücken zu schließen. Eine Einwanderung ist fast nirgends festzustellen. Vor allem das nördliche Westfalen scheint vor dem Kriege übervölkert gewesen zu sein. Das 16. Jahrhundert hat die Ansetzung der Markkötter und weiterhin der Heuerlinge gebracht, so daß die Markgemeinden und die Regierungen gegen ihre stete Vermehrung glaubten einschreiten zu müssen. Das war jetzt nicht mehr nötig. Erst seit dem Ende des 17. Jahrhunderts wuchs die Zahl der Heuerlinge wieder an[44].

Im Rheinland ist es schwer, ein Bild der Kriegsverluste zu gewinnen. Für den Niederrhein ermöglichen die Verluste der Landmiliz in den beiden Herzogtümern Jülich und Berg Rückschlüsse auf den Bevölkerungsverlust[45]. Während im zweiten Weltkrieg (1939-1945) in dem gleichen Gebiet die waffenfähige Mannschaft (18- bis 60jährige) sich um 16 % vermindert hat, ging sie in den Jahren 1635-1647 um etwa 30 % zurück. In Jülich waren die Ämter Monschau und Heimbach in ihrer abseitigen Waldlage geschützt (10 %), an der Heerstraße von Aachen zum Rhein steigen die Verluste auf 40 Prozent, um im Amt Jülich mit 62 % den Höhepunkt zu erreichen. Nach Norden zu nahmen die Verluste wiederum ab. Im Herzogtum Berg betrugen die Verluste um Solingen und im Wuppertal 20 %, in Mettmann 43 %. Im ganzen verminderte sich die Mannschaft in Jülich um 35 %, in Berg um 23 %. Bedenkt man, daß die erste Kriegshälfte vor allem auch dem Herzogtum Berg schon schwere Wunden geschlagen hatte, so kommt man in Jülich auf 50, in Berg auf 40 % Verluste der waffenfähigen Mannschaft. Die Verluste der Gesamtbevölkerung werden geringer gewesen sein. Der Bevölkerungsrückgang wird in Jülich höchstens 28 % (50 000 Einwohner), in Berg 20 %

---

[44] A. WRASMANN, Das Heuerlingswesen im Ft. Osnabrück (Mitt. Ver. für G. und Landeskunde von Osnabrück 42), ROTHERT 146.
[45] H. DAHM, Verluste der jülich-bergischen Landmiliz im 30j. Krieg (Düsseldorfer Jb. 45, 1951, 281-89).

(20 000 Einwohner) betragen haben. Bei Frauen und Kindern käme man dann auf eine Verlustquote von etwa 15 %. Jülich gehörte damals zu den dichtest besiedelten Gebieten Europas. Die Bevölkerungsdichte betrug etwa 50 je qkm. Der 30jährige Krieg hat die Entwicklung gelähmt, zumal ihm 70 weitere Kriegsjahre am Niederrhein folgten. Erst nach 1720 wird die Bevölkerungszahl den Stand von 1618 wiedererreicht haben. Berg erholte sich dank der aufstrebenden Industrie rascher[46]. In kaum gestörtem Gleichmaß nahm die Bevölkerung Jahrzehnt für Jahrzehnt um 10 % zu, so daß die Verluste bereits 1680 ausgeglichen sein werden.

Für andere Gebiete, wie vor allem das Kurstift Köln, fehlen alle Zahlenangaben[47]. Doch ist anzunehmen, daß ähnlich wie in Westfalen sich die Zerstörungszentren mit anderen Gebieten, die nur wenig betroffen wurden, die Waage gehalten haben. Auf das Ganze gesehen läßt sich sagen, daß für Schleswig-Holstein, Niedersachsen, große Gebiete Westfalens und wohl auch des Rheinlandes der Krieg keinen entscheidenden Einschnitt in der Bevölkerungsentwicklung darstellt. Vereinzelte stärkere Verluste werden durch Bevölkerungszunahme andernorts ausgeglichen, so daß hier kaum mehr als der natürliche Bevölkerungszuwachs eines Menschenalters verlorengegangen sein wird.

Eine ähnliche Entwicklung weisen die Alpenländer auf. Die Schweiz, die österreichischen Erblande, Tirol, Salzburg wurden vom Kriege nicht oder nur wenig berührt. Die Bevölkerung des Berchtesgadener Landes[48] stieg nach einer vorübergehenden Stagnation im späten 16. Jahrhundert von 1631 bis 1652 dem normalen Wachstum entsprechend um 15 % an (von 5064 auf 5816). Auch die Bevölkerung des Wegrain-Kleinarlertales im Salzburgischen[49] mehrte sich von 1621 bis 1651 von 1942 auf 2063 Einwohner. Nach Graz[50] wanderten zahlreiche Handwerker aus dem Reiche ein, so daß trotz vielfacher Seuchen die Bevölkerung stark anwuchs, und vor allem in den Vorstädten zahlreiche neue Häuser entstanden.

Die Schweiz zog in wirtschaftlicher Hinsicht auch damals schon ausgesprochenen Nutzen aus ihrer Neutralität. GRIMMELSHAUSEN berichtet von einer Schweizerreise: die Schweiz «kam mir gegen andere deutsche Länder so fremd vor, als wenn ich in Brasilien oder China gewesen wäre. Da sah ich die Leute in Frieden handeln und wandeln. Die Ställe standen voll Vieh, die Bauernhöfe liefen voll Hühner, Gänse und Enten. Da war ganz und gar keine Furcht vor dem Feinde, keine Sorge vor der Plünderung und keine Angst, sein Gut, Leib und Leben zu verlieren»[51]. In der Tat stieg die Bevölkerung so stark an, daß es in der Nachkriegszeit zu einer regelrechten Übervölkerung kam, da das gebirgige Land ja immer nur eine begrenzte Anzahl von Bewohnern ernähren konnte. Die Einwohnerschaft der Stadt Zürich stieg von 1637 bis 1671 von 8134 auf 9518, also um 17 % an, die der umliegenden Dörfer sogar von 2916 auf 3558, also um

---

[46] Die Bevölkerung von Elberfeld stieg 1663-77 um 18 %, die von Solingen um 45 %. Ratingen, das 1645 nur noch 60 Bürger zählte, hatte 1663 bereits wieder 250 Bürger (ebd. S. 286).
[47] Leider sind in keinem Band des Deutschen Städtebuches die bevölkerungsgeschichtlichen Zahlenangaben so dürftig und uneinheitlich wie in dem Rheinischen Städtebuch (Bd. III, 3, 1956). Selbst für Köln werden kaum Angaben gebracht. Aachen hat seinen Bevölkerungsstand gehalten, Krefeld und Elberfeld ihn vermehrt. Für Kalkar widersprechen sich die Angaben. Düren hatte 1625 4000, 1648 2600 Einwohner. In Siegburg wurden 1627 367 Einheimische und 19 Auswärtige, 1642 nur 92 Einheimische und 47 Auswärtige veranlagt.
[48] H. MAUERSBERG, Bevölkerungs- und Sozialgesch. des Berchtesgadener Landes (1939) S. 58.
[49] M. SCHÖNBERGER, Bevölkerungsstatistik eines Salzburger Gebirgstales 1621-1920 (Mitt. der Anthropologischen Ges. Wien 56, 1926).
[50] E. POPELKA, G. der Stadt Graz 1 (1928) S. 135.
[51] Simplicius Simplicissimus 5. Buch, 1. Kap.

22 %. Einzelne Orte wiesen einen Zuwachs von 50, ja 60 % auf[52]. Die ganze Züricher Landschaft hatte im 15. Jh. nur etwa 25 000 Einwohner. 1529 lebten hier bereits 50 000 Menschen. 1585 waren es 70 000 bis 85 000 und nach dem Kriege 90 000 Köpfe. Vor allem die letzten Jahrzehnte des Krieges hatten nach der großen Pest, die das Land 1628–29 betroffen hatte, einen starken Bevölkerungsanstieg gebracht. Die junge Generation, die nach der Seuche geboren worden war, war jetzt bei Kriegsende eben mannbar. Sie konnte keine Kriegsdienste mehr nehmen. So wanderte sie aus, um sich in der Fremde eine neue Heimat zu suchen[53].

Preußen, das damals nicht zum Reiche gehörte, Nordwestdeutschland und die Alpenländer sind die einzigen Gebiete, die der Krieg fast völlig verschonte. Sie bilden immerhin einen wesentlichen Teil des deutschen Volksbodens.

In anderen Landschaften wirkte sich der Krieg (wie schon an Westfalen gezeigt wurde) oft auf eng begrenztem Raume sehr unterschiedlich aus. Besonders deutlich wird das im damaligen Kurfürstentum Sachsen. Die westlichen Außenlande, der Thüringische und der Neustädter Kreis, wurden ebenso stark wie die angrenzenden ernestinischen Gebiete, von denen noch zu sprechen ist, vom Kriege betroffen. Seine Kernlande vermochte jedoch der Kurfürst durch seine vorsichtige Neutralitätspolitik vielfach aus den Kriegshändeln herauszuhalten. In 44 Ämtern[54], die über den Kurkreis (Wittenberg-Torgau), den erzgebirgischen, den meißnischen und den Leipziger Kreis verstreut waren, stieg die wehrpflichtige Mannschaft von 1608 bis 1659 von 25 695 auf 46 317 Menschen, also um fast 80 % an. In dem gleichen halben Jahrhundert sank die Mannschaft im Amt Chemnitz von 913 auf 167, im Amt Lichtenwalde von 419 auf 188 und im Amt Pirna sogar von 876 auf 54 Mann. Während Dresdens[55] Bevölkerung nicht zurückging, wurde Chemnitz durch den Krieg schwer geschädigt. Freiberg verlor seine Bedeutung. Riesa wurde durch die Schweden 1637 eingeäschert. Wurzen erlitt 24 Plünderungen und wurde 1637 völlig niedergebrannt. Hier lagen 1692 noch ein Viertel der Häuser wüst. Auch Leipzigs[56] Einwohnerschaft ging, vor allem infolge der Pest, von 17 000 auf 14 000 zurück. Die Stadt mußte sich kurfürstlicher Zwangsverwaltung unterstellen, da sie die Verpflichtungen, die sie vor dem Kriege eingegangen war, nicht mehr einlösen konnte. Im ganzen scheint es, als ob außer dem Elbtal vor allem ein Streifen von Leipzig über Wurzen, Chemnitz und Freiberg bis nach Dresden hin durch den Krieg zu leiden gehabt hat, während das Erzgebirge, Ostsachsen und wohl auch der Kurkreis sich besser zu halten verstanden.

---

[52] Ein Beispiel für die Güterzersplitterung: das Dorf Großhöchstetten hatte 1558–59 102 Bauern und 29 Tauner (Tagelöhner ohne Land), 1653 aber 144 Bauern und 128 Tauner. Vgl. W. BICKEL, Bevölkerungsgesch. und Bevölkerungspolitik der Schweiz seit dem Ausgang des Mittelalters (1947) S. 47.
[53] S. DASZYNSKA, Zürichs Bevölkerung im 17. Jh. (Zs. f. schweiz. Statistik 25, 1889, S. 384). W. SCHNYDER, Die Bevölkerung der Stadt und Landschaft Zürich vom 14.–17. Jh. (Diss. Zürich 1925). S. 108 ff. In 6 Berner Gemeinden vermehrte sich die Zahl der Haushaltungen von 1558 bis 1633 von 224 auf 328 (J. RÖSSLI, Wanderungen der Berner, Der Schweizer Familienforscher 7, 1940, S. 48).
[54] R. WUTTKE, Gesindeordnungen und Gemeindezwangsdienst in Sachsen bis 1835 (SCHMOLLERS Staats- u. Sozialwiss. Forschungen 54, 1893, 64 f.). – Vgl. R. GÖHLER, Vom Zustand der Dörfer und von Lasten u. Nöten der Bauern im Amte Colditz um die Mitte des 17. Jh. (Neues Arch. f. sächs. Gesch. 57, 1936). 1661 gab es noch 118 wüste Güter in 31 Dörfern des Amts. C. NIEDNER, Die Zahl der Bewohner von Pulsnitz 1668 (N. Arch. f. sächs. Gesch. 43, 1922, 103 ff.). Trotz eines großen Brandes 1637 blieb die Bevölkerungszahl konstant.
[55] Die folgenden Angaben nach dem Deutschen Städtebuch.
[56] E. KROKER, Der finanzielle Zusammenbruch der Stadt Leipzig im 30j. Kriege (Beiträge zur Leipziger Stadtgeschichte 2, 1923).

Auf Anregung H. BLASCHKES hat das Sächsische Landeskirchenamt 1955 von den einzelnen Pfarrämtern, deren Kirchenbücher so weit zurückreichen, feststellen lassen, wieviel Menschen alljährlich von 1625 bis 1648 an der Pest oder anderen Seuchen gestorben sind. Wenngleich nur für die Hälfte aller Orte genaue Angaben zu erreichen waren, geben die Diagramme, die H. BLASCHKE [57] auf Grund der kreisweise zusammengerechneten Ergebnisse gezeichnet hat (Abb. 4), ein eindrucksvolles Bild nicht etwa des

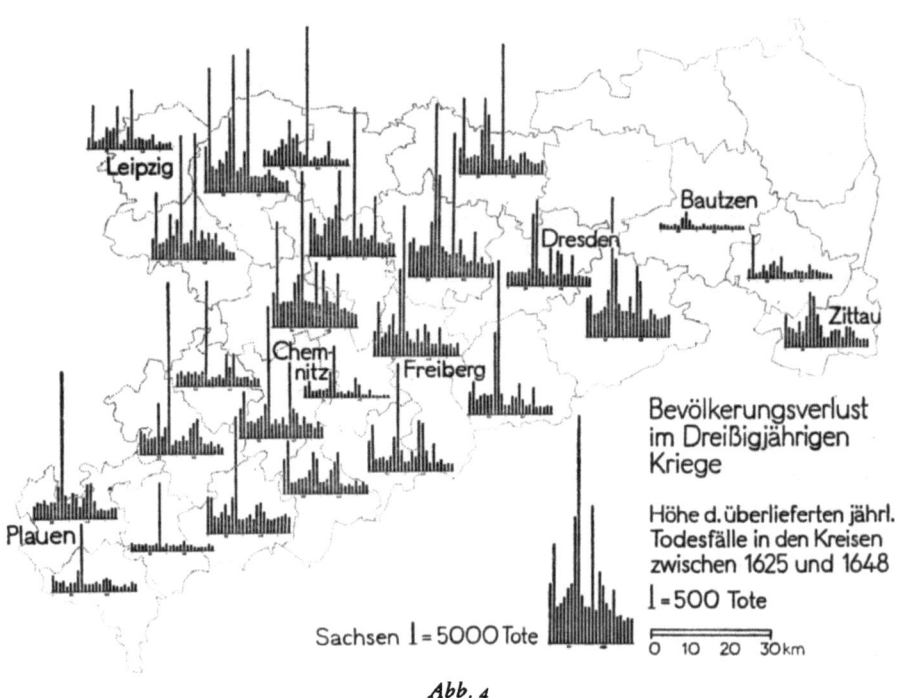

Abb. 4

tatsächlichen Bevölkerungsverlustes, aber doch der landschaftlich und zeitlich sehr unterschiedlichen Höhe der Todesfälle. Da Sachsen erst von 1631 ab in die Kriegshändel einbezogen wurde, haben also die hohen Verluste in den Pestjahren 1625/26 noch nichts unmittelbar mit dem Kriege zu tun, auch wenn sie bei dem Gesamtmaß der Kriegsverluste zu berücksichtigen sind. Das Diagramm läßt deutlich erkennen, daß in Mittelsachsen die Verluste am höchsten waren, auch wenn ich nicht glaube, daß die Angaben ausreichen, um danach die Gesamthöhe der Kriegsverluste berechnen zu können.

[57] Landesarchivar H. BLASCHKE hat mir dankenswerterweise das Diagramm zur Verfügung gestellt. Er wird es selbst in einer von ihm vorbereiteten Bevölkerungsgeschichte Sachsens bringen. BLASCHKE glaubt, daß Sachsen (in den Grenzen des späteren Königreiches) im Landesdurchschnitt etwa die Hälfte seiner Bevölkerung im Kriege eingebüßt habe. Doch scheinen mir dem die Angaben WUTTKES zu widersprechen. Auch H. KRETZSCHMAR, Sächs. Geschichte II (1935) S. 57, meint, daß Sachsen zweifellos zu den am ärgsten heimgesuchten Gebieten des Reiches gehöre. Aber auch er muß hervorheben, daß in Sachsen schon viele Orte während des Krieges rasch wieder aufblühten und die wirtschaftlichen Hemmungen rasch überwunden wurden, so daß das 17. Jh. der materiellen Kultur des Landes einen guten Fortgang brachte (S. 60).

Nach den Angaben des 1646 neuangelegten Katasters[58] waren die Steuerschocke gegenüber 1628 im ganzen Lande nur um etwa 15 % zurückgegangen (in den Ämtern um 11 %, bei der Ritterschaft um 6 % in den Städten um 24 %). Doch wird der Hauptrückgang auf den Thüringischen Kreis entfallen sein. Im Durchschnitt der Jahre 1652 bis 1659 wären die Gesamteinnahmen an Steuern gegenüber 1605 bis 1609 sogar um ein Drittel gestiegen. Auch dieser Vergleich darf freilich nicht überbewertet werden, da er nur das Steuersoll, nicht das tatsächliche Steueraufkommen nennt, ganz abgesehen davon, daß auch der geänderte Realwert des Geldes berücksichtigt werden müßte. Sichere Angaben wären nur zu gewinnen, wenn Listen der Haushaltungen oder der Steuerzahler aus den Jahren vor und nach dem Kriege erhalten wären und ausgewertet werden könnten. Im ganzen möchte ich aber doch meinen, daß Sachsen (ohne Thüringen) zu dem Gebiet gehört, deren Bevölkerung, im groben Durchschnitt, im Kriege nicht stark abgenommen hat, ohne mich auf einen bestimmten Prozentsatz festlegen zu können. Das Land konnte daher nach dem Krieg Einwohner an die benachbarten Länder abgeben, zumal es selbst durch die böhmischen Exulanten einen erheblichen Bevölkerungszuwachs gewann.

Verlustgebiete waren zweifellos die Mark Brandenburg, Mecklenburg, Pommern und Schlesien, das Erzstift Magdeburg, Thüringen und Hessen, Franken, Bayern und Württemberg, die Pfalz, das Elsaß und das Kurfürstentum Trier. Für alle diese Landschaften stehen uns Zahlen zur Verfügung, die einen Einblick in die Bevölkerungsentwicklung gestatten.

Für kein anderes Gebiet besitzen wir so genaue Angaben wie für die Mark Brandenburg. Im Februar 1632 hatte der Kurfürst den Landeshauptleuten der Kurmark befohlen, sich in alle Dörfer zu begeben und sich zu erkundigen, was an alten Bauern und Kossäten jedes Orts vorhanden wäre, wie die Höfe besetzt wären und was sonst an Einwohnern dort lebe, wo sie gedient und sich niedergelassen hätten. Denn er sorge sich «wie unsere durch bisherige langwierige Kriegsunruhen an Einwohnern und Mannschaft sehr entblößte und desoliete Lande hinwieder mit Volk besetzt und selbige dadurch in mehreres Aufnehmen gebracht werden könnten». Dazu müsse er aber wissen, was für Mannschaft sich in der Kurmark befände. Anstelle der Landeshauptleute führten zumeist die Landreiter mit Hilfe der Pfarrer die Bestandsaufnahme durch. Sie erhielten den Auftrag, auch die Herkunft aller Einwohner und ihr Alter zu verzeichnen.

Für die Priegnitz, die Grafschaft Ruppin, die Zauche, Ober- und Niederbarnim, Teltow, Beeskow und das Land Cottbus und eine Reihe von Städten sind die Berichte noch erhalten und veröffentlicht worden[59]. Für die Altmark und das Havelland besitzen wir ergänzende Angaben[60]. Für die Ucker- und Neumark, das Land Lebus[61] und Sternberg und andere kleinere Gebiete fehlen dagegen genauere Mitteilungen.

[58] R. WUTTKE, Die Einführung der Landaccise (1890) S. 90, 97.
[59] J. SCHULTZE, Die Herrschaft Ruppin und ihre Bevölkerung nach dem Dreißigjährigen Kriege (Veröff. d. Hist. Ver. der Grafschaft Ruppin 1925). Ders., Die Priegnitz und ihre Bevölkerung nach dem Dreißigjährigen Kriege (Veröff. d. Heimatvereins Perleberg, 1928). E. KITTEL, Die Zauche und ihre Bevölkerung z. Z. d. Dreißigjährigen Krieges (1936). Ders., Die Erbhöfe und Güter des Barnim 1608–52 (1937). K. SCHRAMM, Verzeichnis der Untertanen des Amtes Beeskow von 1652 (Quellen z. bäuerl. Hof- u. Sippenforschung 14, 1938). H. NOLTE, Der Teltow und seine männl. Bevölkerung nach dem Dreißigjährigen Kriege (Heimat u. Ferne, Beil. zum Teltower Kreisblatt 1934). Im Teltower Kreismuseum findet (oder fand) sich eine sehr anschauliche kartographische Auswertung des Landreiterberichtes. G. KRÜGER, Die Herrschaft Cottbus und ihre Bevölkerung nach dem Dreißigjährigen Kriege (1936).
[60] F. KAPHAN, Die wirtschaftl. Folgen des Dreißigjährigen Krieges für die Altmark (1911). W. ZAHN, Die Altmark im Dreißigjährigen Kriege (Schriften des Ver. f. Ref.-Gesch. 80, 1904).

Erst von 1626 ab wurde die Mark in die Kriegshändel hineingezogen. Von da ab war sie aber dank der schwächlichen und hinhaltenden Neutralitätspolitik des Kurfürsten 15 Jahre lang fast ununterbrochen Kriegsschauplatz, Durchzugsgebiet und Winterquartier kaiserlicher wie schwedischer Truppen. Erst nach dem Regierungsantritt des großen Kurfürsten im Jahre 1640 kehrte allmählich Ruhe im Lande ein. Im Oberbarnim war bereits 1634 die Bevölkerung um ein Drittel zurückgegangen. In 8 Jahren hatte jede Bauernhufe im Durchschnitt ohne die Durchzugskosten 40–50 Taler an Steuern aufbringen müssen[62]. Und doch brachten die Jahre 1636–38 erst die schlimmsten Notzeiten für die Mark.

In der Altmark[63] wird mit einem durchschnittlichen Rückgang der ländlichen Bevölkerung um 40, der städtischen um 52 % gerechnet. Salzwedel, Gardelegen, Tangermünde, Seehausen, Osterburg und auch Stendal verloren durch den Krieg ihre wirtschaftliche Bedeutung, wurden zu Landstädten. Doch zeigen sich auf engem Raum sehr starke Unterschiede. Am stärksten hatte der Osten, an der Elbe, gelitten, der Kriegsschauplatz, öfter noch Durchzugsgebiet gewesen war. Hier belief sich der Verlust auf 50–60 %; in der westlichen Altmark ist dagegen nur mit 15–20 %, in der Mitte mit 25–30 % zu rechnen. Die Kossäten wurden stärker als die Bauern vermindert. Deutlich zeigt sich hier, wie die Altmark gleichsam die Brücke bildet von dem märkischen Zerstörungsgebiet zu dem niedersächsischen Schonbereich.

So ist es kein Wunder, daß die unmittelbar angrenzenden ostelbischen Gebiete besonders schwer betroffen worden sind. In der Priegnitz waren 1652 auf dem Land und in den kleinen Städten 2185 Hauswirte vorhanden. Das sind etwa zwei Fünftel des Vorkriegsbestandes. Nachweislich waren jedoch schon damals 352 Bauern von außermärkischen Gebieten zugewandert, so daß der tatsächliche Verlust 66,6 % betrug. Um 1640, in der tiefsten Notzeit des Krieges, werden kaum mehr als 10 % der Vorkriegsbevölkerung noch im Lande ansässig gewesen sein. Von 5000 Hufnern und Kossäten lebten angeblich noch 373 Bauern «ohne Hund und Katze», die sich kümmerlich von Obst und unnatürlichen Speisen ernähren mußten. 1652 lagen von den 251 Dörfern der Priegnitz noch 4 ganz wüst, in 44 weiteren Dörfern saßen im ganzen nur 75 Wirte, von denen überdies 41 zugewandert waren. In keinem dieser Orte waren mehr als 3 Stellen besetzt, so daß auch diese Dörfer (20 %) noch als fast wüst bezeichnet werden müssen. In den Städten (Kyritz, Havelberg, Perleberg, Lenzen, Pritzwalk und Wittstock) waren 1640 ebenfalls von 2500 Feuerstellen nur noch 300 (12 %) bewohnt[64].

U. WILLE, Die ländl. Bevölkerung des Osthavellandes vom Dreißigjährigen Kriege bis zur Bauernbefreiung. Diss. Berlin 1937. – Vgl. H. v. PETERSDORFF, Beiträge z. Wirtschafts-, Steueru. Heeresgesch. d. Mark im Dreißigjährigen Kriege (Forsch. brandb.-preuß. Gesch. 2, 1889). E. KITTEL, Bevölkerungsgesch. u. Erbhofrecht in der Mark Brandenburg (Arch. f. Bevölkerungswiss. 4, 1934). J. GEBAUER, Die Städte Alt- u. Neustadt Brandenburg und ihre Landschaft z. Z. d. Dreißigjährigen Krieges (Forsch. brandb.-preuß. Gesch. 22, 1909). K. H. WELS, Strausberg im Dreißigjährigen Kriege (Strausberger Heimat 1, 1930).
[61] G. FISCHER, Die Entwicklung des ländl. Siedlungsbildes im Lande Lebus (Diss. Breslau 1936) gibt S. 57 f. einige Zahlen aus Kirchenbüchern. Einzelne Dörfer lagen zeitweise ganz wüst. Hasenfelde wurde erst Anfang des 18. Jh. wieder besetzt, obgleich es vor dem Kriege 30 Familien (64 Hufen) gezählt hatte.
[62] PETERSDORFF a. a. O.
[63] Vgl. KAPHAN, der auf Grund eines sehr brüchigen Quellenstoffes vorsichtige Schlüsse zieht.
[64] Der Landreiterbericht wird bestätigt und ergänzt durch R. AUE, Die steuerpflichtigen Untertanen des Domkapitels Havelberg 1648–49 (Archiv f. Sippenforschung 16, 1939, 38–42, 77–80). In den 17 Dörfern mit einem Normalstand von 399 Stellen gab es 1648/49 150 und 1652 177 Stellen. Vgl. jetzt auch J. SCHULTZE, Die Priegnitz (1956) S. 198 ff.

In der benachbarten Grafschaft Ruppin[65] lagen 1652 von 2320 Bauern- und Kossätenstellen noch 1410, also 60 %, wüst. 13 Dörfer (14 %) waren völlig verödet, in 15 weiteren Dörfern waren von 277 Hofstellen nur 33 besetzt. Der Flecken Lindow wies nur 44 Untertanen auf, 167 Stellen lagen noch wüst. Auch bis 1665 hatte sich die Einwohnerzahl der Grafschaft nicht nennenswert erhöht. Doch schon 1687 lagen nur noch 265 Höfe (13,4 %) wüst. Aber erst im 18. Jahrhundert wird der alte Bevölkerungszustand annähernd wieder erreicht.

Für die Uckermark fehlen genaue Angaben. Doch waren in dem Amte Löcknitz 1651 nur 30 von 212 Höfen besetzt und auch 1670 zählte das Amt in seinen 13 Dörfern erst wieder 75 Höfe. Bereits 1645 ließ der Kurfürst, um der Menschenleere zu steuern, die in der letzten Zeit in die Städte abgewanderten Untertanen aufzeichnen und zurückfordern[66].

Demgegenüber sind die Verluste in der Mittelmark immerhin geringer. In der Zauche waren 1648 von 1800 Bauernhufen nur 853 (46 %) besät, von 62 Feldmarken lagen 8 völlig brach, 13 waren nur zu einem Zehntel bestellt. Von 757 Bauern- und Kossätenstellen der Ritterschaft und des Amtes Saarmund waren nur 221 besetzt. Auch hier in den ritterschaftlichen Dörfern waren die Verluste größer, die Seßhaftigkeit geringer als in den Amtsdörfern. Auf 145 adligen Stellen haben nur 23 Besitzer (16 %) den Krieg überdauert, auf 209 Hofstellen in Amtsdörfern aber 57 Familien (27 %). Vor allem blieben die Bewohner in Amtsdörfern, auch wenn sie den Ort wechselten, doch im Amt selbst ansässig. Besonders geschützt lagen die Dörfer im Schutze des Luches (Buckow, Damme). Noch 1687 waren von 71 Feldmarken 13 zu mehr als der Hälfte waldbedeckt. Nur 22 Marken hatte der Wald ganz freigegeben[67].

Im Havelland zeigen sich von Ort zu Ort große Unterschiede, ohne daß sich dafür eine Erklärung finden ließe. Die adligen Dörfer haben anscheinend mehr Hauswirte verloren als die Amtsdörfer. Das Heideland hat stärker gelitten als die Orte in der Niederung. Wüst wurde vorübergehend allein das Dorf Nedlitz, eine wichtige Paßstelle. Die Bauern um Spandau konnten sich anscheinend immer wieder hinter die Mauern der Festung flüchten und derart den Krieg überdauern. WILLE rechnet für das Osthavelland mit einem Verlust von 51 %, für das Westhavelland mit 52 %. Von den Städten hatte Berlin-Cölln am wenigsten zu leiden (25 %)[68], auch Potsdam (42 %) und Spandau (44 %) hatten sich verhältnismäßig gut halten können. Um so härter wurden Brandenburg und Frankfurt/Oder betroffen, die über zwei Drittel ihrer Bevölkerung verloren. Sie waren vor dem Kriege größer als Berlin gewesen und waren bei Kriegsende nur noch Kleinstädte. Im ganzen läßt sich für die Mark wohl sagen, daß die kleinen offenen Landstädte (die Mediatstädte) den stärksten Bevölkerungsverlust aufzu-

---

[65] Die Zahlen (SCHULTZE S. 46 f.) stimmen nicht ganz überein. Doch ändert die geringe Differenz nichts an dem Bild.
[66] J. G. DUROW, Die Landflucht im Dreißigjährigen Kriege in der Uckermark (Der deutsche Roland 28, 1940, S. 109). B. SCHULTZE (Neue Siedlungen in Brandenburg 1500–1800, Einzelschriften der Hist. Komm. 8, 1939, S. 14) weist auf das bisher nicht beachtete Kontributionskataster der Uckermark a. d. J. 1687 hin, das den Zustand aller Dörfer vor dem Kriege ihrem gegenwärtigen Zustand gegenüberstellt. Es war mir nicht zugänglich. Sch. macht keine Einzelangaben, sagt aber, daß das ganze Land eine grauenhafte Menschenleere gezeigt habe. Von den Bauernhöfen seien höchstens ein paar, wenn überhaupt einer, besetzt gewesen. Kaum anders habe es mit den Kossäten gestanden.
[67] Nach Mitteilungen von Lehrer KIESER in Krahne, der seine genauen Forschungen über die Kriegsfolgen in der Zauche durch mustergültige Karten ergänzt hat.
[68] E. FADEN, Berlin im Dreißigjährigen Kriege (1927).

weisen hatten, während die größeren Städte weniger hart als das Land mitgenommen wurden.

Im Teltow waren 1652 von 1879 Stellen nur 1059 (56,3 %) besetzt. Auch hier hatten die Orte, die abseits der großen Straße durch Wasser und Sumpf geschützt waren, nur wenig gelitten. In Beeskow lagen von 870 Bauern- und Kossätenstellen nach dem Kriege noch etwa die Hälfte (403) wüst.

Im Ober- und Niederbarnim ging die Zahl der Bauern und Kossäten um 58,4 % zurück (Oberbarnim 60,6, Niederbarnim 56,4). 9 Dörfer (von 167) lagen 1652 noch wüst, in 9 weiteren waren nur 1 bis 3 Stellen besetzt, so daß jedes dieser Dörfer einen Verlust von 85–95 % aufzuweisen hatte und ebenfalls als fast wüst gelten konnte. Die städtische Bevölkerung war in den schlimmsten Kriegsjahren auch hier auf ein Fünftel ihres Bestandes zusammengeschmolzen. 1653 lagen in Strausberg noch etwa 65 % der Feuerstellen wüst und unbewohnt. Und noch 1670 galten bei der Steuerveranlagung von 236 Hausstellen 138 als ledig und 68 als wüst. Nur 7 werden als gut, 28 als mittelmäßig bezeichnet. Einzig in den 10 Fischerdörfern betrug der Bevölkerungsverlust nur 16,3 %. Sie wurden durch ihre landschaftliche Lage geschützt.

In den Städten der Neumark standen 1660 noch über die Hälfte der Häuser leer (1775 von 3361)[69]. In den Amtsdörfern des Kreises Arnswalde[70] ging die Zahl der Bauern und Kossäten von 1618 bis 1652 von 441 auf 271, also um knapp 40 % zurück. Der Verlust in den adligen Dörfern war aber sehr viel größer. Wenigstens waren 1714 in den Amtsdörfern fast alle Bauernhufen wieder besetzt. Nur zwei Dörfer wiesen einen größeren Rückgang auf. In den ritterschaftlichen Dörfern waren von 420 Bauernhöfen nur 80 und von 80 Kossätenstellen nur 69 besetzt. 352 Bauernhufen wurden den 263 alten Ritterhufen zugeschlagen, so daß sich das Gutsland weit mehr als verdoppelt hat[71].

Am wenigsten von allen Teilen der Kurmark wurde die Herrschaft Cottbus mit Peitz vom Kriege berührt. In 116 Dörfern waren von 2767 Hausstellen nur 454 wüst (16 %), nur 2 Dörfer waren 1652 noch völlig verödet. In den 5 Cottbuser Ratsdörfern lagen von 114 Stellen nur 5 wüst, im Amt Cottbus selbst betrug die Zahl der unbesetzten Stellen nur 9 %, im Amt Peitz gar nur 6 %. In Briesen lag keiner der 40 Höfe wüst, 29 Besitzer stammten aus dem Dorfe selbst. Der General von Klitzing als Gutsherr hatte sein Dorf zu schützen gewußt. Doch im ganzen waren die adligen Dörfer härter vom Krieg betroffen worden als die Amtsdörfer (23 % im Durchschnitt).

Die Herrschaft Cottbus lag mitten im sächsischen Gebiet und war so wie Kursachsen selbst weitgehend vom Kriege verschont worden. Auch hatte der Spreewald den Bewohnern vielfach eine sichere Zuflucht gewährt. Zudem hatte in den letzten Kriegsjahren aus den umliegenden sächsischen und lausitzischen Gebieten eine verhältnismäßig starke Einwanderung in die Herrschaft eingesetzt, die den Bevölkerungsschwund schon größtenteils wieder ausgeglichen hatte, so daß 1652 nur 16 % der Höfe wüst lagen. Ohne diese Einwanderung hätte der Verlust immerhin 17 % betragen. Auch die Oderbruchdörfer bei Wriezen verloren nur 15 % ihrer Wirte[72].

Zusammengefaßt ergibt sich, daß im Jahre 1652 in den einzelnen Teilen der Kurmark von allen Höfen noch wüst lagen in der

---

[69] P. Schwartz, Gesch. d. Neumark während des Dreißigjährigen Krieges II (1902) 280–85.
[70] K. Berg, Arnswalde Stadt u. Kreis im Dreißigjährigen Krieg (Schriften Ver. Gesch. Neumark 20, 1907, 31–42). B. gibt auch ergänzende Zahlen aus den Kirchenbüchern, die ebenfalls auf einen Verlust von etwa 40 % schließen lassen.
[71] 100 Bauernhufen (50 Höfe) waren freilich anscheinend schon vor dem Kriege eingezogen worden).
[72] Wille S. 30.

Altmark	40 %
Priegnitz	60 %
Ruppin	60 %
Amt Löcknitz	85 %
Zauche	46 %
Teltow	43,7 %
Havelland	52 %
Beeskow	50 %
Barnim	58,4 %
Cottbus	16 %
Oderbruch	15 %

Für die gesamte Mark wird man also mit einem Verlust von etwa 50 % der Bevölkerung zu rechnen haben[73]. Damit stimmt überein, daß nach einem Bericht der Hofkammer im gleichen Jahre von den 6097 Bauern- und Kossätenstellen auf Domanialland in der gesamten Mark nur 3319 (54 %) besetzt waren, obgleich, wie schon erwähnt, die Amtsdörfer in der Regel besser besetzt waren als die adligen Orte[74]. In dem Jahre, aus dem alle diese Angaben stammen, herrschte in der Mark seit einem Jahrzehnt bereits wieder leidlicher Friede. Die schlimmsten Kriegsverluste waren schon überwunden. Die Einwohner waren wohl zumeist an ihre Wohnorte zurückgekehrt und zahlreiche Einwanderer hatten schon begonnen, die Lücken, die der Krieg gerissen hatte, zu schließen. Die Mark hatte in Wirklichkeit also noch mehr als die Hälfte ihrer Bevölkerung eingebüßt.

Für die anderen ostdeutschen Gebiete besitzen wir keine so genauen Zahlen wie für die Mark Brandenburg. Aber auch die wenigen Angaben lassen die gleichen Zustände erkennen. In dem vorpommerschen Amt Eldena, das Gustav Adolf der Universität Greifswald überwies, waren 1635 nach der kaiserlichen Einquartierung von 140 Bauernhöfen noch 75 besetzt, 62 lagen wüst, die übrigen waren unbesetzt[75]. In dem Amte Ueckermünde[76] waren 1654 noch 51 von 100 Bauern, 3 von 10 Kossäten ansässig. In dem lockeren Sandboden war auch das nur vorübergehende Wüstwerden gefährlich. Die meisten verlassenen Äcker wurden auf die Dauer wüst, zu mit Holz bestandenem Ödland[77]. Erst im 18. Jahrhundert setzte unter preußischer Herrschaft wieder eine stärkere Innenkolonisation ein.

[73] WILLE (ebd.) kommt zu anderen Prozentzahlen, die mir nicht erklärlich sind. Er weist jedoch mit Recht darauf hin, daß die Kopfzahl je Hof vor dem Krieg zweifellos größer war als nach dem Krieg, da aus den Landreiterberichten hervorgeht, daß auch ältere Hofbesitzer nur wenige, meist erst in den Nachkriegsjahren geborene Kinder hatten. Zudem wird sich die Zahl der Knechte bei dem Rückgang der Bewirtschaftung und dem allgemeinen Gesindemangel im Verhältnis stärker als die Zahl der Höfe vermindert haben. Der tatsächliche Verlust an Bevölkerung ist also zweifellos noch höher, als aus den Landreiterberichten hervorgeht.
[74] F. GROSSMANN, Über die gutsherrl.-bäuerl. Rechtsverhältnisse in der Mark Brandenburg (1890) S. 68.
[75] C. J. FUCHS, Der Untergang des Bauernstandes ... in Neuvorpommern und Rügen (1888) S. 87. Vgl. ebd. S. 85 die Angaben über Rügen. Die Verwüstungen im Kirchspiel Neuenkirchen bei Greifswald schildert an Hand der Kirchenbücher P. ZUCKER (Pommersche Jahrbücher 15, 1914, 31–66).
[76] K. HEUER, Das Amt Ueckermünde (Diss. Greifswald 1935, 32 f. und Pommersche Jahrbücher 29, 1935). Auch M. WEHRMANN (Gesch. v. Pommern II, 1906, 143) sagt: «In den Küstengegenden wurden weite, ehemals in guter Kultur gehaltene Flächen vom Sande überdeckt, da die Wälder abgehauen waren.»
[77] Auch aus Hinterpommern wird berichtet, daß damals durch das Abholzen der Forsten frucht-

Im Bistum Cammin, zu dem auch die Städte Kolberg und Köslin gehörten, waren von 2205 steuerbaren Hufen des Jahres 1628 drei Jahre später nur noch 992, am Ende des Krieges aber nur 489, also etwas mehr als 20 % gangbar. Die stärksten Verluste hatten hier die Untertanen der fürstlichen Ämter aufzuweisen. Von 240 Hufen waren am Kriegsende nur noch 27 steuerbar. Doch auch von 982 adligen Hufen waren nur noch 248 gangbar[78]. In 14 Dörfern um Belgard wohnten 1645 60 Bauern, 5 Halbbauern und 3 Kossäten statt 190 Bauern, 2 Halbbauern und 36 Kossäten vor dem Kriege (Rückgang 70 %). Bis 1670 war die Zahl der Bauern auf 101, die der Kossäten auf 26 gestiegen. In 12 Dörfern des Kreises Schlawe betrug auch 1685 der Rückgang der Bauernstellen noch etwa 66 %. Statt 152 Bauern und 7 Kossäten waren nur 53 Bauern, 4 Halbbauern und 2 Kossäten ansässig. Geringer war der Bevölkerungsverlust im östlichen Hinterpommern (Rummelsburg, Stolp). In 15 Dörfern lebten 1655 noch 138 Bauern und 33 Kossäten statt 229 Bauern und 26 Kossäten vor dem Kriege. Nur ein Drittel der Stellen lag also wüst. Ein Teil der Dörfer war sogar vollbesetzt. Doch war dies eine Ausnahme[79]. Verallgemeinert man die Einzelergebnisse, so wird man wohl sagen können, daß die ländliche Bevölkerung Pommerns durch den Krieg zwei Drittel ihres Bestandes eingebüßt hat. In den Städten sah es nicht besser aus als auf dem Lande aus[80]. Auch der Ort Ueckermünde wurde durch den Krieg fast völlig vernichtet. Nur 8 Männer und 7 Witwen blieben am Ort. Usedom hatte vor dem Kriege 170, danach nur 54 Bürger. Triebsees im Kr. Grimmen zählte 1631 85 ganze und 70 halbe Erben, am Jahrhundertende aber nur 11 Erben. Die übrigen Stellen lagen wüst. In Anklam war infolge der Kriegswirren 1677 kaum der dritte Teil der Bevölkerung übriggeblieben. Stärker noch waren die Verluste in Ostpommern. Bütow hatte vor 1618 250, 1658 aber nur 20 Bürger. Die Einwohnerschaft von Daber (Kr. Naugard) war von 650 auf 48 Köpfe zurückgegangen. Schievelbein zählte 1648 statt 197 noch 20 Vollbürger. In Naugard, das vor dem Kriege 140 Häuser hatte, wütete 1638–39 die Pest, so daß nur 7 Ehepaare beisammen blieben, von allen anderen waren, wenn nicht beide, so doch der Mann oder die Frau der Seuche zum Opfer gefallen. Köslin hatte 1625 448 Feuerstellen, aber 1671 wohnten hier nur 80 Bürger. Stolp hatte sich noch gut gehalten, da seine Einwohnerschaft nur von 3800 (1600) auf 2200 (1650) zurückgegangen war. Nur die Großstädte kamen besser durch den Krieg. Die Bevölkerung von Stralsund und Stettin ging um etwa 25 % (von 12500 auf 10000) zurück, auch Greifswald hatte keine stärkere Einbuße. Für ganz Vorpommern nimmt ARNDT[81] einen Rückgang der städtischen Bevölkerung um 32 % (von 55900 auf 38350), der Gesamtbevölkerung aber um 40 % (von 160000 auf 96000) an. Die Einwohnerdichte je qkm verminderte sich von 18 auf 11 und hatte auch 1720 mit 112000 Einwohnern erst wieder 13 erreicht. Denn Pommern wurde auch in den folgenden Jahrzehnten immer wieder Kriegsschauplatz

---

bare Ackerflächen vom Sande überspült wurden. Im Kr. Rummelsburg mußten 1635 über 10 % der katastrierten Bauernhufen, etwa 1200 Hektar, wegen Versandens reduziert werden (M. MECKE, Bauerntum u. Großgrundbesitz d. Kr. Rummelsburg, Diss. Göttingen 1936 u. Schriften über Landvolk u. Landbau 6, S. 40).
[78] R. KLEMPIN u. G. KRATZ, Matrikeln u. Verzeichnisse d. pommerschen Ritterschaft (1863) 330–43 (mit falscher Addition). Die Hufenanschläge wurden von den Stiftsständen einstimmig gutgeheißen.
[79] E. GOHRBANDT, Das Bauernlegen ... in Ostpommern (Baltische Studien NF. 38, 1936, 218 bis 225). Ders., Belgard u. d. Belgarder Distrikt am Ausgang des Dreißigjährigen Krieges (Aus dem Lande Belgard. Monatsbll. d. Pommerschen Ztg. f. Belgard 17, 1938, Nr. 23, 24; 18, 1939, Nr. 1).
[80] Deutsches Städtebuch I (1939).
[81] A. a. O.

in den brandenburgisch-schwedischen Auseinandersetzungen. Zumal Stettin verlor durch den Krieg seine wirtschaftliche Bedeutung, da die Hohenzollern ihren Handel von der Oder, deren Mündung ihnen verschlossen war, auf die Elbe verlegten.

Mecklenburg[82] wurde in den Jahren nach Wallensteins Tode hart vom Kriege betroffen. Banèr und Gallas kämpften Jahre hindurch um den Besitz des Landes. Und selbst der kriegsgewohnte Banèr mußte 1638 an den schwedischen Kanzler Oxenstjerna berichten, daß «in Mecklenburg nichts als Sand und Luft ist. Alles ist bis auf den Erdboden verheert.» Als in der Folge auch noch die Pest das Land heimsuchte, schrieb er, daß Felder und Dörfer mit krepiertem Vieh besät wären, die Häuser lägen voller toter Menschen, der Jammer sei nicht zu beschreiben. In den Inventaren findet sich um 1650 immer wieder die Bemerkung: «Der Bauer ist tot mit all den Seinen, das Haus liegt danieder, der Acker ist wüst[83].» Am meisten wurden die Dörfer an den großen Straßen mitgenommen. Um 1640 waren in 12 über das ganze Land verstreuten Ämtern von 2978 Bauernstellen nur noch 360, also etwa 12 % besetzt. Das Amt Goldberg mit 200 Stellen lag völlig wüst. In den 79 Orten des Amtes Stavenhagen saßen 1648 nur noch in 17 Dörfern Bauern oder doch Kossäten. In einer Reihe weiterer Orte werden «Personen», wohl Hausleute oder gutsherrliche Leute, erwähnt. 30 Dörfer lagen noch ganz wüst, obgleich seit einigen Jahren bereits Ruhe im Lande eingekehrt war[84].

Im Land Stargard lebten in dem gleichnamigen Amte, das vor dem Kriege etwa 3000 Einwohner auf 428 Höfen gehabt haben wird, 1640 noch 30 «Mannspersonen». Vorausgesetzt, daß diese 30 Mann wirklich alle Bauernstellen innehatten, betrug trotzdem der Rückgang 93 %. In den folgenden Jahren besserte sich der Zustand ein wenig. Trotzdem lagen 1647 von den 30 Amtsdörfern noch 11 völlig wüst, und nur in 6 Dörfern betrug der Rückgang der Stellen weniger als 75 %. Bis 1653 stieg der Anteil der besetzten Stellen immerhin wieder auf 25 % des Vorkriegsstandes. Er wurde auch im folgenden halben Jahrhundert nicht nennenswert überschritten. Drei Viertel aller Bauernstellen blieben also dauernd wüst oder wurden vielmehr zum Herrenland geschlagen. Fast die gleichen Verluste (75–85 %) hatten die angrenzenden Ämter Nemerow, Broda und Wanzka aufzuweisen. Im Amt Feldberg waren 1640 von den 525 Höfen nur noch 23 (31 1/2 %) besetzt. Im Amt Fürstenberg waren dagegen immer noch 8 von 42 Höfen besetzt. Hier gab es sogar noch zwei Ochsen und zwei Perde. Im Amt Mirow waren 1666 von 194 Stellen 59 (30 %) wieder besetzt. Auch im Amt Wesenberg hatten die Bauern nach dem Kriege ein Drittel ihrer Stellen wieder in den Händen[85]. Im westlichen Teil Mecklenburgs war der Rückgang der Bevölkerung wohl etwas geringer. Das Amt Doberan hatte 1644 etwa die Hälfte seiner Bauern verloren[86]. Im Amt Schwerin

---

[82] GROTH, Übersicht der Bevölkerung des platten Landes in einzelnen Ämtern vor und unmittelbar nach dem Dreißigjährigen Kriege (Jahrb. d. Ver. f. mecklenb. Gesch. 6, 1841, 132–43). C. W. A. BALCK, Mecklenburg im Dreißigjährigen Kriege (Jahrb. d. Ver. f. mecklenb. Gesch. 68, 1903, 85 bis 106.). C. A. ENDLER, Mecklenburg in Kriegszeiten (Mecklenburg, hg. v. R. CRÜLL, 1938, 75 bis 77). C. A. ENDLER u. J. U. FOLCKERS, Das mecklenb. Bauerndorf (1930) 68 ff. H. SCHNELL, Mecklenburg z. Z. des Dreißigjährigen Krieges (Mecklenburg. Gesch. in Einzeldarstellung 10, 1907) 117 ff. F. MAGER, Geschichte des Bauerntums und der Bodenkultur im Lande Mecklenburg (1955) 134 ff., P. STEINMANN, Bauer und Ritter in Mecklenburg (1960) 35 ff., 152 ff.
[83] BALCK 99.
[84] Zu den Bauern und Kossäten treten im Amt Stavenhagen 8 Handwerker und 104 Personen, in den Ämtern Ivenack, Wredenhagen und Plau 2 Handwerker und 72 Personen. Für die Zeit vor dem Kriege fehlen entsprechende Angaben.
[85] ENDLER-FOLCKERS S. 70 und ENDLER, Mecklenburg in Kriegszeiten 75–77. M. MURJAHN, Die gutsherrl. bäuerl. Verhältnisse im nördl. Domanialgeb. d. Landes Stargard (Diss. Rostock 1934 und Mecklenburgische Jbb. 98, 1934, S. 32–38).
[86] MURJAHN, S. 37 f.

lagen 1655 von 562 Betrieben 297 wüst, 265 (47 %) waren besetzt[87]. In dem großen Kreis Hagenow, der etwa ein Zehntel des ganzen Landes umfaßt, hatten sich die bäuerlichen Stellen im Jahre 1651 gegenüber dem Stand von 1553 um etwa zwei Drittel (64 %) vermindert[88]. Das mag etwa dem Landesdurchschnitt entsprechen[89]. Denn den starken Zerstörungsgebieten, vor allem im Osten Mecklenburgs, steht anderseits das Gebiet Ratzeburg gegenüber, in dem 1648 nur 10,9 % der Bauernstellen wüst lagen. Trotzdem gingen auch hier 40 % der Höfe in andere Hand über, da die Stellen durch die Kriegslasten so stark belastet wurden, daß die Schulden in der Regel den Hofeswert überstiegen[90]. So erwies sich in Mecklenburg, mehr als in irgendeinem anderen Land, der Krieg als der große «Bauerntöter»[91]. Infolge des Krieges ging der Bauernstand auf die Dauer um die Hälfte seines Bestandes zurück[92].

Die zahlreichen kleinen mecklenburgischen Landstädte nahm der Krieg kaum weniger mit als das flache Land. Manche (wie Sternberg) erreichten nie wieder ihre alte Bevölkerungszahl. Nur die beiden Seestädte Rostock und Wismar konnten ihre Bevölkerung den Krieg über behaupten. Rostocks Blüte wurde erst nach dem Kriege durch den schwedischen Seezoll in Warnemünde gebrochen. ARNDT[93] rechnet mit einem Rückgang der städtischen Bevölkerung um 30 % (von 64 450 auf 44 800). Ohne Rostock und Wismar betrug der Rückgang freilich fast 50 %. Für ganz Mecklenburg nimmt ARNDT einen Rückgang von 184 000 auf 112 000 Einwohner, also um etwa 40 % an. Die Bevölkerungsdichte sei von 12 auf 7 gesunken. Wenn man auch hier die gleichbleibende Bevölkerung der Seestädte (23 500) und die geringen Verluste im Lande Ratzeburg in Ansatz bringt, mögen diese Zahlen der Wirklichkeit nahekommen.

Daß auch Schlesien hart unter dem Kriege zu leiden hatte, ist nicht erstaunlich. Es war dauernd Kriegsschauplatz, für Österreich aber ein Nebenland, dessen Schicksal den Habsburgern weniger am Herzen lag. Ja, sie brachten es fertig, noch nach dem Kriege die Protestantenverfolgungen in dem ohnehin schon entvölkerten Lande fortzusetzen und zahlreiche Familien zur Auswanderung zu zwingen. Handwerker aus Reichenbach

[87] R. IHDE, Das Amt Schwerin (Diss. Rostock 1912) 136 ff.
[88] O. KOCH, Die zahlenmäßige Entwicklung der mecklenburg. Bauernstellen in Domanium und Ritterschaft von 1553–1930 (Berichte über Landwirtschaft 21, 1936, 185–202).
[89] H. WITTE, Mecklenburgische Geschichte (II, 1915, 183) nimmt einen Rückgang der mecklenburgischen Bevölkerung von 300 000 auf 40 000–50 000 Menschen an. Das scheint mir zu hoch gegriffen, MAGER (a. a. O.) rechnet mit einer Ausgangsbevölkerung von 200 000–250 000 Menschen und einem gleichen Rückgang wie WITTE (also 80 %).
[90] C. A. ENDLER, Die Ratzeburger Bauern von 1618 bis zur Gegenwart (Volk und Rasse 6, 1931, 14 ff., ergänzend auch Familiengesch. Blätter 36, 1938, 3–10, 51–58). Vgl. auch G. KRÜGER, 30 Dörfer des Fürstentums Ratzeburg. Gesch. d. Bauernsch. (2. Aufl. von H. PLOEN, 1926), aus dessen Hofgeschichten auch hervorgeht, daß nur sehr wenige Höfe während des Krieges wüst lagen. Die meisten blieben über die Kriegszeit hinweg in Familienbesitz oder gingen doch unmittelbar von einer Hand in die andere über. Auch auf der Insel Poel (vor Wismar) waren 1647 von 35 Bauernstellen noch 27, von 20 Katen noch 12 besetzt (G. LEMBKE, Die Entw. d. bäuerl. Verhältnisse auf der Insel Poel, Mecklenburg. Jahrbücher 99, 1935, S. 25).
[91] W. PROPOSCH, Vernichtung des mecklenburg. Bauerntums von 1570 bis 1900, dargestellt f. d. Kreis Malchin (Berichte über Landwirtschaft NF. 20, 1936, 221 ff.).
[92] So die Schätzung von ENDLER-FOLCKERS. Nach den Angaben im Deutschen Städtebuch Bd. 1 (1939) hatte Bützow vor dem Kriege 1625:430, 1679:115 Bürger, Goldberg 1628:400, 1649: 150 Bürger, Grabow 1627: 219 Familien, 1666: 595 Einwohner (also etwa 125 Fam.), Krakow, Kr. Güstrow 1604: 57 Erben, 1650: 23 Bürger, 1655: 110 Einwohner, Laage (ebd.) 1567: 57 Feuerstellen, 1639: 5 Bürger. Malchin hatte vor dem Kriege im Jahresdurchschnitt 60 Geburten, um 1640 aber nur 7, um 1650 nur 20. Der Bevölkerungsrückgang in den Städten entspricht also dem auf dem Lande.
[93] A. a. O. und Deutsches Städtebuch.

im Eulengebirge gründeten 1635 Deutsch-Zduny in Südposen. Aus Raudten im Kreise Lüben wanderten 1642 die meisten Bürger ebenfalls über die polnische Grenze nach Fraustadt, Rawitsch und Lissa. Auch in der Lausitz und im Brandenburgischen finden sich schlesische Einwanderer[94]. Schon Ende des 18. Jahrhunderts wurde in einer gelehrten Aussprache die Frage erörtert: »wieviel Menschen der Dreißigjährige Krieg wohl in Schlesien weggerafft hat«. Sie führte zu keinem eindeutigen Ergebnis. Der Gesamtverlust wird jetzt auf 200 000 Menschen geschätzt[95]. Das sind 22 % der 900 000 Einwohner, die Schlesien vor dem Kriege gehabt haben mag[96]. In einzelnen Gebieten war der Bevölkerungsrückgang zweifellos noch sehr viel stärker. Im Herzogtum Brieg soll ein Drittel des Landes wüst gelegen haben. 100 Rittersitze wurden zerstört. Im Fürstentum Schweidnitz-Jauer lagen 1635–54 noch 26 Dörfer völlig, 20 zum größten Teil wüst[97]. Einzelne Städte wurden jahrelang ganz verlassen, manche haben erst im 19. Jahrhundert wieder die Einwohnerzahl der Vorkriegszeit erreicht[98].

Für einen großen Teil der Niederlausitz, das Land Görlitz, besitzen wir durch die Landesexamination von 1647[99] sehr genaue Angaben über den Rückgang der Volkszahl

[94] Deutsches Städtebuch I (1939) 727, 737, 772, 850, 858, 889.
[95] H. ROGMANN, Grundlinien der Bevölkerungsentwicklung Schlesiens (Deutsches Arch. f. Landes- u. Volksforschung 3, 1939, 422 ff.) auf Grund der Angaben von Grünhagen und Partsch; K. LORENZ, Bevölkerungspolit. Auswirkungen des Dreißigjährigen Krieges im Neißer Lande (Der Oberschlesier 1923, 469), übertreibt im ganzen die Kriegsfolgen maßlos.
[96] Schlesien hatte 1619 159 880 waffenfähige Männer. 1670 fanden sich in Schlesien 467 140 Menschen über 16 und unter 60 Jahren. Doch sind die Unterlagen für diese Zählungen lt. Auskunft des Staatsarchivs nicht mehr vorhanden, so daß die Angaben kaum Berechnungen zugrunde gelegt werden können (vgl. ROGMANN, S. 423).
[97] C. GRÜNHAGEN, Gesch. Schlesiens II (1886) 309 ff. G. teilt auch Angaben des Dichters DANIEL CZEPKO mit, wonach sich 1667 in 9 schlesischen Städten nur 1600 Bürger statt 9500 vor dem Kriege befunden hätten (17 %). Mir scheinen diese Angaben in allzu starkem Gegensatz zu den sonstigen Schätzungen zu stehen.
[98] H. UHTENWOLDT (Deutsches Städtebuch I, 1939, 697). Nach den Einzelangaben hatte Bunzlau 1602 445, um 1648 nur 80 wehrfähige Bürger. Die Einwohnerschaft von Freiburg, Kr. Schweidnitz ging von 2180 (1610) auf 100, die von Glogau von 12 000 auf 2000 zurück. Heerwegen, Kr. Glogau, lag 1639 ganz verlassen, erst seit 1649 kehrte ein Teil der Bürger zurück, auch Kotzenau, Kr. Lüben, war durch den Krieg fast ganz verödet. Die Einwohnerschaft von Landeshut ging auf ungefähr ein Viertel zurück. Löwenberg hatte 1617 738 Hausbesitzer und 94 Bürger ohne Haus, 1636 nur 121 Bürger und 1740 erst 1493 Einwohner. Naumburg am Bober, Kr. Freystadt, hatte 1619 214 Bürger, 1660 zählte man 84 bewohnte, 22 unangesessene Bürger. 60 Baustellen lagen wüst. Neiße hatte 1551 7344, 1647 nur 3700 Einwohner. Neumarkt zählte 1621 4071 Einwohner, 1648 160 Hausbesitzer, 1779 1774 Einwohner. Neurode, Kr. Glatz, hatte vor dem Kriege 187 Häuser, 1645 86 Bürger. In Reichenbach, Kr. Görlitz, lagen 1647 von 130 Häusern 60 wüst. Sagan hatte 1618 850, 1648 nur 429 Häuser, Schönberg, Kr. Lauban, 1600 450, 1650 200–250 Einwohner. Die Einwohnerschaft von Schweidnitz ist angeblich von 6000 (um 1580) auf 200 (1648) zurückgegangen, die von Sprottau von 3000 (1622) auf 450 (1651). Auch Striegau, Kr. Schweidnitz, ging von 500 auf 50–100 Bürger zurück. Andere Orte haben dagegen ihren Einwohnerstand halten können. Breslau hatte 1618 30 000, 1675 28 000 Einwohner. Bad Landeck, Kr. Habelschwerdt, hatte 1620 688, 1653 864 Einwohner. Ohlau zählte 1670 ebensoviel Einwohner wie 1618. Oppelns Bewohnerschaft war nur von 1800 auf 1500 Einwohner zurückgegangen.
[99] K. SEIDEMANN, Not im Lande. Das Land Görlitz am Ende des Dreißigjährigen Krieges (Die Heimat, Beilage des Neuen Görlitzer Anzeigers 1936, S. 41 u. ff.). Ergänzend: Löbauer Heimatblätter 1938, Zittauer Geschichtsblätter 15–17, 1938–40. Vgl. auch ders., Die Landesexamination von 1647 (Oberlausitzer sippenkdl. Beiträge I, 1937, 20–27). Die Landesexamination befindet sich heute nach Mitteilung von Landesarchivar Dr. BLASCHKE im Woiwodschaftsarchiv Breslau (Sign. Görlitzer Ständearchiv, XVI, 1 A, Band 2, 3 und 5).

wie der Landwirtschaft. In 248 Dörfern lagen 33 % der Bauern-, Gärtner- und Häuslerstellen wüst (2475 von 7528), weitere 4 % wurden als unvermögend bezeichnet. Ausdrücklich wird hier zwischen den wüstliegenden Stellen und den verstorbenen oder ausgewanderten Familien geschieden. Überraschenderweise ergibt sich (und das zwingt zur Vorsicht auch bei der Auswertung anderer Listen), daß die Einbuße an Bevölkerung nur 28 % betrug (2132 Familien). An Vieh gingen etwa 68 % während des Krieges verloren, die Aussaat hatte 1647 erst 30 % des Friedensstandes erreicht, obgleich die Lausitz seit langen Jahren kein Kriegsgebiet mehr war. Im einzelnen finden sich auch hier auf engem Raum starke Unterschiede. In den stadtnahen Dörfern um Görlitz lagen nur 22 % der Stellen wüst, während in der Herrschaft Muskau die Einbuße auf 44 % stieg. Von den Häuslerstellen lagen im ganzen Land 46 % wüst, während von den Gärtnerstellen nur 26 % nicht steuerbar waren. Auch in den 6 Kleinstädten des Gebietes lagen 45 % der Häuser wüst. Deutlich macht sich der Schutz, den einzelne Herren ihren Dörfern zuteil werden ließen, geltend. Die 5 Dörfer des Landeshauptmanns Hiob v. Salza, die zumeist an den Durchmarschstraßen lagen, hatten trotzdem kaum irgendwelche Verluste aufzuweisen. Sie konnten die Steuer voll entrichten[100].

In Böhmen wurde 1653 vom Landtag eine Visitationskommission eingesetzt, die nach genau festgelegten Grundsätzen Ort für Ort, Amt für Amt Bevölkerung und Vermögen als Grundlage künftiger Besteuerung aufnehmen sollte. Die »Steuerrolla«, die für ganz Böhmen erhalten ist, beruht auf »Einbekenntnissen« der Steuerpflichtigen, die aber von der Kommission nachgeprüft worden sind. Sie scheidet zwischen Freien und Unfreien, Bauern, Chalupnern (Kätnern) und Gärtnern. Öde und abgebrannte Häuser, bebautes und unbebautes Land werden gesondert angeführt. So ist die Rolle eine der genauesten und damit wertvollsten statistischen Quellen des 17. Jahrhunderts, die wir besitzen. Sie wird ergänzt und bestätigt durch die Untertanenverzeichnisse, die 1651 zu gegenreformatorischen Zwecken aufgestellt wurden[101]. Leider sind jedoch bisher nur Teile veröffentlicht worden, die kein Gesamtbild geben.

Die meisten öden Häuser fanden sich nach dem Kriege in Mittelböhmen. In der Umgebung von Prag standen in einzelnen Orten mehr als die Hälfte der Häuser verlassen. Im Jankauer Schlachtfeld wiesen die Herrschaft Jankau selbst nur 12 %, die Herrschaften Beneschau und Konopischt aber 36 %, Natscheradetz und Tschenowitz aber 46

---

[100] Auch in der Standesherrschaft Sorau betrug 1644 der Bevölkerungsverlust 75 %. Die deutschen Dörfer wurden stärker als die sorbischen betroffen, so daß der sorbische Bevölkerungsanteil von 69 auf 72 % anstieg. Durch neue deutsche Siedler wurde jedoch nach dem Kriege die Eindeutschung des ganzen Gebietes gefördert. In den Amtsdörfern waren bis 1708 alle Bauernstellen wieder besetzt, in den Vasallendörfern dagegen nur etwa zwei Drittel, dagegen sind hier die Kossätenstellen stark angewachsen. Im ganzen wurde durch die bewußte Besiedlungspolitik der Standesherren der Bevölkerungsverlust verhältnismäßig rasch ausgeglichen (F. MĚTŠK, Bevölkerungsbewegungen und Veränderungen der Bevölkerungsstruktur in der Niederlausitzer Standesherrschaft Sorau zwischen 1618 und 1818, polnisch mit deutscher Zusammenfassung, Slaski Kwartalnik Hist. Sobótka 12, 1957, 487–511).
[101] F. A. SLAVIK, Böhmens Beschreibung nach dem Dreißigjährigen Kriege (Mitt. a. d. Landesarchive d. Kgr. Böhmens 3, 1910, 20–133). Eine vorbildliche Einzeluntersuchung gibt R. SCHREIBER, Der Elbogener Kreis und seine Enklaven nach dem Dreißigjährigen Kriege (Sudetendeutsches Archiv 2, 1935). A. BLASCHKA, Die Grafschaft Glatz nach dem Dreißigjährigen Kriege, Studien auf Grund der Glatzer Rolla (Jahrb. d. Ver. f. Gesch. d. Deutschen in Böhmen 1, 1926, 43–146). Teile der Rolle sind in einer Reihe heimatkundlicher Aufsätze abgedruckt, so hat H. LEBEDA die Glatzer Steuerrolla im Archiv f. Sippenforschung 11, 12, 14, 15 (1934–38) veröffentlicht. Die mährische Steuerrolla, auf die hier nicht eingegangen werden kann, hat ebenfalls SLAVIK bearbeitet (Morova a její obvody ve Slezsku po 30 leté valce, Mähren und seine schlesischen Enklaven nach dem Dreißigjährigen Kriege, hist.-statist. Übersicht, 1892).

und 50 % Einbuße auf. In der Kuttenberger Gegend hatte die Herrschaft Neuhof 65 %, Maleschau 46 % Verlust. In Südböhmen wurden die Herrschaften Frauenberg und Zirnau (42 %) hart betroffen. Auf den Gütern der Stadt Krummau und in den 8 Dörfern der kunischen Freibauern im Wald Hwozd im Böhmerwald stand dagegen kein Haus öde. Auch im Norden wurden die Grenzgebiete verhältnismäßig wenig geschädigt. In zahlreichen Herrschaften standen nicht 1 % der Häuser verlassen. Auf der Klosterherrschaft Braunau lagen 7 % der Häuser öde (124 von 1630 Häusern). Auf den Herrschaften Nachod und Opotschno waren die Verluste noch geringer (97 von 1688 und 74 von 1630 Häusern). Von den 39 Herrschaften des Trautenauer Gebietes hatten 7 keinerlei Einbuße aufzuweisen, 10 weitere hatten weniger als 10 % wüste Stellen. Nur in einer größeren Herrschaft (Andersbach) lagen 1654 mehr als ein Drittel (39,9 %) der Stellen wüst. In dem ganzen Gebiet wird der Verlust an Stellen kaum mehr als 12 % betragen haben. Ja, vielfach läßt sich eine Zunahme der Bevölkerung feststellen, da die Gärtner- und Chalupnerstellen auf Kosten der Bauernhöfe vermehrt wurden. Bauerngüter wurden wohl auch zum Gutshof gezogen und statt dessen Häusler angesetzt. In Hermannseifen war die Zahl der Hauswirte von 1628 bis 1654 von 89 auf 107 gestiegen, obgleich die Zahl der Bauern von 40 auf 35, die der Chalupner von 15 auf 9 zurückgegangen war. Aber die Zahl der Gärtner hatte sich verdoppelt[102].

Allein die Herrschaft Friedland, die Wallenstein bis zu seinem Tode aus allen Kriegshändeln gleich einer Insel herauszuhalten verstanden hatte, wurde nach seinem Tode völlig verwüstet. Die Gegenreformation tat 1650 ein übriges[103]. 1655 lagen hier noch 1111 von 2131 Häusern wüst, also mehr als die Hälfte. Nach Osten zu verlor sich die Einwirkung des Krieges[104].

In dem nordwestböhmischen, rein deutschen Kreis Elbogen, für den besonders genaue Zahlen vorliegen, lagen 1654 in den Städten 30 %, auf dem Lande nur 9 % der Häuser öde. Einzig entlang der Straßen im Egergraben betrug der Rückgang 39 %, um an der Hauptstraße Eger–Prag noch etwas mehr anzuwachsen. Die Mehrzahl der Dörfer (132) hatte 1654 ebensoviel Einwohner wie 1525, nur 6 hatten ihre Einwohnerzahl vermindert, 34 sie aber auch vermehrt. Im ganzen hatte also der Krieg den erheblichen Bevölkerungsanstieg des 16. Jahrhunderts, der schon vor dem Kriege langsamer zu werden begann, ausgelöscht.

Die Zahlen für ganz Böhmen widersprechen sich ungemein[104a], Böhmen soll vor dem

---

[102] A. BLASCHKA, Das Trautenauer Untertanenverzeichnis v. J. 1651 (Jb. d. dtn. Riesengebirgsvereins 1925, 110 ff.). Ders., Die Bevölkerung Nordostböhmens nach dem Dreißigjährigen Kriege (ebd. 1930, 215–29). Für Nordmähren finden sich einige Angaben bei H. WEINELT, Verödungen und Bevölkerungsgeschichte (Archiv f. Bevölkerungswiss. 11, 1941, S. 252): Die Herrschaft Eulenburg zählte 1662 in 23 Dörfern nur noch 129 arme Anbauer, Eulenburg selbst lag völlig verlassen. Doch seien die Lücken wesentlich durch die natürliche Bevölkerungsvermehrung geschlossen worden.
[103] S. u. S. 74 f.
[104] Der Zahl der wüsten Häuser entsprachen die brachliegenden Äcker. In der Herrschaft Pürglitz bei Prag waren 4700 Strich Äcker von 11 250 Strich Bauernland verwachsen. Anstatt 2041 Kühen hatten die Bauern nur 731 Stück. Konnten sie an sich 1357 Gespanne halten, so hatten sie doch nur 857. Die Lage der Chalupner glich im ganzen der der Bauern.
[104a] Erst während der Drucklegung werde ich durch den Aufsatz von A. BOHMANN, Die Bevölkerungszahlen Böhmens vom 16. bis zum 18. Jahrh. (Z. f. Ostforschung 10, 1961, 127–139) aufmerksam auf das Werk von O. PLACHT, Lidnatost a společenská skladba českého státu v 16.–18. století (Volkszahl und gesellschaftlicher Aufbau des böhmischen Staates im 16.–18. Jahrh., Prag 1957). PLACHT nimmt an, daß die Länder der Wenzelskrone (ohne Lausitz und Egerland) vor 1618 3 769 000 Einwohner (Dichte 34,5 je qkm) hatten. Die Bevölkerung Böhmens (mit Grafschaft Glatz) sei von 1 563 000 auf 930 000, die Mährens von 810 000 auf unter

Krieg in 782 Städten und 36 000 Dörfern 2,5 Millionen Einwohner gehabt haben. Nach dem Kriege habe es noch 230 Städte und 6000 Dörfer gegeben, in denen nur 700 000 Einwohner gelebt hätten. Von 150 000 Bauernfamilien seien 1645 nur noch 30 000 übrig gewesen[105]. Dazu stehen die Angaben aus einzelnen Herrschaften im Gegensatz. Zumal von einer so großen Zahl wüster Städte und Dörfer kann nicht die Rede sein. Ich glaube, daß STARK[106] der Wahrheit näherkommt, wenn er nur einen Rückgang der Bauern um 17%, von 150 000 auf 124 000 errechnet. Ja, es scheint, daß in manchen Gegenden Böhmens in den Jahren 1670-80 die Zahl der öden Häuser größer war als unmittelbar nach dem Kriege. Der hohen Steuern, vielfach aber auch noch der Religionsverfolgungen wegen entwichen die Bauern und wandten sich vor allem nach Mähren, in Nordböhmen nach Sachsen, der Lausitz und nach Schlesien[107].

H. J. BEYER[108] glaubt nachweisen zu können, daß der Krieg einen grundlegenden Wandel in der Bevölkerungsstruktur des Landes bewirkt hat. Mehr als die Hälfte der alten Führungsschicht, ob tschechischer oder deutscher Herkunft, wurde hingerichtet oder enteignet. An ihre Stelle trat ein neuer Adel internationaler Herkunft, der nicht mehr dem Lande, sondern allein der habsburgischen Dynastie verbunden war. Der Neuaufbau des Landes war vor allem eine Leistung der Deutschen. Das Verhältnis von Deutschen zu Tschechen betrug in der zweiten Hälfte des 17. Jahrhunderts fünf zu drei, während es sich im 19. Jahrhundert auf zwei zu drei verkehrt hatte[109]. Der im 17. Jahrhundert überaus stark geschwächte tschechische Volkskörper frischte sich durch die stete Zufuhr deutschen Blutes (und zugleich auch durch eine höhere Geburtlichkeit) auf und hatte die Kraft, sich immer erneut deutsche Sippen einzugliedern.

Für das Erzstift Magdeburg[110] erlauben die Kirchenvisitationsprotokolle von 1582

600 000 Menschen gesunken, das würde für Böhmen einen Bevölkerungsverlust von 40%, für Mähren von 20% ergeben. Eine auch von BOHMANN abgedruckte Liste der Einwohnerzahlen der Städte vor und nach dem Kriege läßt die sehr unterschiedliche Auswirkung des Krieges deutlich erkennen. Um 1700 haben die Städte den Krieg so gut wie völlig überwunden.
[105] Vgl. die Angaben bei A. HUBER, Gesch. Österreichs Bd. 5 (1896) 220, 617.
[106] W. STARK, Ursprung und Aufstieg des landwirtschaftl. Großbetriebs in den böhmischen Ländern (1934).
[107] Die Angaben für die Grafschaft Glatz widersprechen sich. BLASCHKA rechnet (S. 94) mit einem Bevölkerungsverlust von 50%, der zweifellos zu hoch ist. S. 100 führt er einige Dörfer an, deren Wirte gegenüber 1606 stark zurückgegangen seien. Statt 231 finden sich hier 183 Bauern. Der Rückgang 20%. In dem Kreis Landeck (einem Viertel des Landes), den er demgegenüber als gut bezeichnet, sind die Bauern von 1147 auf 950 (17%) zurückgegangen. Insgesamt liegen in der Grafschaft 1654 770 Häuser öde oder sind eingefallen, während 7630 bewohnt sind (10%). Zu den verlassenen Stellen gehören 2723 Strich Landes, zu den besetzten Stellen 71 167 Strich. Von diesen sind 43 000 mit Winter- und Sommerkorn besät, rechnet man das Brachland hinzu, ist auch hier der Prozentsatz des wüstliegenden Landes gering (vgl. a. S. 85). Im ganzen wird also der Rückgang in der Grafschaft Glatz sicher nicht mehr als 20% betragen haben, auch wenn zwei Dörfer zeitweise ganz wüst lagen.
[108] H. J. BEYER, Umvolkung (1945) S. 101-11. Vgl. auch H. WEINELT, Untergegangenes Deutschtum in Mähren (DALVF 5, 1941, S. 315-337), der bestreitet, daß das mährische Deutschtum auf die deutsche Zuwanderung nach dem 30j. Krieg zurückzuführen sei. Im Gegenteil habe die Austreibung der Wiedertäufer aus dem südöstlichen Mähren der Eindeutschung eines weiten Gebietes einen Riegel vorgeschoben.
[109] G. EIS, Die deutschen Familiennamen in Böhmen und Mähren (Sudetendeutsche Familienforschung 8, 1935).
[110] E. SCHWANNECKE, Die Wirkungen des Dreißigjährigen Krieges im Erzstift Magdeburg. Diss. Halle 1913. Ergänzend die Aufsätze von W. SCHULZE über den Kirchenkreis Atzendorf im Dreißigjährigen Kriege in den Heimatglocken des Kr. Calbe, 1933-34. W. DELIUS, Die Bevölkerungsbewegung der Saalkreisorte in 4 Jhh. (Thür.-Sächs. Zs. 19, 1930, 198-202). G. HERTZ-

bis 84 und 1650–52 einen genauen Vergleich für jeden Ort, bei dem freilich der Bevölkerungsanstieg in dem Menschenalter vor dem Krieg unberücksichtigt bleiben muß, so daß die gewonnenen Verlustzahlen wahrscheinlich noch etwas zu niedrig sind. Trotzdem sind die Verluste groß genug. Im gesamten Holzkreis (der etwa dem heutigen Regierungsbezirk Magdeburg entspricht) betrug der Rückgang der Bevölkerung 46,2 %. Besonders betroffen wurden selbstverständlich die Dörfer rings um Magdeburg, die in den Untergang der Stadt mit hineingerissen wurden. Sie hatten einen Bevölkerungs-

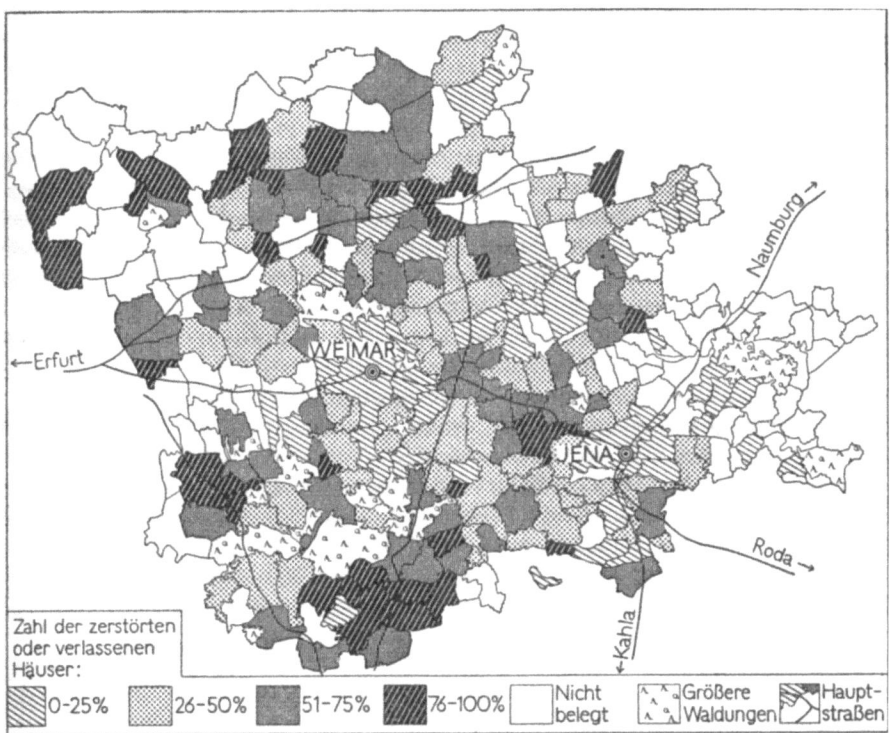

Abb. 5. Der Zerstörungsgrad um Weimar und Jena im Dreißigjährigen Krieg (nach F. KOERNER)

verlust von 56 % aufzuweisen. Noch stärker wurde freilich die Volkszahl in den Dörfern an den großen Durchmarschstraßen von Magdeburg nach Halle und von Magdeburg nach Aschersleben dezimiert. Bei einem durchschnittlichen Rückgang von 62,6 % erreichten die Einzelverluste in vielen Dörfern 70 bis 100 %. Je weiter die Dörfer von Magdeburg entfernt lagen, desto weniger litten sie Not. Die Exklave Oebisfelde im Norden zählte nur 40 % Verlust und westlich der Linie Neuhaldensleben–Wanzleben betrug der Bevölkerungsrückgang nur mehr 23,6 %. Die westlichen Ämter hatten sogar einen Bevölkerungszugang aufzuweisen. Hierhin flüchteten sich, ebenso wie in das nahe Braunschweigische Gebiet[111], vielfach die Vertriebenen. Das Amt Hötensleben, das

BERG, Löbejün u. Könnern während des Dreißigjährigen Krieges (Neujahrsbl. hg. v. d. Hist. Komm. d. Prov. Sachsen 6, 1882). M. DITTMAR, Zur Bevölkerungsstatistik des Magdeburger Landes i. J. 1635 (Gbll. f. Stadt u. Land Magdeburg 29, 1894, 262–302) zeigt, daß in 10 Dörfern der Magdeburger Gegend 1635 etwa 50 % der Höfe wüst lagen.
[111] Vgl. KEILITZ (o. S. 10 Anm. 29).

weitab von der Straße lag und überdies einem schwedischen Offizier verpfändet war, der es zu schützen wußte, hatte nach dem Krieg 23,6 % mehr Bevölkerung als zuvor. Auch einzelne Landstädte (wie Egeln) hatten als Fluchtburgen geringen Bevölkerungszuwachs zu verzeichnen, wenngleich im ganzen Stadt und Land gleichmäßig vom Krieg betroffen wurden. In diesem größeren Gebiet ist noch deutlicher als in der Altmark zu erkennen, wie die Kriegsschäden von der Elbe gegen Westen hin geringer werden, um sich nach Niedersachsen hin ganz zu verlieren[112].

Wie im Erzstift Magdeburg läßt sich auch in Thüringen der Einfluß der Straßen sehr deutlich beobachten. Auch hier schwanken auf verhältnismäßig kleinem Gebiet die Verlustzahlen zwischen 0 und 100 %. In dem Gebiet um Weimar und Jena[113] haben am wenigsten die Dörfer in unmittelbarer Nachbarschaft der beiden Städte gelitten. Truppen und Marodeure hüteten sich, den Mauern der Städte, vor allem einer Residenz wie Weimar, zu nahe zu kommen. Die Bauern konnten sich immer wieder in die Städte flüchten und in ruhigeren Zeiten von hier aus ihre Felder bestellen. Die Stadt Weimar wies 1640 bei nur 2863 Einwohnern 4103 Fremde auf, und auch in Jena weilten 840 Fremde bei immerhin 2423 Einwohnern. So wurde in der Weimarer Gegend 1642 noch vielfach die ganze Feldflur bestellt, während durchschnittlich in dem Herzogtum zwei Drittel der Felder bereits brach lagen. Meist blieben um die Stadt die Bevölkerungsverluste unter 25 %, nur selten gingen sie über 50 % hinaus. Auch die in engen Tälern und im Wald verborgenen Dörfer abseits der großen Heerstraßen litten nur wenig[114]. Die gothaischen Ämter Schwarzwald (um Georgenthal) und Friedrichroda waren während der letzten Kriegsjahre im weiten Umkreis die einzigen, die noch einen größeren Viehbestand besaßen. Die 20 Amtsorte besaßen ebensoviel Pferde wie 82 Orte der Weimarer Gegend. Nur etwa ein Drittel der Häuser lag hier wüst.

Um so schwerer wurden die Ortschaften an den großen Heerstraßen und in der offenen, übersichtlichen Landschaft des Thüringer Beckens betroffen. Für sie gab es weder Schutz noch Zuflucht. In dem Amt Blankenhain[115], in dem sich zwei Heerstraßen trafen, lagen 1642 von 166 Häusern 120 wüst, von 5750 Äckern waren nur 698 bestellt. Nur noch 19 Pferde, 33 Kühe und 15 Ziegen waren im Amt zu finden. Viele Dörfer lagen völlig wüst. Ein Gut, das vor dem Krieg 300–400 fl., gekostet hatte, kaufte, so hieß es, in Kranichfeld niemand für 100 fl., in Rettwitz für 50 fl., in Rittersdorf für anderthalb fl., und in Haufeld und Krakendorf nahm man derartige Güter nicht einmal geschenkt.

---

[112] Über den Bevölkerungsrückgang in Anhalt vgl. die Angaben bei A. KRAAZ, Bauerngut und Frondienste in Anhalt (1898) S. 127 f. und die Tabelle S. 264 f., die für eine statistische Verwertung nicht ausreichen.
[113] F. KOERNER, Beiträge zur Geopolitik u. Bevölkerungsgesch. des mittleren Saalegebietes (1935) S. 29–34 und 38–40. E. BROMME, Das Fürstentum Sachsen-Weimar z. Zt. d. Dreißigjährigen Krieges (Diss. Jena 1925). O. KIUS, Statist. Mitt. aus Thüringen und d. angrenzenden Franken aus d. Dreißigjährigen Kriege (Jahrbücher f. Nationalökonomie 14, 1870). Ders., Zustände während des Dreißigjährigen Krieges und unmittelbar nach demselben im alten Fürstentum Weimar. Progr. Weimar 1878.
[114] Zu entsprechenden Ergebnissen führen die methodisch beispielhaften Untersuchungen von F. KOERNER über Ein Steuerbuch des Amtes Eisenberg a. d. J. 1646 (Mitt. d. geogr. Ges. f. Thüringen zu Jena 42, 1939, 33–44). Von den 41 Amtsorten hatten die in der Nähe der Amtsstadt die wenigsten Verluste (12 % der Steuern), ihnen folgen die Orte in oder am geschlossenen Waldgebiet (20 %), während die Orte im offenen Lande bei weitem die höchsten Verluste hatten (31 %). Im Durchschnitt betrug der Rückgang an Steuern 26 %, der an Häusern 17 %, an Viehhaltungen 18 %, an Kühen jedoch 60 %. An ihre Stelle trat vielfach die Ziege.
[115] Vgl. außerdem P. EGERT, Gesch. d. Stadt u. Herrschaft Blankenhain I (1922).

Auch in der Vogtei Großbrembach[116], nördlich Weimar, in dem offenen Gebiet zwischen Ettersberg und Finne, lagen von 981 Häusern 699 wüst. Rohrbach [117] bei Weimar (um ein Einzelbeispiel anzuführen) zählte vor dem Krieg 159 Einwohner. 1636 starben allein 78 Personen, 1639 sind 7 Todesfälle wegen Hungers bezeugt. 15 Jahre lang wurde niemand im Ort getauft oder getraut. Von 900 Äckern wurden 1640 nur 5 bestellt, obgleich noch 25 Einwohner am Ort waren, die 6 von den 46 Häusern bewohnten. Im ganzen wurden im Herzogtum Weimar (also einem größeren Bereich, in dem sich zufällige Schäden schon auszugleichen beginnen) 1642 von 82 000 Äckern nur 21 000 bestellt, so daß also auch unter Berücksichtigung der Brache fast zwei Drittel des Bodens wüst lagen.

Für drei Ämter des Herzogtums Gotha [118] liegen aus dem Jahre 1638 genaue Zahlen vor. Im Amt Gotha waren von 8962 Menschen noch 3134 (35 %) vorhanden, »die Gott wolle in Abrahams Geschlecht wieder segnen und vermehren«, (wie der Amtsschreiber hinzufügt). Von den Wohnhäusern stand nicht mehr die Hälfte. Vom Winterfeld waren fast zwei Drittel unbestellt geblieben. Im Amt Tenneberg war der Verlust geringer. Hier waren von 673 Menschen noch 263 Mann und 92 Witwen vorhanden (53 %). Es standen noch 427 von 671 Häusern. Im Amt Volkenroda standen sogar noch 322 von 354 Häusern und die Bevölkerung war nur um 40 % von 365 auf 212 zurückgegangen. Von 13 619 Schafen war keines mehr vorhanden. Das Rindvieh war auf etwa 10 %, der Pferdebestand auf ein Viertel zurückgegangen.

In der Thüringer Bucht besitzen wir genaue Angaben für die einzelnen heute zum Kreise Eckartsberga vereinigten kursächsischen Ämter[119]. Im Amte Eckartsberga selbst, dessen Mannschaft von 1550 bis 1622 um 40 % in raschem Anstieg gestiegen war, war die ansässige Mannschaft in 11 Orten von 639 auf 360 Mann, also um 43 % zurückgegangen. Das Städtchen Eckartsberga hatte einen Verlust von 50 % aufzuweisen. In dem Amt Heldrungen lagen 1658 noch 42 % der Häuser wüst, 44 % der Landsteuer waren nicht gangbar. In dem nahen Amte Sachsenburg waren 1661 in den 6 Amtsdörfern 65,7 %, in den Adelsdörfern sogar 80 % der Steuer noch nicht wieder gangbar. In den 8 Orten der Herrschaft Wiehe war die Zahl der Anspänner von 54 auf 15, der Hintersättler von 242 auf 123 (Durchschnitt 53 %) zurückgegangen. Das Gebiet wird also insgesamt etwa die Hälfte seiner Einwohner in den Kriegsjahren eingebüßt haben.

Im gleichen Verhältnis verminderte sich die Einwohnerschaft der benachbarten Stadt Naumburg. Sie ging von 1621 bis 1645 von 8900 auf 4320 Seelen, also um 51 % zurück. Am meisten wurden hier wie auch sonst die Vorstädte geschädigt. Die Innenstadt wies nur einen Verlust von 41,6 % auf, aber die Moritzvorstadt, die keinen Mauerschutz hatte, büßte 72 % ihrer Bewohner ein. Vielfach wurden die Vorstädte von den Bürgern selbst abgerissen, um die Stadt besser verteidigen zu können. Naumburg, das vor dem Kriege eine wachsende Stadt gewesen war, erreichte seine ursprüngliche Einwohnerzahl erst im 19. Jahrhundert wieder. Es wurde von Leipzig überflügelt. Naumburgs Messe, die nach 1638 20 Jahre lang nicht abgehalten werden konnte, erreichte nie wieder ihre

---

[116] Kius a. a. O. Vgl. auch L. Naumann, Skizzen und Bilder zur Heimatkunde d. Kr. Eckartsberga V (1904).
[117] H. Wächter, Wie sich die Einwirkung des Dreißigjährigen Krieges auf die Volksbewegung von Rohrbach aus den dortigen Kirchenbüchern nachweisen läßt (Zs. d. Ver. f. thür. Gesch. 30, 1933, 586–90).
[118] A. Beck, Ernst der Fromme 2 (1865) S. 122–24.
[119] L. Naumann, Skizzen u. Bilder zur Heimatkunde d. Kr. Eckartsberga V (1904), S. 90, 92, 100, 107.

alte Bedeutung. 1647 mußte die Stadt in Konkurs gehen. Noch 1816 zählte sie erst 8697 Einwohner, also immer noch weniger als vor dem großen Kriege[120].

Erfurts Bevölkerung verminderte sich, vor allem durch die Pest, um fast ein Drittel (32%). Die beiden ärmsten Pfarreien büßten 40 und 30 %, die beiden wohlhabendsten dagegen nur 8% ihrer Bewohner ein. Allein in den Jahren 1635–39 kamen auf 3026 Geburten 8307 Todesfälle, unter denen freilich auch viel Flüchtlinge gewesen sein werden[121].

Das südöstliche Thüringen hatte besonders hart durch das Saalfelder Lager 1640 zu leiden. Monatelang lagen sich hier 50 000 kaiserliche und 40 000 schwedische Truppen gegenüber. Immer wieder heißt es in den 50er Jahren in den Amtshandelsbüchern des Amtes Arnshaugk[122] (bei Neustadt a. d. Orla), daß ein Gut seit diesem Lager, also seit zehn, zwölf und mehr Jahren, wüst und öd gelegen habe, daß die Gebäude verfallen seien und die Felder mit Buschwerk bestanden wären. Die Besitzer wären verstorben oder verschollen. Die längst überschuldeten Güter mußten unter Verzicht auf alle aufgelaufenen Zinsen und unter Ausfall aller Gläubiger ohne Entrichtung eines Kaufpreises neu verliehen werden, um überhaupt neue Besitzer zu gewinnen.

In dem Altenburger Ostkreis dagegen, der schon zu dem sächsischen Schonbereich hinüberleitete, waren die Verluste in 115 Ortschaften auffallend gering. Von 1275 Häusern erscheinen 1651 in einem Steueranschlag nur 151 als verbrannt oder aufgegeben (11,8%). 62 Orte des Gebietes haben überhaupt keinen Verlust, in 36 Orten bleibt er unter 20%, nur in 16 Orten steigt er bis zu 50% und nur in einem beträgt er mehr als die Hälfte der Häuser. Augenscheinlich haben hier wie anderwärts die Orte mit Rittergütern stärker gelitten als die reinen Bauerndörfer. Die Bauern waren bodenfester als die Gutshäusler[123].

Konnte das Herzogtum Weimar noch in gewissen Grenzen von seinem tatkräftigen Fürsten Herzog Wilhelm, dem schwedischen Statthalter und Generalleutnant, geschützt werden, so war die Grafschaft Henneberg fast herrenloses Gebiet. Das Grafenhaus war ausgestorben. Die Erben (Sachsen und Hessen) teilten das Land erst nach dem Krieg endgültig auf. Eben dieser Teilung verdanken wir den genauesten Einblick in den Zustand des Landes vor und nach dem Kriege[124]. Wir kennen die Zahl der Einwohner und

---

[120] A. RITTER, Der Einfluß des Dreißigjährigen Krieges auf die Stadt Naumburg (Thür.-Sächs. Zs. 15, 1926, 41).
[121] F. H. SCHRADER, Die Stadt Erfurt in ihren wirtschaftl. u. sozialen Verhältnissen nach Beendigung des Dreißigjährigen Krieges (Mitt. d. Ver. f. Gesch. v. Erfurt 40–41, 1921).
[122] E. WAGNER, Die Handelsbücher des Amtes Arnshaugk 1645–54 (Quellen z. bäuerl. Hof- u. Sippenforschung 7–10, 1938), Sachverzeichnis unter «wüste Höfe und Häuser». Vgl. KIUS, S. 137. M. SCHNEIDER, Nachrichten über den Dreißigjährigen Krieg aus den Handelsbüchern des Amtsgerichts Eisenberg (Mitt. d. gesch.- u. altertumsforschenden Vereins in Eisenberg 34, 1920, 198–214).
[123] Nach Mitteilung des inzwischen verstorbenen Prof. Dr. F. KOERNER, Jena.
[124] Sich ergänzende Zahlenangaben bei KIUS 109 f.; G. BRÜCKNER, Beitrag z. Statistik u. Gesch. d. Dreißigjährigen Krieges (Zs. f. deutsche Kulturgesch. 1857, 206–38); Ders., Statistisches aus d. Zt. d. Dreißigjährigen Krieges (Denkwürdigkeiten aus Franken und Thür. 1852, S. 299–312); W. HÖHN, Der Dreißigjährige Krieg im Hennebergischen (Schriften d. Henneberg. Geschichtsvereins Schleusingen 1, 1908, 6–107, vor allem 96 ff.); E. DAHINTEN, Geschichte der Heimat. Eisfeld Bd. 2 u. 3 (1932–34). W. MAESSER, Die Bevölkerung des Kr. Schleusingen, vornehmlich im 17. Jh. (Diss. Halle 1916) fügt ein kirchliches Seelenregister von 1646 hinzu und benützt es zur kritischen Wertung der anderen Angaben. H. MAUERSBERG, Besiedlung und Bevölkerung des ehemals Hennebergischen Amtes Schleusingen (1938).

der Häuser in den Jahren 1631, das etwa dem Vorkriegsstand entspricht[125], 1649 und 1659. In diesem Jahre sind die unmittelbaren Kriegsschäden überwunden, die Geflüchteten zurückgekehrt, die Dauerschäden also eindeutig erkennbar.

Bevölkerungszahl der Grafschaft Henneberg[126]

	1618 Haushalt	1634 (31) Mannschaft (Untertanen)	1649 Haushalt	1654 Haushalt	1659 Untertanen	1631 zu 1659 Verlust in %
Schleusingen, Stadt und Amt		1504	509		859	44
Suhl		1726	695		1167	32
Kühndorf mit Benshausen		805	256		418	48
Themar, Stadt und Amt		1029	363		381	62
Meiningen		1198	546		521	56
Maßfeld		1621	335		671	59
Wasungen, Stadt und Amt	690	605	164	295	359	40
Sand	847	870	103	280	270	69
Frauenbreitungen	312	408	41	122	151	63
Kaltennordheim		799	177		301	62
Fischberg		943	96		252	73
Ilmenau, Stadt und Amt		533	300		341	36
Grafschaft Henneberg		12041	3585		5091	52,74

Bei einer vorsichtigen Umrechnung der für 1634 überlieferten Mannschafts- und für 1649 übermittelten Haushaltszahlen errechnet MAESSER für 1631 eine Bevölkerung von 60 975 Seelen, für 1649 eine solche von 19 250 im gesamten hennebergischen Gebiet. Wenn auch solche errechneten Zahlen nicht ganz genau stimmen können, so zeigen sie doch einen Bevölkerungsrückgang auf etwa ein Drittel. Er hat mindestens diese Höhe erreicht. Und doch sind auch schon damals die ersten Kriegsschäden wieder geheilt gewesen. 1643 war das Land noch stärker verödet. Im Durchschnitt hatte jeder der 148 Orte der Grafschaft 1649 einen Verlust von 57,5 Familien aufzuweisen. In dem ersten Nachkriegsjahrzehnt erholte sich das Land zwar ungewöhnlich rasch. Die Bevölkerungszahl nahm um 70 % zu, in manchen Orten und Ämtern vervielfachte sie sich. Zahlreiche Geflüchtete müssen zurückgekehrt sein, zumal von fremden Zuzüglern keine Nachrichten überliefert sind. Trotzdem hatte das Land 1659 noch einen Dauerverlust von über 50 % seiner Einwohner zu beklagen. 45 % der Häuser lagen 1659 noch wüst oder waren verfallen. Auch die Steuern waren um 53 % seit 1631 zurückgegangen, nachdem gerade die ersten Kriegsjahre einen starken Anstieg gebracht hatten.

Trotz des allgemeinen starken Verlustes, der im einzelnen fast keine Steigerung mehr zu erlauben scheint, hatten auch die Hennebergischen Ämter (wie die Tabelle zeigt) unterschiedlich unter dem Kriege zu leiden. Stark waren die Ämter (wie Maßfeld) mitgenommen, die an der großen Heerstraße von Eisenach nach Würzburg, dem Werratal entlang lagen. Doch auch sie mußten noch hinter dem Rhöngebiet zurücktreten. Das Amt Fischberg wies 1649 einen Bevölkerungsverlust von 90 %, 1659 immerhin noch

[125] Vgl. die Zahlen für Wasungen, Sand und Frauenbreitungen, die für 1618 und 1634 fast übereinstimmen. Das Land wurde erst später zum Kriegsschauplatz.
[126] Bei den vorstehenden Zahlen, die überdies in den einzelnen Statistiken etwas, wenngleich nicht entscheidend, voneinander abweichen, ist, wie MAESSER gezeigt hat, zu beachten, daß sich Haushalte, Mannschaften und Untertanen nicht voll entsprechen. Um zu vergleichbaren Zahlen der wirklichen Einwohnerschaft zu kommen, muß man die Mannschaften mit 5,5, die Untertanen mit 4 vervielfachen.

einen Verlust von 73 % seiner Einwohner auf. Das Amt Ilmenau dagegen, das im Thüringer Wald geschützter lag, büßte nur 43 % seiner Familien bis Kriegsende ein, erholte sich dann allerdings auch langsamer, so daß ein Dauerverlust von 36 % zu verzeichnen bleibt. Die kleinen Orte Stützerbach und Kloster Veßra hatten als Zufluchtsorte sogar einen geringen Bevölkerungszuwachs. Auch der (nicht zur Grafschaft gehörige) Ort Ruhla blühte im Krieg auf. Die heimischen Messerschmiede stellten sich auf die Waffenmeisterei um, so daß der Ort 1547 271, 1639 617, 1644 660, 1648 760 und 1671 1140 Einwohner zählte[127].

Daß 1659 bereits ein gewisser Endzustand erreicht war, beweisen die Ämter Frauenbreitungen und Sand, für die Zahlen auch aus dem Jahr 1654 erhalten sind. Die Ämter hatten während des Krieges fast 90 % ihrer Bevölkerung verloren, jetzt aber binnen fünf Jahren ihre Volkszahl mehr als verdoppelt. Doch diese Steigerung hielt nicht an. In Sand ging die Volkszahl im nächsten Jahrfünft sogar schon wieder etwas zurück. Das Amt war vor dem Kriege wohl übervölkert gewesen. Die Einwohner hatten sich bei stark zersplittertem Grundbesitz von Barchentweberei genährt. Dies Handwerk war durch den Krieg vernichtet worden. Die neuen Ansiedler mußten bald erkennen, daß sie sich in dem unfruchtbaren und wildreichen Rhöngebiet nur kärglich nähren könnten. Es gab zu der Zeit fruchtbare Auen, die leichteren Gewinn versprachen. So zogen sie wieder weg. Das Amt hat bis heute noch nicht wieder die Volkszahl der Vorkriegsjahre erreicht. Im ganzen haben 36 Orte (also etwa ein Viertel) der Grafschaft bis in das 19. Jahrhundert hinein weniger Einwohner als 1634 gehabt. Und dennoch ist nur ein einziges Dorf (Dreißbach) dauernd wüst geworden.

Aus dem Coburger Gebiet[128] stammt der Pfarrer MARTIN BÖTZINGER, auf dessen Angaben GUSTAV FREYTAG vor allem seine düstere Schilderung der Folgen des Großen Krieges aufbaute. Genaue Einzelforschungen bestätigen im ganzen die vielangefochtenen Angaben des Pfarrers von Poppenhausen bei Heldburg. Der tüchtige Herzog Johann Casimir hatte das Land bis 1632 aus den Kriegswirren fast völlig heraushalten können. In diesem Jahre aber wurde Coburg von Wallenstein belagert und erobert. Zwei Jahre darauf wurde die Pflege Winterquartier starker kaiserlicher Truppen. Zahlreiche Truppendurchzüge, in deren Gefolge allerlei Seuchen auftraten, suchten das Land auch in den folgenden Jahren heim. Stellten auch die Jahre von 1632–1640 die eigentliche Notzeit des Landes dar, so hielten doch die Truppenbewegungen bis zu Kriegsende an. Denn das Land lag im Schnittpunkt der nord-südlichen und ost-westlichen Heerstraßen. In Coburg gabelte sich die große Nürnberger Straße in zwei Züge, von denen der eine nach Leipzig, der andere über Erfurt nach Hamburg führte. Durch Coburger Gebiet führte andererseits die Straße, die den böhmischen Raum mit Frankfurt verband. Zudem lag das Land auf der Grenze zwischen dem protestantischen Norden und dem katholischen Süden. Es wurde daher, obgleich es selbst nur kurze Zeit Kriegsschauplatz war, doch immer erneut vom Kriege heimgesucht.

In dem Jahrhundert vor dem Kriege befand sich die Bevölkerungszahl der Pflege Coburg in ungebrochenem, raschem Aufstieg. Von 1508 bis 1618 hatte sich die Einwohnerzahl des Landes verdoppelt, in dem großen, später vom Krieg besonders hart betroffenen Amte Eisfeld sogar verdreifacht. Die Städte wuchsen stärker an als die

---

[127] E. G. BARTHOLOMÄUS, Die Bevölkerungsbewegung im Eisenacher Land seit dem 16. Jh. (20. Beiheft der Zeitschrift d. Ver. f. Thür. Gesch. 1939). Vgl. ferner KLEESCHULTE, Die Pfarrei Spahl (Manuskript 1935, Bd. 1, S. 36). A. BUFF, Hildburghausen z. Zt. d. Dreißigjährigen Krieges (Jahrb. d. Henneberg.-fränk. Geschichtsvereins 1, 1937). Heimatbuch für Südthüringen III, S. 151 ff.
[128] W. DIETZE, Die bevölkerungspolitischen und wirtschaftl. Wirkungen des Dreißigjährigen Krieges in der Pflege Coburg und der Wiederaufbau nach dem Kriege (Coburg 1943).

Dörfer, da sie den großen ländlichen Bevölkerungsüberschuß aufnahmen. Auf einer Fläche von 1360 Quadratkilometern werden zu Kriegsbeginn etwa 55 000 Menschen gelebt haben[129]. Die Bevölkerungsdichte betrug also 40,7 Köpfe und lag damit weit über dem Reichsdurchschnitt.

Die unmittelbaren Kriegsverluste waren in der Pflege gering, obgleich sich in den Amtsberichten verhältnismäßig häufig Angaben über ermordete Einwohner befinden. Stärker war der Verlust durch Werbungen. Entscheidend aber war auch hier die «Hauptkrankheit», wie sie in den Quellen genannt wurde, die Pest, die von 1632 ab drei Jahre lang im Land wütete. Es ist die gleiche Zeit, in der Coburg im Mittelpunkt des Krieges stand. Mit Seuche und Krieg kam Hungersnot ins Land. Allen Nöten suchte die Einwohnerschaft durch die Flucht zu entgehen und fiel ihnen fern von Haus und Hof doch erst recht anheim. 1635 konnte der Amtmann von Römhild berichten, daß im letzten halben Jahr 560 Amtseinwohner gestorben und verdorben wären. Nur 405 fänden sich noch im Amt, aber auch sie wären mehrteils «im Gehölz» zu finden. Hielt man sich in den ersten Jahren noch innerhalb der Grenzen der Pflege, so ging man in den folgenden Jahren darüber hinaus in die Fremde, um nicht mehr zurückzukehren.

Das mauerumwehrte Coburg konnte sich am besten vor den Kriegsfolgen schützen. Seine Einwohnerschaft, die zudem immer wieder von Flüchtlingen ergänzt wurde, sank nur um ein Drittel. Hatten sich zunächst die großen Dörfer besser gehalten als kleinere Siedlungen, so wurden sie doch auf die Dauer am stärksten betroffen. Ihre Einwohnerschaft sank um 75 %. Am meisten zu leiden hatten die Dörfer, die an der Hohen Straße lagen, die von Nürnberg über Coburg und Eisfeld nach Erfurt führte. Im Amt Sonnefeld, das noch verhältnismäßig geschützt lag, wurden 1636 dennoch nur 34 von 875 Tagwerk Acker bestellt. In den Jahren 1636–39 lag die Pflege fast völlig wüst, 5 % des Landes werden im ganzen vielleicht bestellt worden sein. Auch der Viehbestand war fast völlig vernichtet. Von 1771 Pferden waren 1638 noch 117, von 10 658 Stück Rindvieh noch 693 übrig. Die einst blühende Schafzucht lag völlig im argen. DIETZE rechnet damit, daß in den Jahren 1634–36 10–25 % der Gesamtbevölkerung an Hunger gestorben sind, eine Zahl, für die wir aus keiner anderen Landschaft vergleichbare Angaben besitzen.

Infolge all dieser Nöte ging die Mannschaft der Ämter der Pflege Coburg, wie wir auf Grund sehr vollständiger Zählungen sagen können, von 7066 auf 2899 Mann, also um 58,9 % zurück. In den Städten sank sie noch etwas stärker von 3495 auf 1329 Mann (62 % Verlust). Der Gesamtverlust der Pflege betrug also 60,4 %. Von den 55 000 Einwohnern, die das Land vor dem Kriege gezählt hatte, waren nur 22 000 übriggeblieben. Die Bevölkerungsdichte betrug nicht mehr 40,7, sondern nur noch 16,3 je Quadratkilometer. Dabei stammt die Zählung aus dem Jahre 1650. In diesem Jahre waren aber nicht nur die Flüchtlinge zumeist zurückgekehrt, darüber hinaus waren auch durch die beginnende Zuwanderung schon Lücken geschlossen worden. Der tatsächliche Bevölkerungsverlust infolge des Krieges wird also noch etwas höher gewesen sein. Außerdem ist zu bedenken, daß sich vor dem Krieg die Volkszahl in stetem Aufstieg jährlich um 0,8 % vermehrt hatte. Die Einwohnerschaft der Pflege Coburg hätte sich also vermutwäre.

Die Angaben über die Bevölkerungsbewegung werden durch die Nachrichten über den Stand des wirtschaftlichen Lebens in der Pflege gestützt. Von 6578 Häusern (1618) standen nur noch 2915 (44 %). In den einzelnen Ämtern schwankt die Einbuße an

---

[129] Unter Anwendung des Faktors 5 je Haushalt.

Häusern zwischen 32 und 72 %. Jedes 10. Dorf (29 von 290) lag nachweislich 1650 noch völlig wüst. 10–15 weitere Orte waren ebenfalls aller Wahrscheinlichkeit nach noch unbewohnt. Zahlreiche Siedlungen hatten nur wenige Häuser. 7 allerdings kleine Siedlungen sind anscheinend durch den Krieg zu Dauerwüstungen geworden. Viele Felder waren mit Wald bestanden und mußten später frisch gerodet werden. 1658 lag noch ein Drittel aller Felder brach. Steuern konnten 1652 genau halb soviel eingebracht werden wie 1595. 1646 betrug der Steuerertrag sogar nur ein Drittel der Vorkriegssumme (2934 von 8821 fl.).

1670, also ein Menschenalter nach den härtesten Kriegsjahren, hatte einzig das kleine Gericht Gestungshausen wieder den Bevölkerungsstand der Vorkriegszeit erreicht. Rodach etwa hatte noch immer über 60 % weniger Einwohner als zuvor. Im Durchschnitt der ganzen Pflege betrug auch jetzt noch der Bevölkerungsrückgang gewiß 40 %. Die Stadt Neustadt hatte auch 1693 noch nicht halb soviel Einwohner wie vor dem Krieg. Nur in dem Amt Sonneberg ging dank der stärkeren Industrialisierung die Entwicklung rascher aufwärts. Zu Beginn des 19. Jahrhunderts (1817) hatten die großen Ämter Eisfeld und Hildburghausen eben den Bevölkerungsstand wieder erreicht, den sie bereits vor 200 Jahren einmal gehabt hatten. In dem Amt Heldburg fehlte noch immer ein Sechstel, in dem Amt Römhild sogar ein Viertel an der Einwohnerzahl von 1618. So erhalten wir ein besonders eindringliches Bild von der dauernden Schwächung eines Landes infolge des Krieges, obgleich (wie wir sehen werden) auch in das Coburger Gebiet zahlreiche Neusiedler zogen, die beim Wiederaufbau halfen.

In der Landgrafschaft Hessen-Kassel hatte 1639, mitten in der schwersten Notzeit des 30jährigen Krieges, die Regierung den Amtleuten befohlen, unter Hinzuziehung der Ortsobrigkeiten Dorf für Dorf aufzuzeichnen, nicht nur wieviel Haushalte sich noch vorfanden, sondern auch wieviel Vieh da war und wieviel Land im Winterfeld bestellt wurde[130]. Meist wurden auch die Schulden der einzelnen Amtshintersassen verzeichnet. In einzelnen Ämtern wurden zum Vergleich auch die Vorkriegszahlen oder die Zahlen vor der großen Landverwüstung angegeben. So gibt das Mannschaftsregister, das für die größten Teile Niederhessens (mit Ausnahme der Rotenburger Quart) erhalten ist, einen einzigartigen Einblick in den Zustand des Landes mitten im großen Krieg. Es zeigt, wie unterschiedlich selbst auf einem verhältnismäßig so kleinen Gebiet der Krieg sich ausgewirkt hat, und läßt vor allem die ungemein starke Verminderung des Viehstandes ebenso wie die überaus hohe Verschuldung erkennen. Das Register bringt für 428 Orte Angaben, läßt freilich nur selten eine Vergleichsmöglichkeit mit dem Vorkriegszustand zu.

In der Grafschaft Waldeck[131] waren 1650 in 74 Dörfern und 7 Städten von 3816 Wohnhäusern 1766 zerstört. Von 3461 Familien waren 1786, also rund die Hälfte, ausgestorben. In dem Städtchen Fürstenberg wohnten statt 50 nur noch 3 Familien, die beiden Dörfer Frederinghausen und Gerhausen, in denen vor dem Kriege 13 Bauern gelebt hatten, wurden in Kammergüter (Meiereien) umgewandelt, da sich keine Bauern mehr anfanden.

Die Einwohnerschaft der Stadt Hersfeld[132] ging auf etwa die Hälfte zurück. Die

[130] H. MILBRADT, Das hessische Mannschaftsregister von 1639 (Forschungen zur hess. Familien- und Heimatkunde 26, 1959).
[131] F. SEIDEL, Waldeck im 30jähr. Kriege (Hist. Forschungen und Probleme, Festschrift P. Rassow, 1961, S. 44–65) und in den Zahlen leicht abweichend: A. STRACKE, Die Bevölkerungsverhältnisse des Fürstentums Waldeck (Bbll. für Waldeck 11, 1911, 40 ff.).
[132] W. NEUHAUS, Geschichte von Hersfeld (1927). W. KÜRSCHNER (Hessenland 40, 1928, 125 f.).

Einnahmen der Stadtkasse sanken von 6795 fl. (1618) auf 1711 fl. (1648), das steuerfähige Kapital verminderte sich von 241 000 fl. auf 40 000 fl. (1654). In dem benachbarten Amte Niederaula[133] sollen nach dem Bericht des Amtsschultheißen von 900 Mann nur noch 20 ansässig gewesen sein. Nach einer anderen Angabe waren 1650 von 144 Hausgesessenen in Niederaula noch 18, von 84 Hausgesessenen in Asbach noch 8 da. In Homberg in Hessen[134] gingen die Gewerbetreibenden von 1636 bis 1643 von 363 auf 70 zurück. Während von 35 Bäckern sich immerhin 13 behaupteten, blieben von 90 Leinewebern nur 12 übrig. Die Stadt Allendorf in den Sooden[135] wurde 1637 ebenso wie Eschwege und gegen 100 Dörfer und 50 Burgsitze der Umgegend völlig niedergebrannt. Doch war die Bürgerschaft durch die Saline und den reichen Waldbesitz so wohlhabend, daß die Stadt noch während des Krieges neu aufgebaut wurde und die Bürgerschaft sich nur geringfügig verminderte.

Das nahe Witzenhausen[136] mußte nach dem Kriege «von umliegenden Städten und Dörfern deren Einwohner einnehmen, um nur wieder populös und bewohnt» zu werden. Gudensberg, Homberg und Felsberg brannten 1640 völlig nieder[137]. In Treysa[138] sank die Zahl der Bürger von 300 auf 100. In Melsungen[139] gab es 1640 neben 169 Bürgern 55 Witwen und 38 elternlose Waise als Hausbesitzer. Die Bürgerschaft Wolfhagens[140] ging von 370 auf 81 zurück. Von 394 Häusern standen 1646 noch 90. Auch der Viehstand wurde dezimiert, von 330 Pferden blieben 50, von 1300 Kühen 254, von 990 Schweinen 171 und von 2700 Schafen 424 übrig.

Die Bevölkerung Marburgs[141] sank von 6000 auf etwa 3000 (1648) ab. Vor allem die Vorstadt Weidenhausen wurde betroffen. Metzger und Bäcker hielten sich erklärlicherweise auch hier besser als Woll- und Leinweber und Hutmacher. 1623 kamen auf jeden Einwohner 36 fl., 1645 nur 12 fl. Vermögen. Erst im 19. Jahrhundert erreichte die Einwohnerschaft wieder ihren alten Stand. Aber noch heute liegen in der Innenstadt einige Hofstätten wüst, die im Dreißigjährigen Krieg niedergebrannt sind. Gießen[142] verlor ein Viertel, Wetzlar[143] die Hälfte seiner Einwohner. In den 8 Dörfern des Hüttenberges[144] zwischen Gießen und Wetzlar ging die Bauernschaft von 489 (1610) auf 209 (1642–48) Feuerstätten zurück. Auch 1680–90 waren erst 383 Feuerstätten wieder bewohnt. Die Stadt Friedberg[145], die als Festung mitten in der Wetterau besonders hart geschädigt wurde, verlor 75 % ihrer Einwohnerschaft. 1683 hatte sie erst die Hälfte des Vorkriegsstandes (2000) erreicht, und noch 1770 zählte die Stadt weniger

---

[133] NEUHAUS, S. 208.
[134] C. BRAUNS, Kurhessische Gewerbepolitik (1911) S. 34.
[135] A. RECCIUS, G. der Stadt Allendorf in den Sooden (1930) S. 56. E. G. FRANZ, Der Wiederaufbau Sooden-Allendorfs nach seiner Zerstörung im 30jähr. Krieg (Beiträge z. Gesch. d. Werralandschaft 7) 1954.
[136] K. A. ECKHARDT, Polit. G. der Landschaft an der Werra und der Stadt Witzenhausen. 2. Aufl. (1928) S. 111 f.
[137] H. BRUNNER, Gudensberg (1922) S. 20.
[138] E. J. KULENKAMP, G. d. Stadt Treysa (1806) S. 37.
[139] L. ARMBRUST, G. der Stadt Melsungen. 2. Aufl. (1921).
[140] G. SIEGEL, G. der Stadt Wolfhagen (1929) S. 69.
[141] W. KÜRSCHNER, Marburg im 30jähr. Kr. (o. J.).
[142] F. BEYHOFF, Stadt und Festung Gießen im Zeitalter des 30j. Kr. (1915).
[143] G. TRAUTHIG, Die Reichsstadt Wetzlar z. Zt. des 30j. Kr. (Diss. Gießen 1922).
[144] K. W. JUSTI, Hessische Denkwürdigkeiten IV, 2 (1805) S. 116.
[145] A. ROCK, Die Reichsstadt Friedberg z. Zt. des 30j. Kr. (Friedberger Geschichtsblätter 6, 1924) S. 22, 63, 72.

Häuser und Bewohner als vor dem Kriege. In Stadt und Amt Ortenberg-Gedern[146] in der Wetterau schwankten die Verluste in den Jahren 1631 bis 1655 auf kleinstem Raume zwischen 32 und 70 %. (Durchschnitt etwa 60 %.) Die Stadt Ortenberg hatte damals freilich ihren Einwohnerstand dem tiefsten Stand gegenüber schon verdoppelt, so daß auch die Dörfer sicherlich zeitweise noch weniger Einwohner gezählt haben[147].

Im ganzen rechnet ein so guter Kenner der Landesgeschichte wie W. Diehl[148] für die Darmstädter Gegend mit einem Bevölkerungsverlust von etwa 80 %, für die Provinz Oberhessen mit 60 %[149]. In der Tat hatte der Odenwald besonders schwer unter dem Krieg zu leiden gehabt. Mehr als 30 Dörfer und Weiler lagen von 1635 bis 1650 völlig wüst. Auch in dem benachbarten hessischen Ried ist mit einem Bevölkerungsverlust von etwa 75 % zu rechnen[150]. Zehn Orte der Grafschaft Erbach, für die Vergleichszahlen zur Verfügung stehen[151], wiesen noch 1674 (!) gegenüber dem Stand von 1626 einen Bevölkerungsverlust von 68 % auf (34 statt 105 Familien). 1688 wohnten hier immerhin erst 53 Familien, halb soviel wie vor dem Kriege. Von diesen Familien waren (den Namen nach zu schließen) allenfalls 8 schon 1626 ansässig gewesen. Die Bevölkerung hatte sich also fast völlig erneuert. Ähnlich waren in den 30 Dörfern der Herrschaft Breuberg[152] im Odenwald 1668 nur 200 Familien ansässig, statt 537 Familien, die 1605 hier gewohnt hatten. Kaum 100 Familiennamen (20 %) haben sich über die Kriegszeit hinweg in der Herrschaft erhalten. Im Mainzer Vizedominat Aschaffenburg am Main sollen die Männer von 7000 auf 700 zurückgegangen sein[153]. Im Oberamt Amorbach ging die Bevölkerung in der unteren Zent um die Hälfte, in der oberen Zent (Mudau) um zwei Drittel zurück. 12 Orte im östlichen Odenwald lagen zeitweise völlig wüst[154]. Die Feuerstätten in der Stadt Seligenstadt gingen von 242 auf etwa 50 zurück[155].

Odenwald und Maingebiet grenzten an das große oberrheinische Zerstörungsgebiet, das zudem nicht allein von dem Dreißigjährigen Kriege heimgesucht wurde, sondern

---

[146] H. Junker, Die Stadt Ortenberg im Zeitalter des 30j. Kr. (Diss. Gießen 1936). Biebrich-Mosbach hatte einen Rückgang von 74 % (A. Henche, Der Landkreis Wiesbaden, 1930, S. 138). In den 12 Orten des Riedeselschen Gerichts Engelrod (Vogelsberg) lebten 1648 249 Mann und 29 Weiber (wohl Witwen) statt 446 vor dem Krieg (W. v. Follenius, Namensregister, Mitt. d. hess. Familieng. Vereinigung 2, 1929–31, 195 f.).

[147] Die ritterschaftliche Herrschaft Ramholz bei Schlüchtern zählte 1626 59, 1669 18, 1683 20 und erst 1702 wieder 50 Hintersassen. Die Neusiedler kamen aus der nahen Umgebung (H. W. Wittenberg, Die Geschichte der Hft. Ramholz. Diss. Mainz 1959).

[148] Kürschner a. a. O.

[149] Die Listen, die O. Praetorius, 12 000 Einwohner der Landgrafschaft Hessen-Darmstadt um 1640 (Mitt. d. hess. Familiengesch. Vereinigung 6, 1940, 57–216) und P. Strack, Die Hessen-Darmstädtische Bevölkerung i. J. 1622 (Familieng. Bll. 37–38, 1939–40) geben, lassen sich statistisch nicht auswerten, da es sich um Schadensverzeichnisse handelt, die nur die Geschädigten, nicht die Gesamtbevölkerung geben. Zudem ordnet Strack seine Liste alphabetisch, statt nach Orten.

[150] Mitteilung von Prof. Praetorius (Darmstadt), der mir auch Diehls Schätzung bestätigt. P. nimmt an, daß im Odenwald nur ein Sechstel bis ein Siebentel der alten Bevölkerung den Krieg überlebt hat.

[151] F. Höreth, Einwohnerverzeichnisse der Grafschaft Erbach aus den Jahren 1507, 1557, 1626, 1674, 1688 (Mitt. d. hess. Familieng. Vereinigung 4, 1935–37, S. 42–60, 125–40).

[152] F. Höreth, Einwohnerverzeichnisse der Herrschaft Breuberg von 1605, 1637, 1668, 1678 (ebd. S. 85–118); ders. Die Bevölkerungsbewegung im Landkreis Erbach i. O. von 1450 bis zur Gegenwart (1958).

[153] G. Mentz, Johann Philipp von Schönborn (1896) 145.

[154] R. Krebs, Ritberg nach dem 30j. Kr. (ZGORh. 74, 1920, S. 313 ff.).

[155] L. Seibert, Sippenbuch der Stadt u. Zent Seligenstadt (1934).

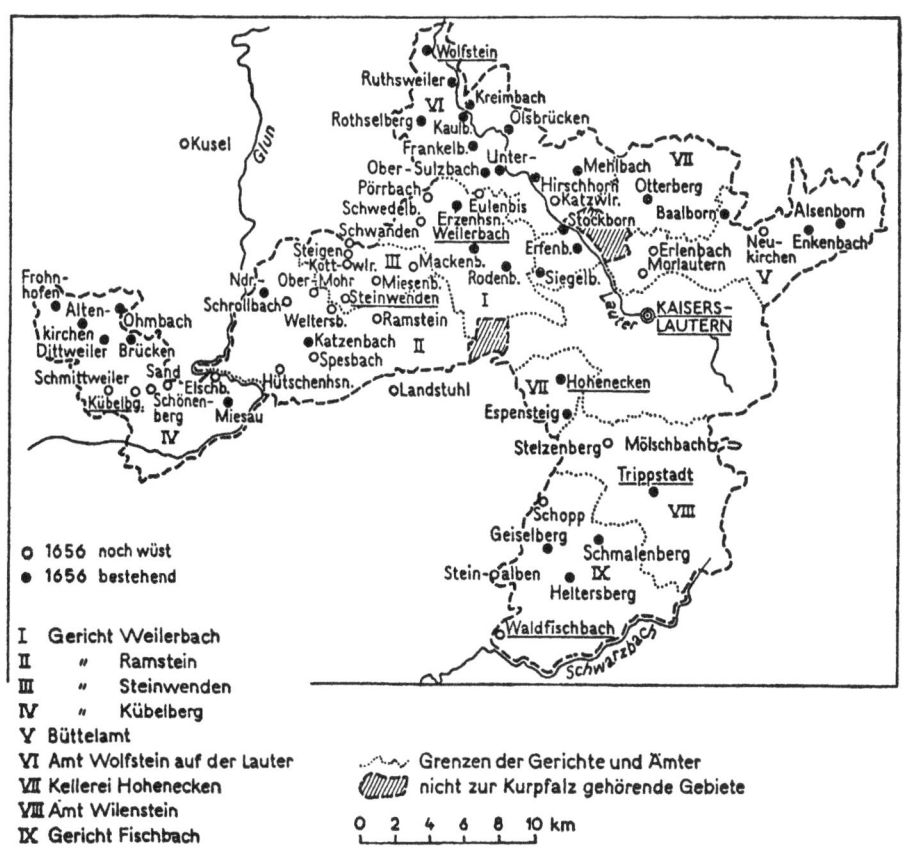

Abb. 6. Orte, die im Oberamt Lautern 1656 noch wüst lagen (nach CHRISTMANN)

wenige Jahrzehnte später noch grausamer von den Französischen Kriegen betroffen wurde. Für die Pfalz findet sich vielfach die Angabe, daß die Bevölkerung von 100 000 auf 2000 Menschen[156], also auf ein Fünfzigstel (2 %), während des Krieges gesunken sei. Auch wenn diese Angabe zweifellos übertrieben ist, scheint doch sicher zu sein, daß die Pfalz in weiten Gebieten wirklich verödet war. Rechts und links des Rheins wird von Orten berichtet, die «etliche Jahre öde und wüste» lagen, so daß «keine lebendige Seele» mehr darin wohnte. Das erst 1606 zur Festung erhobene Mannheim war «so übel zugerichtet, daß es viele Jahre ohne Einwohner wüst gestanden» hat[157]. Kaiserslautern, das bei Kriegsbeginn 3200 Einwohner gezählt haben wird, hatte nach dem Blutbad von 1635 nur noch 200, die übrigen hatten den Tod gefunden[158]. Auch wenn dies ein Einzelschicksal sein mochte, in dem umliegenden Oberamt Lautern lagen bei Kriegsende von 62 Dörfern 30 wüst. 1684 waren immerhin noch 10 Dörfer nicht neu-

---

[156] L. HÄUSSER, G. d. rhein. Pfalz II (Neudruck 1924) S. 584. K. KOLLNIG, Die Pfalz nach dem 30j. Kriege (1949).
[157] K. KOLLNIG, Wandlungen im Bevölkerungsbild des pfälzischen Oberrheingebietes (1952), S 13 f.
[158] E. CHRISTMANN in: Kaiserslautern 1276-1951 hg. O. MÜNCH (1951) und Dörferuntergang und -wiederaufbau im Oberamt Lautern während des 17. Jahrhunderts (1960).

erbaut worden. Von den 4200 Einwohnern des Oberamtes lebten bei Kriegsende nur noch etwa 500, also etwa ein Achtel, in dem Amte. In dem größten Dorf des Amtes, Weilerbach, lebten vor dem Kriege 57 Familien, 1656 nur noch 6, von denen keine 30 Jahre zuvor im Dorfe ansässig gewesen war. Auch ein Menschenalter nach dem Kriege (1684) wohnten in dem Orte erst 14 Familien, also nur ein Viertel der Vorkriegszahl. Von dem Gericht Steinwenden, in dem vor dem Kriege in 6 Dörfern etwa 300 Menschen gewohnt haben, heißt es 1654 im Schatzungsbuch kurzerhand «Im Steinwinder Gericht wohnt gar niemand» und auch 1684 hatten sich erst 13 Familien wieder ansässig gemacht, 3 Dörfer lagen noch immer wüst, obgleich in dieser Zeit auch die ersten neuen Siedlungen schon wieder entstanden. Nicht anders lagen die Verhältnisse in dem nahen Herzogtum Zweibrücken[159]. Ein Familienverzeichnis aus dem Jahre 1685 mag mit seiner Behauptung, daß das Herzogtum nur den zehnten Teil seiner Bevölkerung von 1600 aufzuweisen habe, wenigstens für die Zeit unmittelbar nach Kriegsende, nicht übertrieben haben. Denn auch jetzt noch war die Einwohnerzahl erschreckend gering. In 30 Orten lebten nur 141 Familien, nicht mehr als in der kleinen Residenz Zweibrücken selbst.

In Mainz[160] standen nach dem Ende der schwedischen Besetzung 1637 von 1240 steuerpflichtigen Häusern noch 668 (54 %). Die Zahl der steuerpflichtigen Mitglieder der Kaufmannszunft sank von 268 auf 152, ihr Steuerkapital von 316 700 auf 126 900 Gulden. Auch das Steuerkapital der Zünfte ging von 799 820 fl. auf 328 725 fl. zurück. Kreuznach[161] und Alzey[162] büßten etwa die Hälfte ihrer Bevölkerung ein. Bingen[163] konnte sich dagegen behaupten, ja, hatte den Taufen nach sogar 1650 mehr Einwohner als 1618. Erst 1666 raffte die Pest mehr als die Hälfte der Einwohnerschaft weg und führte zu einem dauernden Rückgang der Stadt.

In 64 Orten des Amtes Saarburg[164] waren 1639 269 von 1121 Stellen noch besetzt, 852 lagen also wüst. 18 Orte waren völlig verödet. Der reiche Viehbestand war fast ganz vernichtet. Von 2651 Pferden, 5077 Rindern, 5927 Schafen und 2749 Ziegen waren nur 116 Pferde, 36 Rinder und 10 Schweine übriggeblieben. Im unteren Saargau[165] um Siersberg und Mettlach mußten über 40 Dörfer 1667 noch einen Bevölkerungsverlust von 71,4 % gegenüber der Vorkriegszeit (1590) verzeichnen. Nur 184 von 643 Stellen waren besetzt. Das Amt Siersberg zählte 1643 nur 19 Untertanen, die zusam-

---

[159] J. POSTIUS, Untersuchungen zur Kulturgeographie der südwestpfälz. Hochfläche (1937) 64 f. A. BECKER, Zur oberrhein. Bevölkerungsgesch. (ZGORh. 95, 1943, 677).
[160] M. OPPENHEIM in Festschrift Chr. Eckert, Kultur und Wirtschaft im rheinischen Raum (1949) S. 55 ff.
[161] E. FRITZSCH, Kreuznach im 30j. Kr. (Diss. Gießen 1929).
[162] W. DAUTERMANN, Alzey im 30j. Kr. (1937).
[163] R. ERTEL, Die Einbürgerungen in Bingen im 16., 17. und 18. Jh. (Diss. Mainz 1949 MS). K. NIEDECKEN, Bingen im 30j. Kr. (Diss. Gießen 1927).
[164] LAGER, Eine statist. Aufnahme der volkswirtschaftl. Zustände im Amt Saarburg vor und nach dem Dreißigjährigen Kriege (Trierisches Arch. 11, 1907, 42–56). Das sehr genaue Verzeichnis ist leider undatiert. Doch beginnt es «Die Stadt Saarburg hat vor 7 Jahren vermögt an» und meint damit das Jahr 1632. Das Verzeichnis stammt daher aus dem Jahr 1639, also noch vor dem Jahr 1643, das als «die unglücklichste Periode für die trierischen Lande» bezeichnet wird. Auch in der Stadt Trier gingen die Steuerzahler von 1154 (1624) auf 616 (1651) zurück (G. KENTENICH, Die Trierer Bürgerschaft zu Beginn und zu Ende des 30j. Kr. Trierische Chronik NF. 8, 1912, 95 f.).
[165] A. JACOB, Der 30j. Kr. und seine Folgen für den unteren Saargau (3. Jahresber. d. Ver. f. Heimatkunde im Kr. Merzig, 1934, 55–74).

men 1 Kuh, 2 Schweine und 7 Ziegen besaßen. Im Amt Blieskastel[166] lebten 1651 in 18 Orten nur 40 Familien. 1598 waren 342 Familien ansässig gewesen, so daß der Rückgang 88 % ausmacht. Selbst die Orte Blieskastel und St. Ingbert waren nur von je 4 Familien bewohnt (statt je 31 vor dem Kriege). Würzbach hatte zwei Einwohner, einen Niederländer und eine Witwe, die «fertig sind, wieder hinwegzuziehen, weilen sie gar keine Mittel sich zu erhalten» haben. Insgesamt berichtete der Trierer Kurfürst 1640 nach Rom, daß nach Austilgung von 150 000 Gläubigen seine Diözese kaum noch zur Hälfte bewohnt sei[167].

Wenige Jahre später gingen die Stürme der französischen Kriege über diese Orte hinweg. Besonders deutlich lassen deren Folgen Bestandsaufnahmen aus dem ehemaligen Oberamt Ottweiler erkennen[168]. Eine ganze Reihe von Dörfern hatte hier während des großen Krieges 20 bis 25 Jahre wüst gelegen. Kaum wieder aufgebaut, wurden sie von den Franzosen erneut niedergebrannt. In jedem Ort lagen 1684 Äcker und Wiesen brach. Die Einwohner konnten nicht einmal mehr ihre Größe angeben. Da niemand mehr auf sie Anspruch machte, fielen sie dem Landesherrn anheim. In Erzweiler waren «die pflugbaren Ländereien und Wiesen, die früher zu den besten gehörten, jetzt Gehölz». Vielfach war es in diesem zum Rechtsbereich der Gehöferschaften gehörigen Gebiet üblich, die Äcker jährlich zwischen den Dorfgenossen zu verteilen. In Werschweiler mußte man davon abweichen. Die Ländereien konnten nur von 10 zu 10 Jahren ausgetauscht werden, «da die Einwohner ebenso wie an anderen Orten zu roden gezwungen sind». 17 Orte des Oberamts hatten 119 statt 248 bebaute Hofstätten. Unter den Bewohnern fand sich eine Reihe erst in den letzten Jahren aus der Fremde zugezogener Neusiedler[169].

Für das Elsaß[170] fehlen alle Angaben über größere geschlossene Gebiete. Die zahlreichen Einzelangaben greifen gewiß besonders drastische Beispiele heraus, aber sie bestätigen (was sich ja auch aus dem Verlauf des Krieges vermuten läßt), daß das Elsaß in diesen Jahrzehnten nicht weniger als die Pfalz zu leiden hatte. Selbst Städte waren zeitweise ganz ausgestorben. Die hanauische Residenz Buchsweiler hatte 1634 noch 8

---

[166] E. KNAPS, Die Folgen des 30j. Kr. im Kurtrierer Amt Blieskastel (Unsere Saar 5, 1930, 47 bis 50). H. J. BECKER, Die Familien des Kurtrierischen Oberamts Blieskastel 1598 (Mitt. d. westdeutschen Ges. f. Familienkunde 6, 1930, 194–198). W. KRAEMER, Alte Einwohnerlisten aus dem Bliesgau (Mitt. d. hist. Ver. d. Pfalz 49, 1929, 1–72). Entsprechende Angaben für die Gegend von Saargemünd bei J. P. KIRSCH, Gesch. v. Welferdingen (Schriften d. Els.-Lothr. wiss. Ges. Straßburg, Reihe A 8, 1932, S. 80).
[167] J. SCHMIDLIN, Kirchl. Zustände u. Schicksale des deutschen Katholizismus (1940) S. 16.
[168] PH. A. FÜRST, Älteste Einwohnerverzeichnisse des ehem. Oberamts Ottweiler (Mitt. d. Hist. Ver. f. d. Saargegend 21, 1938). Hauptquelle vor allem die sehr genaue Landesbeschreibung von 1684.
[169] Vgl. auch die Angaben in der Jenaer Diss. von A. HARTH, Der Wiederaufbau der Saarlande nach den Zerstörungen des 17. Jh. (1940, ungedruckt).
[170] R. REUSS, L'Alsace au 17. siècle (1897) 109–32. W. BODMER, L'immigration Suisse dans le comté de Hanau-Lichtenberg (1930). E. STRICKER, Schweizer Einwanderung ins Elsaß (Jahrbuch d. els.-lothr. wiss. Ges. zu Straßburg 10, 1937, 55 ff.). G. LIVET, L'Intendance d'Alsace sous Louis XIV. 1648–1715 (Publ. de la Faculté des Lettres de l'Université de Strasbourg 128, 1956) S. 328–330, 1005 f. (Bibliographie). F.-J. HIMLY, Les conséquences de la guerre de Trent ans dans les campagnes alsaciennes. Problèmes et orientations (Deux siècles d'Alsace Française, Publ. de la société Savante d'Alsace 2, 1948, S. 15–60). P. STINTZI, L'immigration suisse dans le Sundgau après la guerre de Trente Ans (L'Alsace et la Suisse à travers les siècles, Publ. de la société Savante d'Alsace. 1952) S. 173–182. A. M. BURG, Les Suisses et le repeuplement de Haguenau dans le seconde moitié du 17. s. (ebd. S. 183–194). L. SITTLER, Un siècle de vie paysanne. Fegersheim-Ohnheim avant et après la Guerre de Trente Ans (Paysans Alsaciennes d'Alsace, Publ. de la soc. savante d'Alsace t. VII, 1959), S. 86, allenfalls 10 % Verluste, wenig Fremdsiedler.

Bewohner. Künheim bei Kolmar lag 12 Jahre lang wüst. Im Oberelsaß wurden 20 Dörfer durch den Krieg für die Dauer wüst. In 7 Dörfern des Weilertales lebten 1649 noch 60 statt 163 Familien (1630). In den 10 Orten von Stadt und Tal Münster ging die Bevölkerung, vor allem infolge der Pest, von 681 auf 348 zurück. Auch 1659 betrug die Einwohnerschaft erst 398[171]. In Westhofen bei Straßburg starben von 1621 Einwohnern in drei Jahren fast 1000 Menschen (1635 258, 1636 600, 1637 108). Von den 1600 Einwohnern Neuweilers raffte die Pest in den Jahren 1633–38 500 hinweg. Die Herrschaft Niederbronn (sechs Dörfer) war 1641 völlig unbewohnt. 1650 wohnten in 60 Dörfern der Grafschaft Saarwerden nur 1700 Menschen, also im Durchschnitt nur 27 je Dorf; für diese reichen und großen Dörfer eine ungewöhnlich geringe Zahl. In 14 Orten des Straßburger Domkapitels lebten 1649 noch 502 Bürger statt 1208 vor dem Kriege. Von 859 Häusern waren noch 403 bewohnt, der Verlust an Einwohnern betrug also 59, an Häusern 53 %. Neben Orten, die nur wenig Verluste zu verzeichnen hatten wie Breitenau, standen andere, deren Bevölkerung um 70 bis 80 % zurückgegangen war. Zahlreich sind auch die Nachrichten über das Wüstliegen von Äckern und Weinbergen. So ist es wohl nicht zu hoch gegriffen, wenn man für das Elsaß einen durchschnittlichen Bevölkerungsschwund von 50 % annimmt.

In den 13 Vogteien der Grafschaft Badenweiler waren 11 Jahre nach dem Kriege erst wieder 238 Pflüge vorhanden. Vor dem Kriege waren 467 Pflüge ins Feld gegangen. In Munderkingen im Breisgau ging von 1624 bis 1653 die Zahl der Bürger von 72 auf 24 zurück. Nur 7 von 70 Joch Reben, 160 von 700 Äckern, 66 von 166 Matten waren im Bau. 30 Häuser (von 85) und 29 Scheunen (von 43) lagen noch wüst[172]. Die Markgrafschaft Hochberg zählte in ihren 26 Dörfern 1653 nur 1128 Mannschaften gegen 3245 im Jahre 1627, und von diesen waren überdies gegen 400 erst in den letzten Jahren zugewandert, so daß von dem alten Bevölkerungsstamm mehr als drei Viertel gestorben oder landräumig geworden waren. In der ganzen Grafschaft gab es nach dem Kriege nur 24 ungetrennte Ehen. Noch 1683 hatte dieser fruchtbare Landstrich etwa ein Drittel weniger Haushaltungen als in der Vorkriegszeit. Am meisten hatten erklärlicherweise die Gemeinden in der Nähe der beiden vielumkämpften Rheinübergänge von Breisach und Neuenburg zu leiden gehabt[173].

Auf dem oberen Schwarzwald, etwa im Gebiet von St. Peter, waren die Verluste anscheinend geringer und konnten rascher ausgeglichen werden. 1662 lagen hier nur noch wenige Höfe wüst[174].

Genaue Zahlen, die überdies durch eine Reihe Einzeluntersuchungen ergänzt werden, sind in Oberdeutschland allein für Württemberg überliefert[175]. Das Herzogtum hat vor

---

[171] J. MATTER, Die Einwohner der 10 Orte von Stadt und Tal Münster gegen Ende des 30j. Krieges (ZGORh. 95, 1943, S. 258).

[172] HANSER, 173 f.

[173] H. MAURER, Der Zustand der Markgrafschaft Baden am Ende des Dreißigjährigen Krieges (ZGORh. 32, 1880, 480–90). E. GOTHEIN, Die oberrhein. Lande vor u. nach dem Dreißigjährigen Krieg (ebd. 40, 1886, 22 f.). I. REST in Der Kaiserstuhl (1939) S. 113 f.

[174] E. GOTHEIN, Die Hofverfassung aus dem Schwarzwald (ZGORh. 40, 1886, 312 f.).

[175] G. MEHRING, Schädigungen durch den 30j. Krieg in Altwürttemberg nach Berichten der Ämter von 1652 (Württ. Vjhh. NF. 19, 1910, 447–52); ders., Wirtschaftl. Schäden durch den 30j. Kr. im Hztum Württemberg (ebd. NF. 29, 1920, 58–89) gibt eine Auswertung der Statistik und die im folgenden mitgeteilten Gesamtzahlen; ders., Württ. Volkszählungen im 17. Jh. (Württ. Jhb. f. Statistik Jg. 1919–20, 1922) gibt einen Überblick über die besonders zahlreichen Württemberger Quellen, die zweifellos eine genaue Bevölkerungsstatistik ermöglichen. – Weitere Zahlen: Württembergs Bevölkerung in früheren Zeiten (Württ. Jhb. f. vaterl. G. 1847, Heft 1, S. 94–194). Tabelle von der Bevölkerung Württembergs in d. J. 1622, 1634, 1639 u. 1645 (Schwäb. Archiv hg. v. PH. W. G. HAUSLEUTNER I, 1790, 20–71).

dem Krieg etwa 450000 Einwohner gezählt. Erst nach der Nördlinger Schlacht 1634 bekam es die Kriegsleiden zu spüren. 1639 zählte es nur noch 100000 Einwohner, weniger als ein Viertel seiner früheren Bewohner. Langsam nur erholte sich das Land. 1645 werden 121000 (30 %), 1652 166000 (40 %), 1679 immerhin schon 264000 (60 Prozent), 1733 428000 und endlich 1750 467000 Einwohner gezählt. Noch in den letzten Kriegsjahren und in den ersten Jahrzehnten darnach betrug die jährliche Zuwachsrate infolge der Rückwanderung und der starken Geburtlichkeit 4–5 %. Nach einem gewissen Stillstand in den letzten Jahrzehnten des Jahrhunderts (vielleicht auch verursacht durch die Franzosenkriege) stieg dann die Bevölkerung zu Beginn des 18. Jahrhunderts noch einmal stark an (jährliche Zuwachsrate 1–2 %), um danach auf 0,4 % abzuebben und auf lange Sicht hin zu beharren[176]. So war ein Jahrhundert notwendig, um die Kriegsverluste auszugleichen, und noch ein Menschenalter nach Kriegsende wohnten in dem Lande nur eben halb soviel Einwohner wie vor 1618. Erst gegen Mitte des 18. Jahrhunderts wurde der Vorkriegsstand erreicht und überschritten. Entsprechend diesem Bevölkerungsverlust wird die Hälfte der Häuser als zerstört bezeichnet. 1652 lagen etwa ein Drittel allen Nutzlandes, 309957 Morgen Äcker, Weingärten, Wiesen und Gärten wüst. Auf den Kopf der überlebenden Bevölkerung kam 1655 eine Schuldenlast von 30–40 fl. Einzelbeispiele ergänzen das Bild[177]. Das Dorf Söhnstetten[178], das vor dem Krieg 1000 Einwohner zählte, lag seit der Schlacht von Nördlingen völlig wüst. 1653 trieben hier nur zwei Männer während des Sommers etwas Ackerbau, im Winter hielten sie sich in der Nachbarschaft auf. Erst 1661 waren wieder 11 Bauernhöfe dauernd besetzt. Ihre Zahl mehrte sich rasch; zwei Jahre später waren bereits 30 Familien wieder ansässig. In Dornhan[179] ging 1640 kein Pflug zu Feld, der Boden mußte mit der Hacke bestellt werden. In dem Amtsort fand sich nur eine einzige Kuh. Von den 1100 Morgen Weingarten in Bietigheim waren 1651 erst 13 wieder im Bau, in Besigheim wurden nach dem Krieg 150 Morgen Weingarten zu Acker gemacht. Allgemein ging der Weinbau durch den Krieg stark zurück[180].

In Württemberg wußten sich die Städte besser zu schützen als das Land. Vor allem aber lag der Schwarzwald im Schatten des Krieges. Die Wälder boten Zuflucht für Mensch und Vieh. Sulz hatte nur 25 %, Nagold gar nur 8 % Verlust, und das entlegene Baiersbronn konnte sogar eine Zunahme von 18 % verzeichnen. Nirgends erreichte der Bevölkerungsschwund im Schwarzwald den Durchschnittssatz des Landes. Auch ander-

---

[176] G. IPSEN, Bevölkerung (Handwörterbuch des Grenz- und Auslandsdeutschtums II, 1933, S. 429) und die Zahlenangaben in Württ. Jbb. f. vaterl. Gesch. 1847, S. 121 ff.
[177] Zu nennen sind zunächst eine Reihe Tübinger Dissertationen, die in ihren bevölkerungsgeschichtlichen Teilen vor allem auf den Taufzahlen beruhen, für so außergewöhnliche Zeiten keine zuverlässige Quelle: A. FETZER, Das heutige Oberamt Heidenheim im 30j. Kr. (Diss. Tüb. 1933). H. HEUSCHEN, Die Folgen des 30j. Kr. f. d. Wirtschaftsleben d. Stadt Konstanz (ebd. 1933). K. KOPFMANN, Die untere Herrschaft Ulm im 30j. Kr. (ebd. 1934). G. OBERER, Limpurg-Obersontheim im 30j. Kr. (ebd. 1922). A. RIEDLE, Wirtschaft u. Bevölkerung Heilbronns z. Z. d. 30j. Kr. (ebd. 1933, dazu DÜRR, Württ. Vjhh. 23, 1914). F. RIEGLER, Die Reichsstadt Schwäbisch-Hall im 30j. Kr. (Darst. a. d. württ. G. 7, 1911). A. SIEBER, Das heutige Oberamt Besigheim in den Zeiten des 30j. Kr. (Diss. Tüb. 1935). A. VORBACH, Die wirtschaftl. Folgen des 30j. Kr. f. die Reichsstadt Ulm (ebd. 1935). S. WEBER, Stadt u. Amt Stuttgart z. Z. d. 30j. Kr. (ebd. 1926). Weiterhin: HOFFMANN, Aus den Schreckensjahren des Leonberger Amtes nach der Nördlinger Schlacht (Württ. Vjhh. NF 21, 1912, 167–72). MOSER, Unterboihingen im 30j. Kr. (ebd. 14, 1905, 436–47). TH. DIERLAMM, Das Kirchheimer Amt in d. Z. d. 30j. Kr. (ebd. 423–35). J. GMELIN, Bevölkerungsbewegung im Hällischen (Allg. statist. Archiv 6, 1904, 240 ff.).
[178] MEHRING, S. 84.
[179] MEHRING, S. 76.
[180] MEHRING, S. 77.

wärts blieben einzelne Gebiete, wie etwa Limburg-Obersontheim im Osten, verschont. Hauptsächlich geschädigt wurden wiederum Orte an den großen Heerstraßen. Württemberg, selbst niemals Kriegsschauplatz, hatte um so mehr unter den durchmarschierenden Truppen zu leiden. Auf der Schwäbischen Alb[181] hatte die Stadt Urach mit «nur» 41 % den geringsten Bevölkerungsverlust. In manchen Orten auf der Alb selbst, an der Straße nach Ulm, stieg er auf über 90 %. Löwenstein[182] konnte 1635 schon von 92 Plünderungen berichten. Eine Einquartierung löste die andere ab.

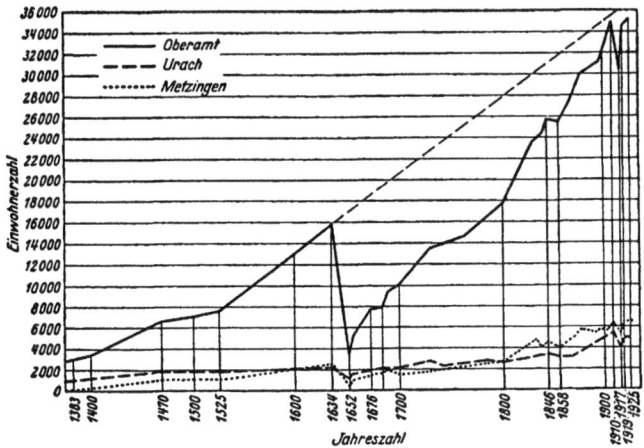

Abb. 7. Das Wachstum der Bevölkerung im Oberamt Urach und in den Städten Urach und Metzingen[183]

Wenn die bayrischen Gesandten in Osnabrück erklärten, daß 900 Dörfer und Städte in Bayern niedergebrannt worden seien, so wird man diese Angabe ebensowenig wörtlich nehmen dürfen wie die entsprechende Aussage der niedersächsischen Gesandten. Doch hat auch Bayern schwerer, als man gemeinhin glaubt, unter dem Krieg zu leiden gehabt[184]. Schon 1636 waren das Rentamt München und die Oberpfalz[185], also etwa die Hälfte des Landes, so «verderbt», daß sie steuerfrei gelassen werden mußten. Der Landstrich zwischen Isar, Inn und Donau war dagegen bisher verschont geblieben. 1638 meinte der General von Werth, Oberbayern sei ebenso verwüstet wie das Elsaß und der Breisgau. Als vollends kurz vor Kriegsende 1648 Bayern noch einmal bis zum Inn

---

[181] H. SCHWENKEL, Heimatbuch des Bezirks Urach (1933) S. 248, 332 (mit Kurven der Bevölkerungsentwicklung).
[182] MEHRING a. a. O., vgl. auch das Beispiel Bottwars S. 78 ff.
[183] Nach H. SCHWENKEL, Heimatbuch des Bezirks Urach S. 331.
[184] S. RIEZLER, G. Bayerns V (1903) 506, 640, 660 ff.
[185] Ein Verzeichnis der veröedeten und abgebrannten Urbarsgüter (M. v. FREYBERG, G. d. bayr. Gesetzgebung II, 1836, 235 f.) ist leider undatiert, so daß sich nicht sagen läßt, ob es aus der Kriegs- oder Nachkriegszeit stammt. Es zählt in den Gerichten Weilheim, Aibling, Wasserburg, Schärding, Schongau, Traunstein, Rosenheim, Reichersberg keine oder nur ganz geringe Kriegsverluste auf. Auch in den Gerichten Landsberg, Pfaffenhofen, Wemding werden nur 8–10 Höfe als wüst oder abgebrannt gezählt, nicht mehr also als in jedem Friedensjahr vermutlich auch. Einzig im Gericht Dingolfing sind 11 Höfe 17 Huben, 2 Sölden, 9 Zinsgüter, 2 Hofstätten, 1 Taferne, zusammen also auch nur 40 Güter wüst, doch wird ausdrücklich hervorgehoben, daß es «gegen den Lech und die obere Donau betrübter ausgesehen» habe.

hin von den Schweden heimgesucht wurde und im folgenden Jahre sich überdies noch Pest und Hungersnot einstellten, mußte auch dies Gebiet den Kelch bis zur Neige leeren, zumal das ausgesaugte Land ständig die Steuern für die Kosten bayerischer Großmachtpolitik zu tragen hatte. Die Zahl der Höfe wie der untertänigen Familien ging für immer zurück. 1616 zählte man 30 565 Höfe und 118 202 Familien, 1760 dagegen nur 29 807 Höfe und 115 777 untertänige Familien, obgleich der Umfang des Landes durch die Oberpfalz sich um fast ein Viertel vermehrt hatte[186]. Die Hauptstadt München konnte dagegen wie die meisten Residenzstädte ihren Bevölkerungsstand besser halten. Immerhin gingen selbst hier die Einwohner von 22 000 (1620) auf 17 000 (1650), also um fast ein Viertel, zurück[187].

In 14 Dörfern an der Donau bei Lauingen[188] hatte sich die Zahl der Kommunikanten von 1630 zu 1650 um 82 % (von 4537 auf 833) vermindert. Ein Teil der Dörfer lag völlig wüst. Die Äcker waren mit starkem Holz bestanden. Im Landgericht Dachau[189], in das nur zweimal, 1632-34 und 1646-48, der Krieg seine Wellen geschlagen hatte, ging dennoch die Bevölkerung um 35 %, die Hofzahl um 25 % zurück. Erst 1690 wurde die alte Häuserzahl, 1770 die alte Familienzahl wieder erreicht. In Tiefenbach bei Oberstdorf[190] raffte die Pest die Hälfte der Einwohner dahin, obgleich der Krieg den Ort verschonte.

Im Allgäu hatte der Schwedenkrieg 1634 eine ungewöhnliche Hungersnot zur Folge[191]. Im folgenden Jahr suchte die Pest den ohnehin geschwächten Volkskörper heim. In Füssen starben 1600, in Memmingen über 3000 Einwohner, auch in Landpfarreien erreichte die Zahl der Toten 700–1000 Menschen, manche Dörfer veröderten völlig. In der evangelischen Pfarrei Leutkirch starben 413 Erwachsene und 269 Kinder. 52 Familien starben ganz aus. Nur 37 Ehen und nur 19 Schulkinder überlebten die Seuche. In der katholischen Pfarrei Leutkirch blieben von 1500 Kommunikanten kaum 100 am Leben. Trotzdem schätzt BAUMANN den Bevölkerungsverlust des Allgäus mit zwei Dritteln zu hoch ein[192]. Denn nach dem Krieg liegen die Stellen öd, nicht weil keine Erben vorhanden waren, sondern weil die Erben kein Geld zum Wiederaufbau ihrer zerstörten Stellen hatten. In 8 Dörfern werden 1648 165 wüste Stellen gezählt.

In dem Hochstift Augsburg, das sich langgestreckt von Dillingen an der Donau den

---

[186] Für die Oberpfalz fehlen genaue Angaben. In der Umgebung Ambergs sollen mehr als die Hälfte der Bauernhöfe zeitweise wüst gelegen und 50 Orte verödet gewesen sein. Die Einnahmen der Amberger Regierung gingen von 26 000 auf 2200 fl. zurück (DOLLACKER, Die Oberpfalz im 30j. Kr. Die Oberpfalz 22, 1928, S. 26, 108; 24, 1930, S. 186).
[187] M. J. ELSASS, Umriß einer G. der Preise und Löhne in Dtld. Bd. 1 (1936) S. 79.
[188] G. RÜCKERT, Lauingen in der 2. Hälfte des 30j. Kr. (Jahrb. d. hist. Ver. Dillingen 20, 1907, 52 f.). Vgl. I. DEMLEITNER (Volk u. Volkstum II, 1937, 62).
[189] I. SCHEIDL, Die Bevölkerungsentwicklung d. altbayr. Landgerichte Dachau im Laufe früherer Jhh. (Zs. f. bayr. Landesg. 3, 1930), ein bes. wertvoller bevölkerungsg. Aufsatz.
[190] R. DERTSCH u. H. HOMANN, Bevölkerungsg. u. Bevölkerungsbiologie von Tiefenbach b. Oberstdorf (Zs. d. hist. Ver. f. Schwaben u. Neuburg 52, 1936, 169 ff.).
[191] F. BAUMANN, G. d. Allgäus II (1894) 199 f., 546.
[192] Das Verzeichnis, das A. WEITNAUER, Die Bevölkerung des Hochstifts Augsburg i. J. 1650 (Allgäuer Heimatbücher 25, 1941) gibt, ist leider nur zum kleinen Teil statistisch auswertbar. In einer Reihe von Vogteien lagen von 1554 Höfen 1650 noch 654, also etwa 40 %, wüst. A. WEITNAUER, Die Bevölkerung des Stiftes Kempten i. J. 1640 (Allgäuer Heimatbücher 14, 1939) ließe sich mit dem Register einer Türkenanlage in der Grafschaft Kempten von 1593 (von dems., ebd. 6) vergleichen, wenn sich der Druck nicht nur auf eine Mitteilung der Namen beschränkt hätte. Auch WEITNAUERS Allgäuer Mannschafts- und Bewaffnungslisten des 16. u. 17. Jh. (ebd. 15, 1939) geben keine vergleichbaren Zahlen. Vgl. H. DUSSLER, Die Kriegsschadensliste der Pflege Füssen (ebd. 46, 1955).

Lech entlang über Füssen bis nach Sonthofen und Oberstdorf im Allgäu hinzog, fand 1650 eine Erbhuldigung statt, deren Niederschrift einer Bestandsaufnahme gleichkommt. Auch wenn nicht immer Vergleichszahlen für die Vorkriegszeit oder die Zahl der wüsten Häuser und Höfe genannt sind, ergeben sich doch einige Einblicke. Im Rentamt Augsburg waren 120 Höfe und 288 Sölden (Kleinstellen) besetzt. 29 Höfe und 287 Sölden lagen wüst. In der Dillinger Gegend war das Verhältnis ähnlich. 102 bewohnten Höfen und 324 Sölden, die bewohnt waren, standen 32 Höfe und 418 Sölden gegenüber, die noch als öd bezeichnet wurden. Auch anderwärts ist die Zahl der wüstliegenden Sölden beträchtlich höher als die der wüsten Höfe. Im Amt Nesselwang wurden 168 Einwohner verzeichnet. 18 Häuser und 70 Hofstätten lagen öd, ebenso 43 Tagwerk Wiesen. In der Pflege Oberdorf nördlich Füssen waren 796½ Häuser bewohnt (787 Mannschaft, 42 Witfrauen), 75½ Häuser und 508½ Hofstätten standen leer. In der benachbarten Vogtei Ebenhofen waren 106½ Häuser bewohnt, 70½ Häuser und Hofstätten lagen wüst. In den lechabwärts gelegenen Pflegen Buchloe und Helmishofen wurden 392 Mann gezählt, 96 Höfe und Sölden als wüst verzeichnet. Wenn man die Zahlen verallgemeinert, wird in dem heutigen Regierungsbezirk Schwaben der Verlust nicht höher als 50 %, wahrscheinlich nur 40 % betragen haben, wobei das Donautal vermutlich stärker als das Allgäu zu leiden hatte[193].

Von den süddeutschen Reichsstädten scheint Augsburg[194] hart mitgenommen worden zu sein. Die Bevölkerung ging von 22 000 auf 17 000 (1650) zurück (77 %). Der Steuerertrag sank auf ein Viertel des Vorkriegsstandes. Gerade die wohlhabendsten Bürger wanderten ab. Dabei war Augsburg vor dem Krieg eine blühende Industriestadt. Sie erholte sich nur sehr langsam von den Kriegsfolgen.

Für Franken besitzen wir genaue Angaben über den Bevölkerungsverlust in dem Bistum Bamberg. In 150 Orten, die freilich nur etwa ein Fünftel aller Ortschaften des Bistums ausmachen, ging die Zahl der Haushaltungen von 1636 bis 1653 um fast 45 %, von 6329 auf 3528, zurück, nachdem sie in den zwei Menschenaltern zuvor um 40 % stetig angestiegen war. Am stärksten wurden die Städte und Märkte betroffen, die die Hälfte ihrer Bevölkerung einbüßten, während die Landschaft selbst in so engem Bereich sehr unterschiedlich unter dem Kriege zu leiden hatte. Manche der verkehrsabgewandten Gebirgsämter konnten ihren Bevölkerungsstand fast behaupten, während die Ämter in der Ebene kaum weniger als die Städte zu leiden hatten[195]. Aus dem übrigen Franken sind bisher keine statistisch verwertbaren Zahlen veröffentlicht worden. Zahlreiche Einzelnachrichten bestätigen, was aus dem Gang der kriegerischen Ereignisse ohnehin zu vermuten war, daß auch hier die Not sehr groß gewesen ist, daß nicht nur einzelne Höfe, sondern zahlreiche Dörfer gegen Kriegsende zeitweise völlig verlassen waren. So lagen im ansbachischen Oberamte Hohentrüdingen 1650 in 9 Orten von 409 Höfen 239 (60 %) wüst. Einzig der Marktort Heidenheim hatte nur 50 % wüste Hofstellen[196]. Im Amt Heilsbronn saßen seit 1632 (Wallensteins Lager vor Nürnberg) allenfalls 30-50 % der Bevölkerung auf ihren Anwesen, 1642 waren nur 20-23 % der Höfe und Halbhöfe, 40 % der Güter (Kätner) in der Hand ihrer Besitzer, 1652 bereits wieder 50 % der Höfe, 60 % der Halbhöfe und 67,4 % der Güter. Die Kleinstellen

---

[193] A. WEITNAUER, Die Bevölkerung des Hochstifts Augsburg im Jahre 1650 (Allgäuer Heimatbücher 25) 1941.
[194] J. HARTUNG, Die direkten Steuern und die Vermögensentwicklung in Augsburg (Schmollers Jb. 22, 1898).
[195] O. MORLINGHAUS, Zur Bevölkerungs- und Wirtschaftsgeschichte des Fürstbistums Bamberg im Zeitalter des Absolutismus (Erlanger Abhh. NF. 3, 1940), 20-47.
[196] K. DEHM, Familiennamen aus dem Hahnenkamm z. Z. d. 30j. Kr. (Bll. f. fränk. Familienkunde 1926, S. 22, 61-67). Dr. GRÖSCHEL (Weißenburg) teilte mir mit, daß 1650 in Suffersheim

haben also, anders wie im Hochstift Augsburg, den Krieg besser überstanden als die großen Höfe[197]. Im ganzen haben in diesem territorial so zersplitterten Gebiet die Markgrafen es besser als die vielen Kleinherren und auch die Bischöfe verstanden, wenigstens die Substanz der bäuerlichen Existenz, Leben, Vieh und Saatgut zu erhalten und damit zugleich ihre Schutzherrschaft auszudehnen, so daß dem Territorium zahlreiche Höfe dauernd zugewachsen sind[197a]. Auch im Bistum Eichstätt wie im Aischgrund lagen zahlreiche Dörfer gegen Kriegsende zeitweise völlig verlassen[198]. In Franken ist die Einwanderung nach dem Kriege besonders groß gewesen. Die Kriegsschäden werden also nicht gering gewesen sein.

In den einzelnen deutschen Landschaften ist der Bevölkerungsverlust verschieden groß gewesen. Da keine genauen und vergleichbaren Angaben für das ganze Reich vorliegen, für manche größeren Gebiete auch eine Schätzung nicht möglich ist, kann der Gesamtrückgang der deutschen Bevölkerung nur annähernd geschätzt werden. Nur die Alpenländer haben ihre Einwohnerzahl während des Krieges, dem natürlichen Anwachsen der deutschen Volkszahl im letzten Jahrhundert entsprechend, vermehren können. In Nordwestdeutschland (Schleswig-Holstein, Niedersachsen, Westfalen, Rheinland) wird sie sich im ganzen auf dem Vorkriegsstand gehalten haben. Der natürliche Bevölkerungszuwachs eines Menschenalters fiel also selbst hier dem Krieg zum Opfer. Dem stehen die Hauptzerstörungsgebiete gegenüber, in denen der Krieg 60–70 % der Bevölkerung hinweggerafft hat. Teile von Mecklenburg und Pommern, Henneberg und Coburg, Hessen, die Pfalz und Württemberg, also immerhin nur verhältnismäßig kleine Gebiete, sind ihnen zuzuzählen. In der Kurmark, dem Erzstift Magdeburg, Thüringen, dem Elsaß, auch Bayern und Franken ist allenfalls mit einem Verlust von 50 % zu rechnen. Schlesien und Böhmen haben etwa 20 % ihrer Einwohnerschaft eingebüßt. Vorsichtiger Wertung nach wird man also rechnen müssen, daß in diesen 30 Notjahren etwa 40 % der deutschen ländlichen Bevölkerung dem Krieg und den Seuchen zum Opfer gefallen sind. In den Städten mag der Verlust nur auf 33 % geschätzt werden[199]. Höher ist er meines Erachtens keinesfalls gewesen, eher noch etwas niedriger[200]. Es war trotzdem ein ungeheurer einmaliger Aderlaß. Durch ihn wurde das starke Anwachsen

---

von 40 Weißenburger Lehen 29 öd und abgebrannt, 2 weitere verlassen waren. In Haardt bei Weißenburg waren 1634 von 15 Hofbesitzern 2 erschlagen, 1 erwürgt, 1 erfroren, 2 verschleppt und in der Fremde gestorben, 5 weitere aus unbekannten Gründen verstorben, also nur noch 4 am Leben.
[197] I. BOG, Die bäuerliche Wirtschaft im Zeitalter des 30jähr. Krieges (1952) S. 55 f.
[197a] I. BOG und H. H. HOFMANN, Freibauern, Freidörfer, Schutz und Schirm im Fürstentum Ansbach (Zs. f. bayr. Landesgesch. 23, 1960, S. 300 f.).
[198] F. BUCHNER, Ruinen, Not u. Notverordnungen inf. d. 30j. Kr. im Bistum Eichstätt (Sammelbl. des Hist. Ver. Eichstätt 48, 1933, 9 bis 52); FRHR. V. BIBRA, Der Aischgrund im 30j. Kr. (1937) S. 80–83.
[199] W. SCHEIDT (Lebensgesetze des Volkstums II, 1934, S. 34) folgert: «Da die Städte besonders stark von der Pest heimgesucht, ihre Bevölkerung überdies besonders von den plündernden Kaiserlichen dezimiert wurde, kann man annehmen, daß die Richtung der Ausmerze in der Hauptsache eine gegenreformatorische gewesen ist, d. h. daß verhältnismäßig größere Teile der reformierten städtischen und handwerklichen Bevölkerung zugrunde gingen. Der biologische Sieg des Krieges war demnach auf der Seite der Kaiserlichen.» Dieser Schluß ist nicht möglich, da im ganzen das Land stärker als die Städte und protestantische und katholische Gebiete im allgemeinen gleichmäßig vom Kriege betroffen worden sind.
[200] STRAKOSCH-GROSSMANN, Die Volkszahl der deutschen Städte (1907) nimmt für das Deutsche Reich (in den Grenzen von 1914) einen Bevölkerungsrückgang von 20 954 000 auf 13 296 000, also um etwa 36 % an. Das stimmt also mit meiner Schätzung ziemlich überein, obgleich ich nicht wagen würde, so genaue absolute Zahlen zu geben.

der deutschen Bevölkerung im voraufgegangenen Jahrhundert ausgelöscht. Denn gerade das 16. Jahrhundert hatte nach der Wachstumsstockung, vielleicht sogar dem Bevölkerungsrückgang des ausgehenden Mittelalters, eine sehr starke Steigerung der Geburtlichkeit gebracht, durch die auch die hohen Verluste des Bauernkrieges sehr rasch wieder ausgeglichen wurden.

Das Ende des Dreißigjährigen Krieges fiel in Europa mit dem Beginn einer neuen Wachstumsstockung der Bevölkerung zusammen[201]. Montesquieu bezeichnete im 18. Jahrhundert den Bevölkerungsrückgang als «ein inneres Übel, ein geheimes und verborgenes Gift, eine langwierige Krankheit». Er fürchtete, daß Europa in 1000 Jahren eine Wüste sein werde. In der Tat ging die Bevölkerung Frankreichs in den Jahren 1660 bis 1750 von 24 Millionen auf 18 Millionen, wenn nicht noch weniger zurück. Sie verminderte sich also um ein volles Viertel. In England war in der gleichen Zeit die Bevölkerungszunahme verschwindend gering (von 5,5 auf 6 Millionen). In Belgien, Schweden, Dänemark, der Schweiz und der Lombardei sank die Bevölkerungszahl ebenfalls ab. Nicht Kriege waren hierfür ausschlaggebend, so sehr auch in Frankreich die Kriegszüge Ludwigs XIV. und die Auswanderung der Hugenotten zur Bevölkerungseinbuße mit beigetragen haben. Entscheidend war allein die sinkende Geburtlichkeit, der fehlende Wille zum Kind, trotz, vielleicht auch gerade wegen ausreichender, ja gesicherter Lebensumstände. Denn alle die Länder, die von einem solchen Geburtenrückgang betroffen wurden, waren von den Schrecken des Großen Krieges verschont geblieben. Sie gehörten überdies wirtschaftlich und politisch zu den Siegern des Krieges. Die dänische wie die schwedische Machtstellung zerbrach nicht zuletzt an der mangelnden Volkszahl; diese zerstörte über die Jahrhunderte hinweg auch Frankreichs europäischen Machtanspruch.

Der Sonderstellung Deutschlands in der europäischen Bevölkerungsentwicklung, die bis dahin völlig einheitlich verlaufen war, kommt schicksalhafte Bedeutung zu. Es spricht für den ungeheuren Lebenswillen und noch mehr die Lebenskraft des deutschen Volkes, daß es nach all dem Elend des Krieges, in aller politischen Zersplitterung und Machtlosigkeit dennoch aus der Niederlage heraus den Weg zu einem neuen Tag fand. Hätte der europäische Geburtenrückgang auch das Reich ergriffen, Deutschland hätte sich nie wieder erholen können. Doch während im Westen die Geburtenzahl immer stärker gesunken war, geburtenverhütende Mittel nicht nur in den sogenannten oberen Kreisen, sondern selbst auf dem Lande immer stärker gebraucht wurden, hat Deutschland in dem Jahrhundert nach dem Kriege eine einzigartige Geburtenfreudigkeit aufzuweisen. Schon während des Krieges, unmittelbar nach den Seuchen, schlossen die Überlebenden neue Ehen[202], bei denen auch große Altersunterschiede nicht hinderlich waren. In Bischoffingen, um nur ein Beispiel zu nennen, heiratete von den Töchtern eines Mannes die eine viermal, das letztemal nach 22jähriger Ehe, in der sie 8 Kinder geboren hatte, während die Männer der drei anderen Töchter vier-, drei- und zweimal sich verheirateten und aus jeder ihrer Ehen Kinder gewannen. Nicht selten heiratete der Mann eine ältere Frau, die bald starb, um dann eine jüngere zu wählen, die ihn überlebte und nun ihrerseits wieder heiratete. Und meist lagen zwischen Tod und neuer Ehe nur wenige Monate. Eine Ausnahme mag es immerhin gewesen sein, wenn Hans Boß-

---

[201] Vgl. W. ABEL, Wachstumsschwankungen mitteleurop. Völker seit dem MA. (Jahrb. f. Nationalökonomie 142, 1933, 670–92), auch P. MOMBERT, Die Anschauungen des 17. u. 18. Jh. über die Abnahme der Bevölkerung (ebd. 135, 1931).
[202] Den angeblichen fränkischen Kreistagsbeschluß von 1650, daß jeder Mann zwei Frauen nehmen und auch die Priester heiraten dürften, hat nach dem Vorgang von ALTMANN endgültig A. TILLE als Fälschung erwiesen (G. einer Fälschung, Rasse 8, 1941, 164–68). Er sollte nunmehr endlich aus dem Schrifttum verschwinden.

Der Bevölkerungsrückgang im Herzogtum Württemberg von 1634 bis 1652.

Nach Mehring auf Grund der Bürgerzahlen der einzelnen Ämter. Oberregierungsrat Dr. Kluge (Stuttgart) stellte liebenswürdigerweise eine Karte der Amtsgrenzen Württembergs im 18. Jahrh. als Zeichnungsgrundlage zur Verfügung.

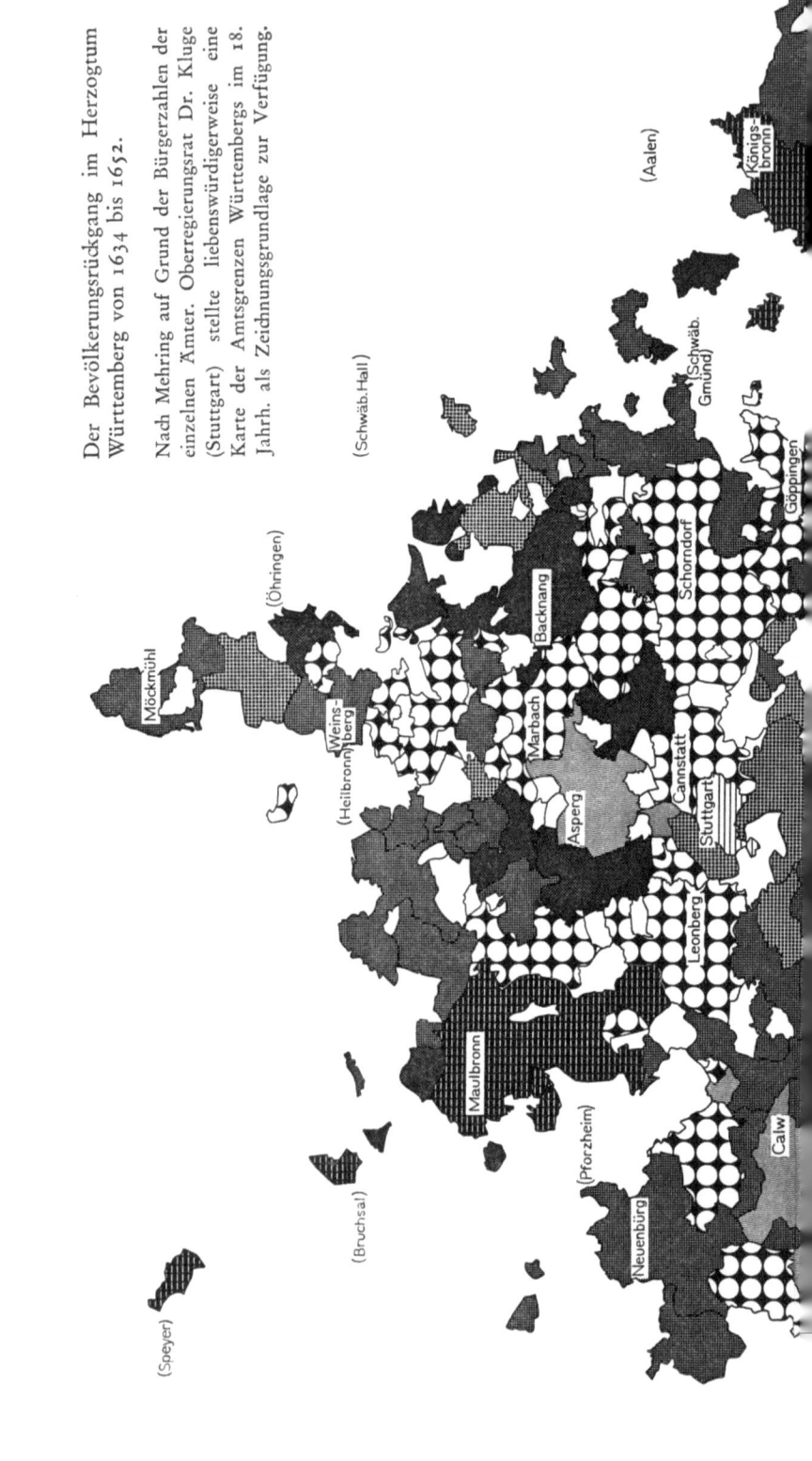

hardt als 80jähriger mit seinem 20jährigen Patenkind noch eine vierte Ehe einging und auch aus ihr noch 3 Kinder gewann, deren jüngstes im Todesjahr seines ältesten 66jährigen Sohnes geboren wurde. Auch seine Witwe, mit der er immerhin noch 20 Jahre verheiratet war, heiratete alsbald wieder[203]. Unter diesen Umständen stiegen die Kinderzahlen nach dem Kriege sprunghaft an. Einem Italiener, der Deutschland bald nach dem Kriege bereiste, fiel auf, daß er wenig waffenfähige Männer, aber ungemein viele Kinder sah[204].

1750 werden meiner Schätzung nach – denn genaue Zählungen stehen ja auch für diese Zeit nicht zur Verfügung – 75 % mehr Menschen in Deutschland gelebt haben als 1650. So hat das deutsche Volk die Kriegsverluste binnen eines Jahrhunderts nicht nur ausgeglichen, es hat im ganzen einen, wenn auch geringen Bevölkerungszuwachs aufzuweisen. Der Kern des Volkes war gesund geblieben. Doch geht es zu weit, wenn man von der «guten erbbiologischen Auswirkung des Krieges» gesprochen und gemeint hat, daß der Krieg «eine zwar harte, aber für die Volksgesundheit günstige natürliche Auslese» bedeutet hätte, so daß in dieser Hinsicht seine Folgen «zweifellos günstig» zu bewerten wären[205]. Gewiß haben Hunger und Pest viele Schwache und Kranke dahingerafft[206]. Aber sie haben auch wahllos gewütet und ungemein viel gutes Erbgut vernichtet. Nicht nur der Kräftigste und Lebenstüchtigste, sondern oft wohl auch der Zuchtloseste und Wildeste, vielfach sicher auch der Asoziale haben den Krieg überstanden. Eine naturgemäße Auslese hat er nicht dargestellt.

Doch haben die altansässigen Geschlechter den Krieg besser überstanden als die erst in den letzten Jahren vor dem Kriege an den einzelnen Orten neuzugewanderten. Das zeigt als Beispiel deutlich der Flecken Haßloch[207]. Von den 156 Familien, die 1617 bereits seit über einem Menschenalter am Orte ansässig waren, finden sich nach dem Kriege (1655) immerhin noch 35 (22 %). Von den 24 Familien, die zwischen 1584 und 1592 zugewandert sind, sind jedoch nur noch 2 nachweisbar. Und die 102 Geschlechter, die erst zwischen 1592 und 1617 im Orte ansässig wurden, sind fast völlig während des Krieges wieder verschwunden. Nur 3 von ihnen lassen sich 1654 noch ermitteln. Zu diesen 40 alten Familien sind aber bereits 1655 74 Neuzugezogene getreten. Die Entwicklung setzt sich in den folgenden zwei Menschenaltern, in denen die Pfalz durch die Französischen Kriege noch einmal heimgesucht wurde, fort. Die 40 alten Familien haben auch diese Zeit fast ungemindert überstanden. 37 von ihnen sind 1721 noch nachweisbar. Doch von den 74 Zuzüglern ist inzwischen die Hälfte (38) wieder abgewandert. Ihre Stelle nehmen 219 neue Sippen ein. Von den 294 Familien, die 1721 in Haßloch ansässig sind, sind somit nur 37 (12 %) schon vor dem Kriege am Orte wohnhaft gewesen. Die Dorfgemeinschaft, die im Kriege den Großteil ihrer Glieder verloren hatte, hat sich nicht aus eigener Kraft ergänzen können. Neues Blut ist an die Stelle des alten getreten. Das Gesicht des Ortes wurde völlig neugeformt. So zeigt das Beispiel von Haßloch, das sich andernorts wiederholt, zugleich, daß in den hauptsächlich

---

[203] A. WOLFHARD, Die Wiederbesiedlung Bischoffingens nach dem 30j. Kr. (Alemannia 38, 1910, 97–126.
[204] A. O. MEYER, Ein ital. Urteil über Deutschland u. Frankreich um 1660 (Quellen u. Forschungen aus ital. Archiven 9, 1906, S. 158). – Auch die deutschen Volkswirtschaftler sahen im 17. Jahrh. die möglichste Steigerung der Volkszahl allgemein als erstrebenswertestes Ziel an (O. JOLLES, Die Ansichten der deutschen nationalökonomischen Schriftsteller des 16. u. 17. Jh. über Bevölkerungswesen, Jahrbb. f. Nationalökonomie 47, 1886, 193–224).
[205] So K. ZIMMERMANN, Deutsche G. als Rassenschicksal (6. Aufl. 1936).
[206] Darauf weist auch F. BLENDINGER, Bevölkerungsg. einer deutschen Reichsstadt (1940) S. 53 u. ö. hin, der ebenfalls die biologischen Auswirkungen des Krieges positiv bewertet.
[207] Das weist auch BLENDINGER am Beispiel von Weißenburg in Franken nach (a. a. O. S. 53).

vom Kriege betroffenen Gebieten zur gesteigerten Geburtlichkeit die Zuwanderung aus anderen deutschen Gauen treten mußte, um die Kriegsschäden auszugleichen.

Ein einmaliger Bevölkerungsaustausch größten Ausmaßes fand in dem Menschenalter nach dem Kriege zwischen den einzelnen deutschen Landschaften statt. Der Krieg hatte die Bodenverwurzelung gelockert. Nicht nur die Soldaten, die weit herumgekommen waren, auch die Bauern, denen ihr Hof verbrannt worden war, die sich in die Städte hatten flüchten müssen, waren jetzt leicht bereit, sich in lockender Ferne eine neue Heimat zu suchen.

Nicht nur vereinzelt wird es vorgekommen sein, daß die Bauern nach dem Kriege, um der inzwischen aufgelaufenen Steuern und Lasten ledig zu werden, ihre Güter wüst

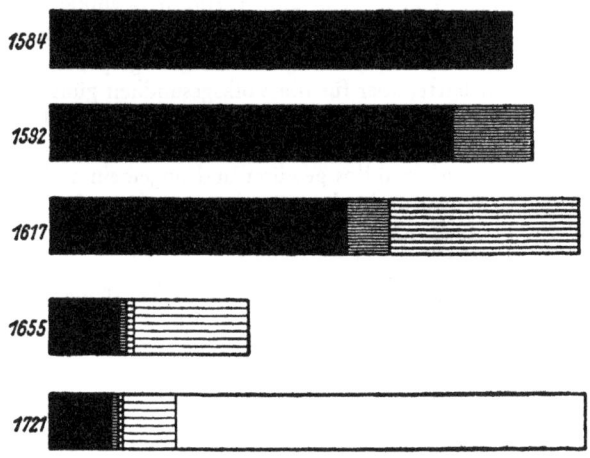

Abb. 8. Die Bevölkerungsbewegung in Haßloch von 1584–1721[208]

liegen ließen und fortzogen, oder daß sie wüste Güter während der nach dem Kriege allerorten gewährten zwei, vier auch sechs Freijahre bebauten, um sie dann wieder im Stich zu lassen (um Steuern zu sparen) und anderwärts unter gleichen Bedingungen von neuem zu beginnen[209]. In der märkischen Gemeindeordnung von 1681 heißt es ausdrücklich, «daß die Untertanen, wenn sie ihre Freijahre genossen, sich fortmachen, die Höf, auch das abgetriebene Gespann, welches ihnen die Obrigkeit gegeben, stehen lassen»[210]. Mancher Bauer wird sich an vielen Orten niedergelassen haben, ehe er wirklich seßhaft wurde[211]. In den Saarstädten blieben von 1665 bis 1685, also über 20 Jahre hin-

---

[208] Das Diagramm wurde im Rahmen einer von mir betreuten Reichsberufswettkampfarbeit der Studentenschaft Heidelberg über Haßloch 1936 aufgestellt. Quelle sind die Steuerlisten im StA. Speyer. Die am rechten Rand neuhinzutretenden Schraffen bezeichnen jeweils die in der Zwischenzeit neuauftretenden oder auch nach einer Unterbrechung erscheinenden Namen. Denn die Zeichnung beruht auf der Namensgleichheit, die noch nicht Sippengleichheit zu bedeuten braucht, aber zur Veranschaulichung des starken Bevölkerungswandels ausreicht. Vgl. auch das Bevölkerungsdiagramm von Schriesheim (1470–1650) das K. KOLLNIG (Wandlungen im Bevölkerungsbild des pfälzischen Oberrheingebietes, 1952, S. 15) gibt. Von den 248 Familien, die 1610 im Orte ansässig waren, erlebten nur 15 % (38) das Kriegsende.

[209] M. MURJAHN, Die gutsherrlich-bäuerl. Verhältnisse des 17. Jh. im nördl. Domanialgebiet des Landes Stargard (Diss. Rostock 1934, 43).

[210] GROSSMANN a. a .O. S. 76.

[211] Vgl. das Weimarische Patent von 1647 bei KIUS, Zustände während des 30j. Kr. im Fürstentum Weimar (Progr. Weimar 1878) 134 f.

weg, in Ottweiler nur drei Fünftel, in Neunkirchen und St. Ingbert ein Drittel und in Blieskastel nur ein Siebentel der Sippennamen gleich. Die Seßhaftigkeit war also ungewöhnlich gering[212].

Vereinzelt siedelten wohl auch ganze Dörfer um. Westeregeln bei Aschersleben wurde 1647 von thüringischen Waldbauern aus der Gegend von Georgenthal neubesiedelt, die der hohen Abgaben wegen abgewandert waren, und die hier die Freijahre lockten[213]. Im Coburgischen kam es vor, daß die Bauern nur über das Itzufer in das Nachbardorf wanderten, in der Hoffnung, unter einer anderen Herrschaft bessere Lebensbedingungen finden zu können[214].

Vielfach mußten die Siedler freilich von Grund aus neubeginnen, sich Häuser bauen, die Felder, die neuvermessen werden mußten, neuroden[215]. Daß sie es taten, ist wiederum ein Zeichen des ungebrochenen Lebenswillens. Wanderten die meisten zweifellos aus freiem Willen aus, so trat bei vielen doch auch der bittere Zwang hinzu, Glaubensflüchtlinge, die österreichischen Exulanten, die böhmischen Emigranten und die Schweizer Mennoniten kamen gerade aus Gebieten, die der Krieg zumeist verschont hatte. Sie wurden in den protestantischen Landen gern aufgenommen und förderten hier den Wiederaufbau entscheidend. Nur selten schlossen sich den deutschen Neusiedlern Ausländer an. Ihre Zahl ist, auf das Ganze gesehen, verschwindend gering. Der Wiederaufbau ist allein ein Werk der lebendigen Kraft des deutschen Volkes. Im einzelnen hat diese Umsiedlung einschneidende bevölkerungsgeschichtliche Folgen gehabt. Ihr Ausmaß kann nur eine Einzeluntersuchung der Einwanderung in den verschiedenen deutschen Gebieten klären.

---

[212] A. HARTH, Der Wiederaufbau der Saarlande nach den Zerstörungen des 17. Jh. (Diss. Jena 1940). Ebd. auch Einzelbeispiele.
[213] Mitteilungen von Kirchenrat D. JAUERNIG (Weimar).
[214] Ebenso.
[215] Vgl. etwa Heimatbuch f. Südthüringen III, 151 ff. (Sülzfeld a. d. Werra).

2. Kapitel

Die Herkunft der Neusiedler

Für die Art der Einwanderung mag das Dorf Obermossau im Odenwald als Beispiel dienen[1]. Das Dorf hatte ursprünglich 11 Huben, die sich im 16. Jahrhundert durch Teilung und Zusiedlung von Kleinstellen auf 28 Häuser vermehrt hatten. Von diesen waren schon 1623 nur 25 bewohnt, da die Soldaten 3 Bauern bereits in den ersten Kriegsjahren erschlagen hatten. Von den verbliebenen 120 Einwohnern starben in diesem Jahre 23 an der Pest. Als 1635 General Gallas eine Bestandsaufnahme durchführen ließ, lebten in dem Dorf nur noch 3 Männer und zwei oder drei Witwen. Mitten in der Ernte war das Dorf überfallen worden, so daß bereits geschnittene Frucht auf den Feldern verkam. Bald verließen die letzten Bewohner den Ort. Nach wenigen Jahren waren die Wiesen und Äcker mit Hecken und Buschwerk bestanden, die Häuser verfallen, ihr Gebälk von den Nachbardörfern zum Wiederaufbau der eigenen Höfe verwandt worden. Aber gleich nach Kriegsende begann die Neubesiedlung. 1653 kamen die ersten Ansiedler, es waren Schweizer aus Appenzell, Freiburg, Unterwalden und Bern, zumeist aber aus dem Züricher Amt Grüningen. Sie waren vielfach untereinander verwandt. Von den 15 Ansiedlern, die sich in den ersten 12 Jahren niederließen, waren 14 Schweizer, 1 stammte aus Thüringen. Zu ihnen gesellten sich in der Folge einzelne Franken, Schlesier und Bayern. 1666 findet sich der erste Odenwälder am Ort. Im ganzen sind bis 1668, also in den ersten 15 Jahren der Neubesiedlung, 52 Zuwanderer nachweisbar. Viele blieben freilich nur kurz am Ort und zogen dann weiter. Und auch die Ansässigen wechselten vorerst noch häufig ihren Hof. Denn die Güter waren sehr preiswert, wurden für etwa 15 fl. abgegeben. Verständlich, daß sich jeder von den wüstliegenden Höfen den besten aussuchen wollte. Von den 17 Familien, die der Ort 1701 wieder zählte und die den Grundbestand des neuen Dorfes bildeten, stammten 7 aus der Schweiz, 1 aus Schlesien, 9 waren erst im letzten Jahrzehnt zugezogen. Sie sind unbekannter Herkunft. Das Beispiel zeigt eindringlich die Größe des fremden Blutanteils, aber auch, wie sehr zunächst noch die Bevölkerung wechselte. Es brauchte Jahrzehnte, bis sich wieder von Seßhaftigkeit sprechen läßt.

Wie in Obermossau hatten auch anderwärts im Odenwald die Schweizer die Vorhand. In Lindenfels im Odenwald sind binnen eines Menschenalters (1664–1700) wenigstens 41 Schweizer Familien zugewandert[2], in der Pfarrei Güttersbach von 1657–81 16 Personen[3], im Kirchspiel Erbach von 1651–71 20 Männer[4], in den Kirchbüchern von Waldmichelbach sind 96 verschiedene Schweizer Familien nachweisbar[5].

---

[1] F. SCRIBA, Das Kirchspiel Mossau in und nach dem 30j. Kr. (Hessische Chronik 19, 1932). Vgl. ebd. Bd. 13 (1926) S. 96. R. MOESERITZ, PH. BUXBAUM, 700 Jahre Johanniter-Pfarrei Ober-Mossau (1952).
[2] W. DIEHL, Schweizer in Lindenfels (Hess. Chronik 14, 1927, 59–62).
[3] W. DIEHL, Schweizer Familien in der Pfarrei Güttersbach (ebd. 159 f.).
[4] W. DIEHL, Schweizer im Kirchspiel Erbach (ebd. 15, 1928, 62–64).
[5] W. DIEHL, Schweizer Familien im Odenwald (ebd. 13, 1926, 116–27).

Und doch handelt es sich in allen Fällen nur um Zufallsfunde[6], nicht um eine planmäßige Bestandsaufnahme. Meist waren die Neusiedler Bauern und Handwerker, zahlreich aber sind auch die Pfarrer und Schulmeister, die mit ihren Gemeindegliedern nordwärts zogen[7].

Wie im Odenwald war es in der Pfalz. Wiederum mag ein Beispiel voranstehen. Das Dorf Iggelbach im kurpfälzischen Oberamt Neustadt war trotz seiner abgeschiedenen Lage im Kriege niedergebrannt und wüst geworden. Erst 1662 meldeten sich fünf Franzosen aus der Piccardie von Schifferstadt aus bei der pfälzischen Regierung mit dem Wunsch, das wüste Dorf zu besiedeln. Sie hielten nicht aus. 15 Jahre später baten fast gleichzeitig zwei Einwohner von Hambach und von Meckenheim um Übertragung «der öden Gegend des ehemals gewesenen Dörfleins» und verwiesen darauf, daß schon vor Jahren der «eine oder andere In- als Ausländische» versucht hätten, das Dorf wieder aufzubauen, doch sei keiner länger als ein Jahr dort geblieben. Aber auch diese beiden Pfälzer hatten keinen Erfolg. Erst 1688 kamen zwei Schweizer, Kühner und Burggraf, die durchhielten. Freilich gaben auch sie erst noch einmal auf. Gleich im ersten Jahr brach der französische Krieg aus und trieb sie noch einmal außer Landes, doch nach 10 Jahren (1698) kamen sie wieder, und nach weiteren 70 Jahren (1769) zählte der Ort 23 Familien, darunter befanden sich allein 5 Familien Kühner, aber auch noch weitere Schweizer Sippen[8]. In den Heidelberger Vororten Handschuhsheim und Neuenheim gibt es noch jetzt Schweizergassen. In Schriesheim finden sich von 1650-1710 nicht weniger als 235 Zuwanderer. Hans Bollinger aus Neubrunn bei Zürich hatte seinen Hof, der 2000-2500 fl. wert war, verkauft und suchte sich hier 1651 mit seiner Frau und seinen 4 Kindern eine neue Heimat. Noch in unserem Jahrhundert waren acht von den damals zugewanderten Familien am Ort ansässig[9]. In der Hauptsache setzte die Schweizer Einwanderung[10] erst nach den französischen Kriegen, in denen

---

[6] Vgl. auch W. DIEHL, Schweizer Familien in Großumstadt u. Großzimmern (ebd. 13, 1926, 168 f.); Ders., Beiträge zu einem Exulantenbuch (ebd. 14, 1927, 47–57); Ders.; ebd. 1 (1912) S. 207, 308, 409 und 20 (1933) S. 92, 116 f., 120 f.; W. M. BECKER, Schweizer im Odenwald (ebd. 6, 1917, 46 f.); PH. HOLZ, Einwanderung von Schweizern im Odenwald (ebd. 5, 1916, 97); H. V. D. AU, Beiträge zu einem hess. Einwanderbuch (ebd. 14, 1927, 50 f.); PH. GLENZ, Schweizer im Odenwald (ebd. 2, 1913, 32); K. HENKELMANN, Zur Einwanderung der Schweizer in d. Odenwald (ebd. 1, 1912, 149–53). W. HOFFMANN, Rheinhess. Volkskunde (1932) 68–70. R. WIDMANN, Die Exulanten und andere Vertriebene in Schotten 1558–1649 (Beitr. Hess. Kircheng. 12, 1941, 73–92). A. HENCHE, Der Landkreis Wiesbaden (1930) 138; für Hochheim a. M. L. WOLF, Zuwanderungen in die Grafschaft Ysenburg-Büdingen (Mitt. d. hess. Familiengesch. Vereinigung 6, 1941, 390–92).
[7] W. DIEHL, Schweizer in kurpfälz. Kirchen- u. Schuldienst (Hess. Chronik 5, 1916, 1–5, 25–30, 88–93 u. 6, 1919, 91 f.) macht 52 Pfarrer u. 40 Lehrer namhaft.
[8] E. CHRISTMANN, Dörferuntergang und -wiederaufbau im Oberamt Lautern (1960) S. 172 f.
[9] G. HARTMANN, Schweizer Einwanderung in Kurpfalz nach d. 30j. Kr. (Mannheimer Geschichtsbl. 25, 1924, 220–23 u. 26, 1925, 7–10). G. BIUNDO, Das Holzlandkirchenbuch u. s. Schweizer (Bll. f. pfälz. Kirchengesch. 1, 1925, 26–28); A. KOPP, Schweizer in Rehborn (ebd. 2, 1926, 29); K. KOLLNIG, Wandlungen im Bevölkerungsbild des pfälzischen Oberrheingebietes (1952) S. 16 ff.
[10] F. RHIEM, Schweizer und andere Einwanderer in dem ref. Begräbnisregister von Neustadt a. d. H. 1660–1703 (Pfälz. Museum 49, 1932, 253–58). H. VOGELSANG, Namen von Schweizern in den Kirchenbüchern der Pfarrei Konken (Heimatbll. d. Remigiuslandes 3, 1924, Nr. 6; 4, 1925, Nr. 1) gibt 33 Namen. Ders., Zur Siedlung des Remigiuslandes (ebd. 4, 1925, Nr. 3), nennt andere Einwanderer aus Fulda, Belgien, Holland, Hessen, Lausitz u. Nassau. A. ZINK-ERDESBACH, Namen von Schweizern u. Tirolern in westpfälz. Kirchenbüchern (ebd. Nr. 9, 10),

die Pfalz erneut und furchtbarer noch als im Dreißigjährigen Kriege zerstört wurde, ein. Die Zuwanderer kamen zumeist aus dem Berner und Züricher Gebiet, doch auch aus allen anderen Schweizer Kantonen. Vereinzelt wanderten wohl auch Franzosen über die Schweiz weiter an den Rhein und wurden dann irrig den Schweizern zugerechnet. Seitdem Karl XII. von Schweden als Herzog von Zweibrücken seinem Land die Glaubensfreiheit zugesichert hatte, flüchteten sich vor allem auch Mennoniten in sein Gebiet[11]. In der Gegend um Waldfischbach im Holzland waren nach dem Krieg Krieg noch 5 Familien ansässig, zu denen jetzt 40 Schweizer Zuwanderer stießen[12]. Der Pfarrer zu Hunspach bei Weißenburg konnte 1671 berichten, daß bei ihm ebenso wie

nennt für Pfarreien zwischen Kusel und Odernheim 44 Schweizer u. 4 Tiroler. A. NEUBAUER, Namen von Schweizern in den Hornbacher Kirchenbüchern (Westpfälz. Gbll. 11, 1907, 15 f., 19 f., 23 f.), nennt 258 Namen, meist aus Kanton Bern, der Ort hatte einen Schweizer Pfarrer. L. KAMPFMANN, Die Kirchenbücher der ref. Pfarrei Winterbach (ebd. 46–48), nennt 57 Schweizer u. 4 Tiroler. K. DAHL, Namen von Schweizern im Kirchenbuch v. Rieschweiler (ebd. 14, 1910, 31 f., 35 f., 39 f., 42 f., 47 f., und 15, 1911, 3 f.), nennt 225 Namen, meist aus Bern und Zürich, dazu kamen 4 Tiroler, 3 Allgäuer, 2 Elsässer, 2 Franzosen und Piemontesen. K. DAHL, Schweizer Einwanderer in der Pfarrei Contwig b. Zweibrücken (Schriften zur Zweibrücker Landesgesch. 3, 1938), führt etwa 350 Einwanderer, meist Berner, dann Züricher und auch Baseler, auf. L. KAMPFMANN, Schweizer Einwanderung ins Holzland (Pirmasenser Geschichtsbll. 1, 1925, 3 f.), nennt 40 Schweizer Familien; F. RIEHM, Schweizerische u. elsässische Einwanderer im ref. Kirchenbuch von Haardt 1678–1750 (Pfälzer Museum 48, 1931, 182–86), 34 Schweizer u. 6 Elsässer; H. LÜTZEL, Schweizer Einwanderer in den Mutterstädter Kirchenbüchern (Bll. f. pfälz. Kirchengesch. 6, 1930, 157 f.), 24 Namen nach 1702. G. BIUNDO, Das alte Minfelder Kirchenbuch (ebd. 9, 1933, 14 f.), nennt 25 Schweizer, 17 Welsche, je einen aus Flandern, Elsaß, Baden, Wetterau, Oberösterreich, Schweden u. Steiermark. Vgl. auch G. BIUNDO, Das Holzlandkirchenbuch u. s. Schweizer (Bll. f. pfälz. Kirchengesch. 1, 1925, 26–28). K. FOELL, Schweizer Einwanderung in die Pfalz. Walsheim a. B. (ebd. 56). PH. STOCK, Schweizer im Kirchenbuch d. franz. ref. Gem. Otterberg (ebd. 57). H. F. MACCO, Schweizer Einwanderung in die Pfalz (ebd. 104). A. KOPP, Schweizer in Rehborn (ebd. 2, 1926, S. 29). O. HAGMAIER, Schweizerische u. frz. Einwanderung in Walldorf im 17. Jh. (Mein Heimatland 25, 1938, 123 f.). ORTH, Schweizer in d. luth. Kirchenbüchern von Bad Dürkheim (Bll. f. pfälz. Kirchengesch. 10, 1934, 58–62); H. MAURER, Die ältesten Kirchenbücher d. prot. Pfarrei Annweiler (ebd. 6, 1930, 143 f.); SCHMIDT, Alpensöhne in der Pfarrei Münchweiler (Aus heimatl. Gauen, Zweibrücken, 1927, Nr. 9); L. KAMPFMANN, Schweizer Einwanderer ins Lemberger Amt (Pfälzer Heimat, Pirmasens, 1929, Nr. 3, 4, 94 Namen, meist Berner); A. MUNZINGER, Schweizer Einwanderer in d. Kirchspiel Hinterweidenthal (ebd. Nr. 10). R. W(EBER), Schweizer Einwanderer ins Zweibrücker Land (Union, ev. prot. Kirchenbl. d. Pfalz, 74, 1935, Nr. 35–46, nach Herkunftsorten geordnet); F. SCHUNCK, Böckweiler, Gesch. eines Dorfes (1923) 171 ff. J. MÜLLER, Zweibrücken (1948) S. 69–78 gibt eine Liste der Bürgeraufnahmen von 1600–1714. Es finden sich (soweit die Herkunft genannt ist) 37 Schweizer, 10 Lothringer, 5 Tiroler, 3 Elsässer und vereinzelte Einwanderer aus allen deutschen Landschaften. K. BAUMANN, Die Einwanderung in das Amt Bolanden nach dem 30j. Kriege (Mitteilungsblatt z. rhein. Landeskunde 7, 1958, 134–136). O. SPANGENBERGER, Schweizer Einwanderer in Wachenheim (Schriften z. Wanderungsgesch. d. Pfälzer 6, 1959). F. BRAUN, Schweizer und andere Einwanderer sowie Auswanderer im ref. Kirchenbuch Steinwenden 1684–1780 (ebd. Nr. 10, 1960).
[11] D. HÄBERLE, Zur Einwanderung der Schweizer Mennoniten u. Reformierten in die Pfalz (Nordpfälzer Gbll. 5, 1908, 22 f.). Ders., Die Zulassung d. Mennoniten in der Pfalz (ebd. 4, 1907, 76 f.). Die Mennoniten in der Pfalz (Pfälz. Memorabile, 31. Gabe des ev. Ver. f. d. protest. Pfalz 1873, S. 65 f.). C. NEFF, Mennoniten im Stadtgebiet der Kurpfalzzeit (Heimatbll. f. Ludwigshafen 1923, Nr. 6 u. Nr. 11).
[12] L. KAMPFMANN, Schweizer Einwanderung ins Holzland (Pirmasenser Gbll. 1, 1925, 3 f.).

in seiner Filialgemeinde Hofen oft 200 Schweizer zum Abendmahl gingen¹³. Im ganzen werden Zehntausende von Schweizern damals in die Pfalz eingewandert sein¹⁴.

Zu den Schweizern kamen als zweite geschlossene Zuwanderergruppe die Flamen und Wallonen. Der Abt in Seligenstadt am Main, das zu Mainz gehörte, stammte aus dem Bistum Lüttich. Er zog anscheinend viele Landsleute nach. Da das Bistum auf der

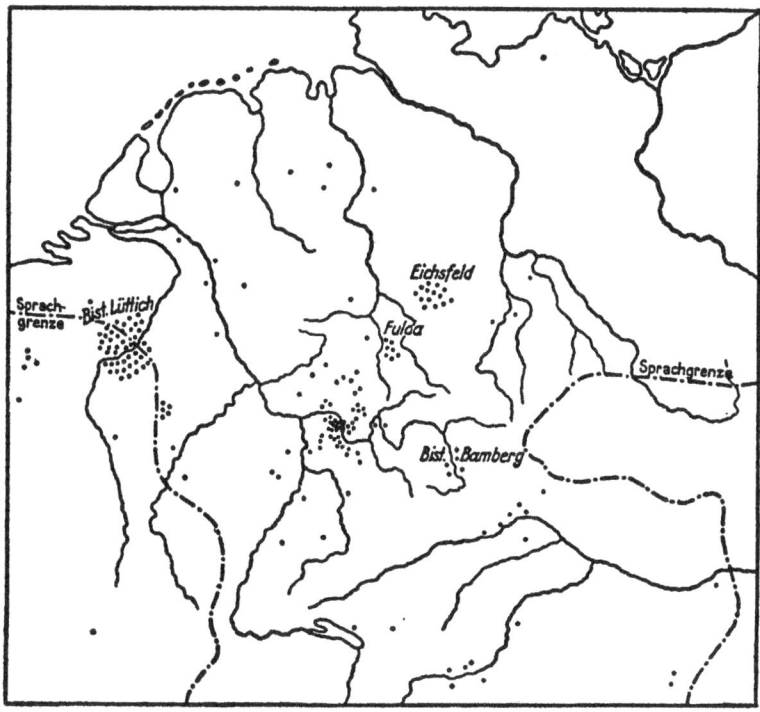

Abb. 9. Die Einwanderung nach Seligenstadt 1640–1668
(Die Punkte geben die Herkunftsorte der Zuwanderer an)¹⁵

Sprachgrenze lag, waren viele der Zuwanderer Romanen. Sie kamen zum Teil allein, zum Teil mit Weib und Kind und ließen sich an vielen Orten des Mainzer Oberstifts, vor allem in Großsteinheim und Wenigumstadt nieder. Vielfach waren sie Wollweber, die die Tuchmacherei zur Blüte brachten, nicht selten aber auch Bauern und Landarbeiter. Etwa ein Fünftel der von 1670–90 in Seligenstadt geborenen Kinder hat Wallonen zu Vätern. Vor dem Großen Kriege (1612) hatte der Seligenstädter Rat einem Bürgersohn das Bürgerrecht verweigert, weil er eine Allgäuerin geheiratet hatte. Seine Frau,

---

[13] K. DAHL, Schweizer Einwanderer in der Pfarrei Contwig a. a. O. S. 4.
[14] H. F. MACCO besaß alphabetisch geordnete Verzeichnisse von rund 30 000 Personen, die aus der Schweiz, hauptsächlich in die Pfalz, eingewandert sind (vgl. Jahrbuch f. ausländdte. Sippenkunde 1, 1936, S. 125). Ich habe seinerzeit den ersten Band seines Manuskriptes bei der Reichsstelle für Sippenforschung einsehen können. Es führt auf 1000 Seiten etwa 10 000 Namen auf, meist Schweizer, aber auch Hugenotten, vereinzelt auch aus früherer oder späterer Zeit, doch zumeist aus der 2. Hälfte des 17. Jh. Hingewiesen sei auch auf P. G. ISLER, Immigrés dans la Lorraine Mosselane après la guerre de Trente ans (Frauenberg 1959).
[15] Nach SEIBERT, Sippenbuch der Stadt und Zent Seligenstadt.

so hieß es, werde sich wegen ihrer fremden Art nur schwer eingewöhnen. Er möge sie lassen, wo sie sei. Jetzt mußte die Stadt, deren Bevölkerung während des Krieges von 242 auf etwa 50 Familien zurückgegangen war, über jeden Zuwachs froh sein. Freilich assimilierten sich in der Tat die Welschen nur schwer, und viele Zuwanderer zogen wieder hinweg[16].

In Westhofen[17] in der Pfalz fanden sich neben Tirolern, Salzburgern und Schweizern 9 Flamen, 23 Niederländer und 25 Zuwanderer vom Niederrhein (Jülich, Mörs, Geldern), gehörten doch damals Jülich und Berg zur Kurpfalz[18]. Auch im Amt Bolanden sind 25 Niederländer, vor allem aus der Grafschaft Mörs, nachweisbar. Unter ihnen findet sich 1661 ein Tabakbauer, das erste Zeugnis für den Tabakanbau in der Pfalz, den also wohl die Niederländer Zuwanderer mitgebracht haben werden[18a]. In Ibersheim[19], das während des Krieges zeitweise ganz wüst gelegen hatte, sind von 1654–61 9 Niederländer und Flamen nachweisbar. Zu ihnen kamen je ein Breisgauer, Westfale, Luxemburger, Eichsfelder, Hanauer, Spessarter, Tiroler und Böhme und drei aus Waldeck. Eine bunte Stammesmischung. Doch wurden die Neusiedler 1661 gewaltsam vertrieben und durch Schweizer Mennoniten ersetzt. Bei 46 Trauungen (1652–76) in Erbes-Büdesheim[20] waren nur in 10 Fällen beide Brautleute ortsbürtig, zumeist waren auch hier die Männer Flamen und Wallonen oder stammten vom Niederrhein. Diese wallonische Einwanderung hatte zum Teil schon im 16. Jahrhundert begonnen. Sie setzte nach dem Dreißigjährigen Krieg erneut und verstärkt ein[21]. In Friesenheim war nur der Seelsorger der deutschen Sprache mächtig, der Unterricht wurde allein französisch gehalten, in Mutterstadt und Oggersheim wurden Predigt und Schule zweisprachig abgehalten. Zu den Wallonen kamen jetzt bald auch die Hugenotten, vor allem aber französische Einwanderer aus den Grenzgebieten des Reiches[22]. Auch Welschschweizer mehrten den welschen Blutsanteil. So wurde 1665 im Amt Germersheim eine geschlossene Gruppe von Bewohnern des Luzernertals (in Piemont) angesiedelt[23].

Im Saargebiet stammte ein großer Teil der Neusiedler aus den Territorien um Saar und Blies und den Nachbarlandschaften Lothringen, Kurpfalz und Kurtrier. Aber auch aus Baden, Württemberg, Bayern, Sachsen, Thüringen, Hannover, Braunschweig, Brandenburg, Pommern und Schlesien lassen sich Zuwanderer feststellen. Während des Krieges waren die Bewohner des Landes zum Teil nach Holland geflüchtet. Sie wurden jetzt nach Möglichkeit zurückgefordert und brachten wohl einzelne Holländer mit.

[16] L. SEIBERT, Sippenbuch d. Stadt u. Zent Seligenstadt (1934), S. 23, 60–64.
[17] W. HOFFMANN, Die Niederlande u. d. Pfalz in verg. Tagen (Hess. Chr. 7, 1918, 8–20).
[18] E. CHRISTMANN, Dörferuntergang und -wiederaufbau im Oberamt Lautern (1960) weist für das Gebiet um Kaiserslautern 15 Schweizer, 7 Welsche, 1 Engländer, 6 Luxemburger, 8 vom Niederrhein, 4 Norddeutsche, 1 Thüringer nach (S. 176 f.).
[18a] BAUMANN, vgl. Anm. 10.
[19] A. TRIEB, Ibersheim als Wohnsitz v. Niederländern (Vom Rhein 11, 1912, 33–35). Vgl K. SCHMAHL, Auswärt. Eheschließungen in Flonheim 1632 bis 1760 (Mitt. d. hess. Familiengesch. Ver. 5, 1938, 37–53). V. Loos, Einwohnerverzeichnis von Udenheim 1687 (ebd. 119–24).
[20] R. SCHÄFER, Das reformierte Kirchenbuch von Erbes-Büdesheim u. Ensheim 1652–80 (ebd. 3, 1934, 241–46).
[21] L. JÄGER, Einwanderung in die Südpfalz zu Ende des 17. Jh. (Pfälz. Museum 49, 1932, 253–58).
[22] PH. STOCK, Die Fremdenkolonie Otterberg (Pfälz. Museum 23, 1906, 21 bis 24, 51–54). K. KREUTER, Einwanderungen aus d. Schweiz (Heimatbll. f. Ludwigshafen Jg. 1930, Nr. 11, 12). K. O. BRAUN, Die Bevölkerung Friesenheims 1584–1684 (ebd. 1922 Nr. 1 u. Nr. 18). A. NEUBAUER, Zwei Listen über die Seelenzahl d. ehem. frz. Gemeinde Zweibrücken (Westpfälz. Gbll. 12, 1908, 35 f.).
[23] L. HÄUSSER, Gesch. d. Pfalz II (Neudruck 1924) 586.

Den größten Anteil der Neusiedler stellten aber auch hier die Alpenländer, vor allem die Schweiz. Die Schweizer kamen als Bauern und Hirten, die Tiroler als Maurer und Steinmetzen. Nur ganz vereinzelt finden sich französische Namen. Und gerade wenn in den Quellen von dem «welschen Schuhflicker» oder «der welschen Frau aus der Pikardie» die Rede ist, beweist dies, daß diese Welschen als Fremde empfunden wurden. Die Neubesiedlung des Saarlandes ist allein eine Leistung des deutschen Volkstums[24].

Anders vollzog sich die Neubesiedlung des fast völlig verwüsteten lothringischen Raumes. Das unglückliche Land, dessen Herzog landflüchtig war, war vor allem in seinen deutschen Teilen von den Franzosen fast planmäßig verwüstet und ausgesaugt worden. Richelieu erwog sogar den Plan einer Zwangsumsiedlung der Lothringer nach

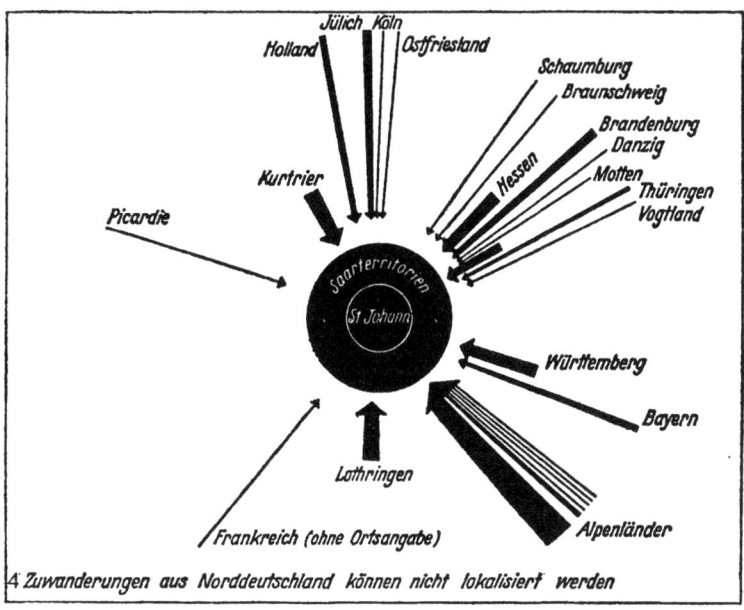

Abb. 10. Zuwanderung nach St. Johann 1650–1680 (Entwurf von AENNE HARTH)

Kanada, um auf diese Weise mit der widerspenstigen Bevölkerung fertig zu werden. Wer dem königlichen Statthalter den Treueid nicht leisten wollte, wurde aus der Heimat vertrieben und zu Zwangsaufenthalt in französischen Städten verurteilt. Planmäßig besiedelte Ludwig XIV. die Gebiete, die an seiner wichtigsten Etappenstraße in das Elsaß lagen, mit französischen Bauern, die aus den ärmsten französischen Gebieten, der Picardie und dem Vermandois, kamen. Die Neusiedler erhielten für zwölf Jahre Steuerfreiheit und machten vielfach die Gemarkungen über ihren ursprünglichen Umfang hinaus urbar. Durch diese Neusiedlung wurde vor allem der Raum um Dieuze

---

[24] Vgl. die Angaben der Jenaer Diss. von A. HARTH, Der Wiederaufbau der Saarlande nach den Zerstörungen des 17. Jh. (1940) und ergänzend W. DRESSLER, Beiträge z. Wiederbevölkerung d. Oberamtes Ottweiler im 17. und 18. Jh. (Neunkirchen 1939), der ein Verzeichnis von über 1000 zwischen 1617 und 1798 in das Oberamt eingewanderten Sippen gibt. F. BLATTER, Wer? Wann? Woher? Ein Beitr. z. saarl. Siedlungs- und Familiengesch. (Unsere Heimat, Bll. f. saarl.-pfälz. Volkstum 2, 1937, 176–81.)

romanisiert. 1661 hatten in der Herrschaft Mörchingen (Morhange) die wenigen Überlebenden ihrem Herrn, dem Rheingrafen Johann X., den Huldigungseid fast ausnahmslos in deutscher Sprache geleistet. Die Herrschaft gehörte also zweifellos noch zum deutschen Sprachgebiet. Jetzt wurden auch diese Reste der alten Bevölkerung, die sich gegen die Zuzügler aus der Fremde heftig gewehrt hatten, romanisiert. In einer Breite von 50 km wurde die Sprachgrenze bis zu 25 km tief auf ihren heutigen Stand zurück-

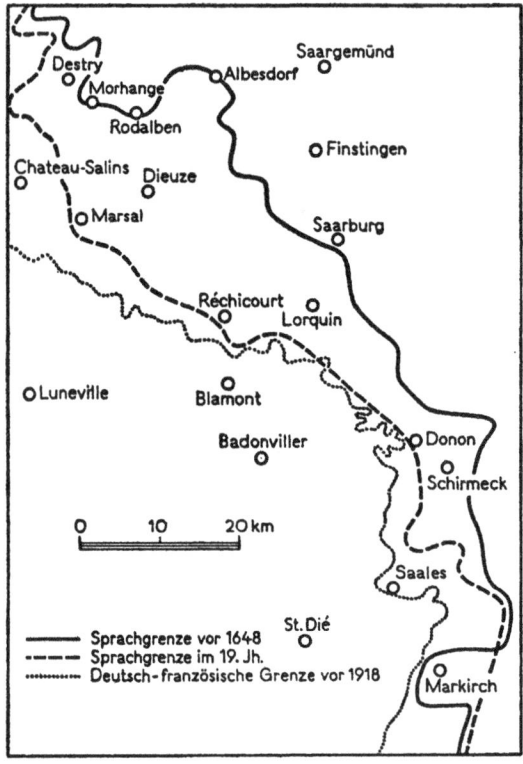

Abb. 11. Die Verschiebung der Sprachgrenze in Lothringen und im Elsaß durch die Neusiedlung nach dem Dreißigjährigen Kriege (nach P. Levy)[25]

geschoben. Ebenso wurde im oberen Breuschtal, in dem am Ende des Krieges an 20 Dörfer fast keine Bewohner mehr hatten, die Sprachgrenze zurückgedrängt. Burgundische und lothringische Neusiedler, vor allem auch aus der Mömpelgarder Gegend, vereinten sich mit der schon früher ansässigen französisch sprechenden Minderheit und bestimmten fortan das Sprachbild der Landschaft. Andererseits entstand in Markirch im Lebertal durch deutsche Bergleute und Schweizer Zuzügler 1660 eine deutsche Gemeinde, so daß sich hier das deutsche Sprachgebiet etwas ausdehnen konnte[25].

[25] P. Levy, Hist. linguistique d'Alsace et de Lorraine I (1929) 264–70. M. H. Boehm, Lothringerland (1942) S. 251, 255. L. Maujean, Hist. de seigneurs et de la ville de Morhange (Annuaire de la soc. d'hist. de la Lorraine 35, 1926, 451, 458). H. Lepage, De la dépopulation de la Lorraine au 17. s. (Annuaire administratif etc. de la Meurthe, Nancy 1851, S. 11–58) gibt zahlreiche Angaben über den Bevölkerungsrückgang und die Verwüstung des Landes.

Im Elsaß[26] hatte die französische Verwaltung ebenso wie die Grafen von Hanau-Lichtenberg und die Herzöge von Württemberg durch Herolde und Trompeter in den benachbarten Landschaften die Siedler auffordern lassen, in das verlassene Land zu ziehen. Das Land wurde zunächst verschenkt. Überdies wurde mehrere Jahre Steuer-

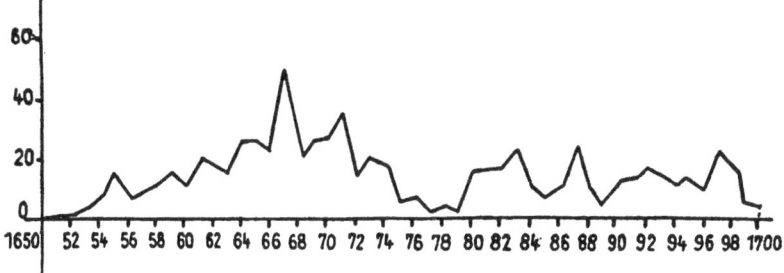

Abb. 12. Die Einwanderung in die Grafschaft Hanau-Lichtenberg 1650–1700[27]

freiheit zugesichert. Die Zuwanderer waren fast ausschließlich Deutsche. Einzelne kamen aus Württemberg, der Saarpfalz, dem Rheinland, aus Thüringen oder auch aus Holland. Ganze Züge aber kamen aus der Schweiz. Die ersten Schweizer waren schon während des Krieges in das Land gekommen. Von 1651 ab verstärkte sich die Einwanderung, erreichte in den 60er Jahren ihren Höhepunkt, setzte in den Kriegszeiten 1674 bis 1679 vorübergehend aus, um noch einmal in den 80er Jahren anzusteigen und gegen das Jahrhundertende zu versanden.

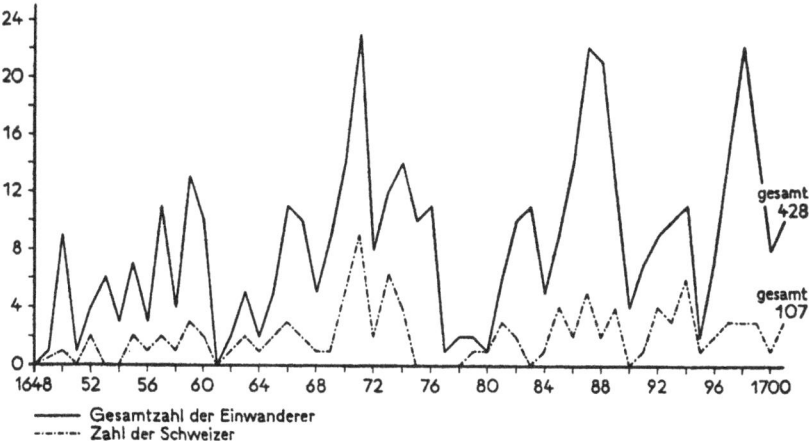

Abb. 13. Die Einwanderung nach Hagenau von 1648–1701[28a]

[26] W. BODMER, L'immigration Suisse dans le comté de Hanau-Lichtenberg au 17. s. (Coll. d'études sur l'hist. du droit de l'Alsace 6, 1930), darauf beruhend E. STRICKER, Schweizer Einwanderungen ins Elsaß (Jahrb. d. Els.-Lothr. wiss. Ges. zu Straßburg 10, 1937, 55–75). Vgl. auch R. REUSS, L'Alsace au 17. s. (1897) 537 ff. u. danach G. HERVÉ, Le renouvellement de la population Alsacienne au 17. s. (Rev. de l'école d'anthropologie de Paris 12, 1902, 283–99), weiterhin die o. S. 41 Anm. 170 genannten Werke.
[27] BODMER S. 32.
[28a] Nach M. BURG, vgl. o. S. 41, Anm. 170.

In der kleinen elsässischen Grafschaft Hanau-Lichtenberg sind allein 1345 Zuwanderer nachweisbar. Tatsächlich wird etwa die doppelte Zahl von Familien eingewandert sein, so daß man einschließlich der Angehörigen mit etwa 10 000 Einwanderern rechnen kann. In jedem Ort der Grafschaft sind in diesen Jahrzehnten Schweizer Neusiedler ansässig geworden. Die gräfliche Residenz Buchsweiler, die fast völlig verödet war, wies späterhin nicht weniger als 310 Schweizer Familien auf[28]. Fast 90 % der Zuwanderer (973 von 1129, deren Heimatort festzustellen ist) kamen aus dem Kanton Bern. Neben Bern ist nur der Kanton Basel etwas stärker vertreten. Er stellte in dem Amt Wörth immerhin 18 % der Einwanderer. Im ganzen stammten die Neusiedler aus 375 Schweizer Orten[29]. Aus einzelnen kamen sie in großer Zahl, so aus Saanen 38, aus Melchnau 21, aus Frutigen im Simmental 16, aus zahlreichen anderen 10 oder mehr. Gern blieben die Bewohner eines Dorfes auch in der Fremde zusammen, so daß regelrechte Tochtersiedlungen im Elsaß entstanden[30].

Nach Hagenau wanderten in dem halben Jahrhundert nach Kriegsende 428 Bürger ein, von denen ein Viertel (107) Schweizer waren. Im Unterschied zu den Zuwanderern in die benachbarte Grafschaft Hanau-Lichtenberg waren sie ausschließlich katholisch oder ließen doch ihre Kinder katholisch taufen. Auch sie kamen vornehmlich aus dem Kanton Bern. Die übrigen Zuwanderer stammten zumeist aus dem Reich, vor allem selbstverständlich aus Süddeutschland. Nur 38 (8,8 %) kamen aus Ländern französischer Zunge[31].

Einzelangaben lassen erkennen, daß auch im Sundgau die Schweizer Zuwanderung, vor allem im Süden längs der Grenze, sehr stark gewesen ist. Im Namensbestand spiegelt sie sich heute noch wider[32].

[28] Vereinzelt mag es sich dabei auch um Familien gehandelt haben, die während des Krieges in die Schweiz geflüchtet waren. So wird in Buchsweiler 1646 eine Frau aufgeboten, die ihren Mann auf der Flucht (wegen Hungersnot) in der Schweiz verloren hat. 1648 wird ein Bursche kopuliert, der ein Mädchen in Bern geschwängert hat. Dieses war ihm dann nach Buchsweiler nachgezogen. Während die Schweizer meist Ackerknechte und Melker waren, waren die aus anderen deutschen Gauen eingewanderten vielfach Pfarrer, Schulmeister, Apotheker, Beamte und auch Handwerker. Die beiden einzigen Franzosen sind zwei Soldaten, die getraut werden mußten (Mitteilung von Dr. EYER auf Grund der Kirchenbücher).
[29] CH. EGLINSDÖRFER, Schweizerische Ein- und Durchwanderungen in Sundhofen-Appenweiler im 16., 17. u. 18. Jh. (Colmarer Jb. 3, 1937, 93–122) weist für die 2 Pfarreien in den Jahren 1648–1700 Schweizer Einwanderer aus 140 Orten nach (37 Taufen, 122 Heiraten, 12 Tote).
[30] Zahlreiche Schweizer (vor allem als Melker) lassen sich auch in der Gegend von Wörth nachweisen. (E. ROEHRICH, Gesch. d. ev.-luth. Gemeinden des Konsistoriums Wörth, hg. v. F. HORNING, 1909, S. 35–37). In der Pfarrei Lohr stammten in den Jahrzehnten nach dem Kriege nur 10 % der Bewohner aus dem Dorfe selbst, 20 % aus der Schweiz und 70 % aus der Pfalz, Württemberg, Baden und anderswoher. Ebenso finden sich zahlreiche Schweizer in Baldenheim und Sundhausen b. Schlettstadt und im Lebertal (J. ADAM, Von dem Einfluß des 30j. Kr. auf die Bevölkerung des Elsaß, Monatsberichte der Ges. z. Förderung d. Wissenschaften usw. im Unterelsaß 45, 1911, 221–230).
[31] A. M. BURG, Les Suisses et le repeuplement de Hagenau dans le seconde moité du 17. s. (L'Alsace et la Suisse, 1952, S. 183–193).
[32] P. STINTZI, Von der Einwanderung der Schweizer ins Elsaß (Nachrichten des Deutsch-Schweizerischen Schulvereins 1942), Schweizer Einwanderung ins Elsaß (Die Heimat 19, 1939, 127 f.), Schweizerisches im Elsaß (Solothurner Jahr- u. Heimatbuch 1942, S. 60–65), dazu die Einzelangaben im Jahrb. d. Sundgauvereins 6 (1938) S. 52, 55, 58 ff.; 7 (1939) S. 32 ff.; 130 ff. Zahlreich besonders in Obersteinbrunn, Buchsweiler, Oberspechbach. Ergänzend G. CHAVOEN, Das elsässische Münstertal (1940) S. 62 f. P. STINTZI, L'immigration Suisse dans le Sundgau après la guerre de Trente Ans (L'Alsace et la Suisse, 1952, S. 173–182, Einträge aus Flachslanden).

Im Markgräflerland und in den benachbarten Baden-Durlacher Orten des Kaiserstuhls finden sich in allen Dörfern Schweizer Zuzügler. Sie kamen vor allem aus Bern und dem benachbarten Baseler Gebiet, aber auch aus den anderen Schweizer Kantonen mit Ausnahme der katholischen Urkantone. Die Einwanderer waren meist Bauern, Knechte, Mägde und Tagelöhner, aber auch Holzhauer und Köhler, Stricker, Weber, Zimmerleute, Schmiede, Maurer und andere Handwerker. Die Hirten waren fast durchweg Schweizer, und auch die Zahl der Müller war nicht gering. In die Schweiz geflohene Markgräfler, die dort während der Kriegszeit geheiratet hatten, leiteten den Zuzug ein und holten zunächst ihre Verwandten und Freunde nach. Ihnen folgten bald zahlreiche andere. Sie ließen sich zunächst als Hintersassen nieder, sind aber wohl später ausnahmslos leibeigen geworden. Doch hatte der badische Leibeigene ja nur eine geringe Abgabe zu entrichten. Waren die Einwanderer von Haus aus reformiert, so traten sie in ihrer neuen Heimat, vor allem im Falle einer Einheirat, bald zum Luthertum über. In den katholischen ritterschaftlichen Orten dagegen blieben oder wurden sie katholisch. Als Alemannen wurden sie im alemannischen Land rasch heimisch. In manchen Orten, wie etwa in Gallenweiler oder in Bischoffingen am Kaiserstuhl machten die Schweizer Zuzügler die übergroße Mehrzahl der neuen Einwohnerschaft aus. Noch 1910 führten in Bischoffingen zwei Fünftel der Bewohner Schweizer Namen. Von den mehreren hundert Schweizer Familien, die zwischen 1648 und 1730 in das Markgräflerland einwanderten, waren 1930 noch etwa 130 Geschlechter im Mannesstamm ansässig, eine ungewöhnlich große Zahl. Neben den Schweizern, doch an Zahl weit hinter ihnen zurücktretend, kamen auch Zuwanderer aus Tirol und Sachsen (Erzknappen), Savoyen und Burgund, Mömpelgard und dem Elsaß. Vereinzelt finden sich auch Holländer, Schotten und Balten. Zwei Thüringer, die in Herzog Bernhards Diensten Leutnant geworden waren, blieben nach dem Krieg als Gastwirte in dem Lande, in dem ihr Herzog gestorben war[33]. Ebenso lassen sich hunderte von Schweizer Einwanderern weiter nördlich im Kraichgau nachweisen[33a].

Die Ursachen dieser starken Schweizer Auswanderung liegen auf der Hand[34]. Die Schweiz war während des Großen Krieges neutral geblieben und hatte damit mancherlei Vorteile gehabt. Die Schweizer waren zu Kriegsgewinnlern geworden, die im Handel mit dem ausgelaugten Reich rasch zu Wohlstand gelangen konnten. Doch die Scheinblüte zerbrach mit dem Friedensschluß. Der Handel lag allgemein danieder. Die Heere zerstreuten sich. Die Preise sanken rasch. Die heimkehrenden Bewohner hatten wenig Bedürfnisse, und selbst für das wenige fehlte das Geld. Viele Schweizer hatten im Krieg mit erborgtem Geld billig Grundbesitz erworben, jetzt fraßen die Zinsen den Ertrag

---

[33] K. SEITH, Einwanderer ins Markgräflerland nach dem 30j. Kr. (Der Basilisk, Beilage der Nationalzeitung Basel 9. 2. 1929). Hauptlehrer SEITH in Schopfheim hat die Einwanderer aus 60 Pfarreien des Markgräflerlandes und der angrenzenden Gebiete ausgezogen. In «Das Markgräflerland» (Jg. 11, 1940, 20–25, 61–68) behandelt er die Neubesiedlung der während des Krieges eingegangenen Ortschaft Gallenweiler und die Schweizer Einwanderung in die ritterschaftl. Orte Bamlach, Rheinweiler u. Bellingen. A. WOLFHARD, Die Wiederbesiedlung Bischoffingens nach dem 30j. Kr. (Alemannia 38, 1910, 97–126). A. GÄNSHIRT, Das älteste Kirchenbuch in Eichstetten am Kaiserstuhl (Mein Heimatland, Bad. Bll. 1934, 340–42) nennt 121 Schweizer Zuwanderer, die neben 336 anderen Namen im ältesten Kirchenbuch 1644–1721 vorkommen. Sie stammen fast alle aus dem Berner Gebiet. R. KOCH, Schweizer Einwanderung in Münzesheim nach dem 30j. Kr. (Mein Heimatland 17, 1930, 283 f.). Vgl. auch F. METZ, Die Einwanderung in das Alemannenland (Volkstum u. Reich, 2. Jahrbuch d. Stadt Freiburg, 1938, 134 f.).
[33a] F. ZUMBACH, Schweizer Zuwanderung in den Kraichgau nach dem 30j. Krieg (Der Pfeiferturm, Bretten, 12. Jg. 1950, Nr. 7–10, mit Angabe zahlreichen lokalen Schrifttums).
[34] BODMER a. a. O. 25 ff., STRICKER a. a. O. Vgl. J. RÖSLI, Wanderungen der Berner (Der Schweizer Familienforscher 6, 1939, 7, 1940, S. 83 bis 91 eine Bibliographie von E. WEINGART).

auf. Nicht zuletzt infolge dieser wirtschaftlichen Krise und des erhöhten Steuerdrucks brach 1653 in den Gebieten von Luzern, Bern, Basel und Solothurn (jedoch nicht Zürich) ein gefährlicher Bauernaufstand aus. Er wurde von dem unbeteiligten Zürich grausam unterdrückt. Viele der Aufständischen wurden verbannt oder wanderten aus Furcht vor Strafe freiwillig aus. Sie stellten die erste große Gruppe der Auswanderer. Ihnen schlossen sich andere an. Die Auswanderung war das gegebene Ventil für den steten Bevölkerungsdruck in einem Land, das stets nur einer begrenzten Zahl Menschen Nahrung zu geben vermag. Da das Gut jeweils der jüngste Sohn erbte, nutzten die älteren Brüder die Gelegenheit, sich in der Fremde einen eigenen Hof zu erwerben. Die ländlichen Handwerker wanderten vielfach aus, weil die Städte infolge ihres Handwerksmonopols das Dorfgewerbe nicht aufkommen ließen. Ähnlich wie im 19. Jahrhundert gelegentlich die Ortsarmen auf Gemeindekosten nach Amerika abgeschoben wurden, förderten auch damals die Armenverwaltungen planmäßig die Abwanderung ihrer Schützlinge.

Zu alledem lockte die Fremde. Obgleich das Gebiet von Schaffhausen[35] selbst durch Pest und Kindersterben während des Krieges an Bevölkerung eingebüßt hatte, verleiteten die menschenleeren Gebiete Oberdeutschlands auch hier zur Auswanderung. Gern wandte man sich in die stammverwandten alemannischen Gebiete und zog die Landstriche vor, die, wenn auch keine Schneegipfel, doch Berge zeigten, also vor allem die Vogesen- und Schwarzwaldtäler. Einzelne Schweizer wandten sich über den alemannisch-pfälzischen Bereich hinaus nach Hessen, Schlesien und Siebenbürgen. In geschlossenen Kolonien ließen sie sich etwas später in der Mark Brandenburg, gerufen vom Großen Kurfürsten, nieder. Vergeblich wies der Schaffhäuser Rat die Obervögte an, den Untertanen zu befehlen, im «Vaterland» zu bleiben und nicht in die Fremde zu ziehen, da durch die Auswanderung »die Landschaft sehr geringert und geschwächt werde».

Genaue Zahlen über die Auswanderung besitzen wir allein aus dem Züricher Gebiet[36]. Aus der Landschaft, die 90 000 Einwohner zählte, wanderten bis 1662 461 Familien oder 4319 Personen, also etwa 5 %, der Bewohner, aus. Unmittelbar nach dem Kriege erreichte die Auswanderung mit 425 Personen im Jahr (1649–51) ihren Höhepunkt. Sie sank bis 1661 auf 312 Personen, um in der Folge rasch einzuschlafen. Die meisten Auswanderer waren, wie schon die große Zahl der Familienglieder (fast 10) beweist, verheiratet. Nur ein Zehntel waren Einzelgänger[37].

Besonders zahlreich kamen die Zuwanderer aus der savoyischen, aber deutsch sprechenden Gemeinde Gressoney am Monte Rosa. Die Gressoneyer[38] waren als Hausierer am Oberrhein bekannt, jetzt ließen sie sich vielfach nieder. In 32 oberrheinischen Orten, vor allem in Staufen und Freiburg, aber auch in Riegel und St. Georgen im Schwarzwald sind Mitglieder von 22 Familien aus Gressoney als seßhaft nachweisbar.

Die Ansiedler verteilten sich nach ihrer Konfession. Vor allem die Schweizer Obrigkeiten waren sehr sorgsam darauf bedacht, daß den Auswanderern auch in der Ferne Gottesdienst ihres Bekenntnisses gestattet wurde. Nur wenn hierfür Sicherheit bestand,

[35] E. STEINEMANN, Die Schaffhauserische Auswanderung (Z. f. schweiz. Gesch. 14, 1934, 315 bis 318).
[36] S. ZUBER, Die Züricher Auswanderung von ihren Anfängen bis gegen Ende des 18. Jh. (Diss. Zürich 1931, S. 21 f.).
[37] Vgl. auch J. V. ZWICKY, Gelegenheitsfunde über Schweizer Auswanderer (Der Schweizer Familienforscher 6, 1939, 78 f., 105 f.), meist nach Württemberg.
[38] K. MARTIN, Einwanderung aus d. ital., aber deutsch-sprechenden Gemeinde Gressoney am Monte Rose (Mein Heimatland 24, 1937, S. 38). Vgl. Ders., Schauinsland 62, 1935 und zusammenfassend Die Einwanderung aus Savoyen nach Südbaden (ebd. 65–66, 1938–39, S. 3–118).

wurde der Abzugsbrief erteilt. Die Züricher durften daher fast nur nach der Kurpfalz, dem einzigen größeren reformierten Territorium am Oberrhein, auswandern. Die Bauern der katholischen Urkantone suchten die katholischen Gebiete am Oberrhein auf, zumal die Krone Frankreichs in den ihr zugefallenen elsässischen Territorien nur Katholiken als Neusiedler zuließ[39]. Hanau-Lichtenberg gewann die Berner nur, nachdem es ihnen entgegen den französischen Vorschriften Glaubensfreiheit zugesichert hatte. Auch die Siedler aus anderen Landstrichen folgten dem Glaubensbekenntnis[40]. In das Erzstift Mainz kamen Katholiken vom Eichsfeld, aus dem Stift Fulda, von Lothringen, Luxemburg und dem Bistum Lüttich[41]. Die reformierten Niederländer zogen gleich den Schweizern in die Pfalz. In die lutherischen althessischen und isenburgischen Gebiete kamen Thüringer, Bauern vom Vogelsberg und dem vom Krieg weniger betroffenen Marburger Hinterland. Nur kleinere Herren, wie etwa die Grafen von Erbach oder auch die Herren von Hanau-Lichtenberg, gestatteten auch den Fremdgläubigen den Zuzug und gewährten ihnen Glaubensfreiheit. So bildeten die Schweizer Reformierten in lutherischen Gebieten oft geschlossene Gemeinden, die lange ihre Eigenart bewahrten.

Zwischen Lutheraner, Kalvinisten und Katholiken schoben sich die Glaubensflüchtlinge, die Hugenotten zumal. Savoyische Waldenser bildeten in einigen pfälzischen Orten (Rohrbach, Walldorf) geschlossene Gemeinden, die erst nach einem Jahrhundert eingedeutscht wurden. Wiedertäufer und Mennoniten kamen aus der Schweiz, aber auch aus den Niederlanden. Die 1000 Mennoniten[42], die sich im Elsaß und der Pfalz niederließen, stellten unter den Schweizer Zuwanderern zweifellos noch einmal eine besondere Auslese dar; Männer, die die Heimat nicht nur verließen, weil sie ihnen zu eng geworden war, sondern die um ihres Glaubens willen verzogen und auch in der Fremde immer nur geduldet blieben, immer in Gefahr standen, die Früchte ihres Fleißes wieder preisgeben zu müssen, und die dennoch in ihrem von Gottvertrauen getragenen Pflichtgefühl überall, wohin sie kamen, Musterwirtschaften aufbauten. Sie ließen sich gern, schon um der Verfolgung zu entgehen, in entlegenen Tälern und auf verborgenen Kämmen nieder. Kamen sie ursprünglich als Senner in das Land, die die Schweizer Alpenwirtschaft erst im Pfirter Jura, dann auch in den Vogesen (Leber-, Münster-, Steintal) einführten, so gingen sie auch bald zum Ackerbau über. Die geregelte Feldgraswirtschaft, die hier zuerst an die Stelle der Dreifelderwirtschaft trat, wurde von ihnen eingeführt. Neben dem Ackerbau förderten sie auch den Bergbau und waren als Weber tätig. Als gute Zahler wurden sie sehr bald von ihren Pachtherren gegen die eifersüchtigen Klagen der alten Dorfgemeinden geschützt. Noch heute finden sich im elsässischen Jura etwa ein Dutzend Höfe, die von den Nachkommen dieser Mennoniten bewirtschaftet werden, obgleich sie trotz ihrer wirtschaftlichen Tüchtigkeit um ihres Glaubens willen vielfach wieder vertrieben wurden. Allein aus dem Bistum Straßburg wurden 1712 62 Familien mit 496 Personen, aus dem Markirchertal 70 Familien ausgewiesen. Sie zogen weiter in die Pfalz oder das württembergische Mömpelgard. Auch die Pfälzer Amtleute wußten zu rühmen, daß die Mennoniten sämtlich arbeitsame Leute wären, die Wälder und Sümpfe rodeten und ihre Schuldigkeiten fleißig entrichteten und damit vorbildlich wirkten. Sie waren zumeist Hofleute, d. h. Pächter größerer Güter. Waren sie arm, wurden sie von ihren Brüdern unterstützt. So erhielten die Pfälzer Mennoniten starke Förderung durch ihre niederländischen und niederrheinischen Glaubensgenossen, die wiederum dem Wiederaufbau des Landes zustatten kam.

---

[39] Vgl. K. Seith a. a. O. für die katholischen ritterschaftl. Orte im Markgräflerland.
[40] Z. T. Mitteilungen von Prof. O. Prätorius, Darmstadt.
[41] Vgl. die Karte o. S. 57.
[42] E. H. Correll, Das schweizerische Täufermennonitentum (1925) 100 ff.; Stricker a. a. O. 67–74.

Wenn FRIEDRICH RATZEL einmal Baden «einen Acker nannte, auf den allerlei Samen geweht wurde», so läßt sich das vom ganzen Oberrheingebiet, von Hessen bis zur Schweizer Grenze hin sagen. Diese Neusiedler waren vielfach Träger des wirtschaftlichen Fortschritts[43]. Die wallonischen Tuchmacher wurden schon erwähnt. Auch der Anbau der Luzerne und des Tabaks geht auf welsche Zuwanderer zurück. Die Schweizer siedelten sich am Dorfrand oder noch lieber – wie in ihrer Heimat – in Einzelhöfen an und schufen Musterwirtschaften. Im Hanau-Lichtenbergischen sind die Berner vor allem als Sennen zu finden. Sie schufen in verlassenen Dörfern Melkereien und Schäfereien, um die sich mit der Zeit ein neues Dorf, ausschließlich von Schweizern besiedelt, erhob[44].

Der Herzog von Gramont, der 1645 mit der französischen Armee die Pfalz durchzogen und das Land wüst und gänzlich zerstört vorgefunden hatte, berichtet in seinen Memoiren, daß er 12 Jahre später überrascht gewesen sei, daß das Land bereits wieder kultiviert, die Dörfer wieder aufgebaut, die Häuser mit schönen Möbeln geschmückt und Heidelberg und das ganze Land so wohl bevölkert waren, als ob nie Krieg gewesen wäre[45]. Mit Recht schreibt er diesen Wandel den Bemühungen des tatkräftigen und haushälterischen Kurfürsten Karl Ludwig zu. Aber neben ihm ist der Wiederaufbau vor allem den zahlreichen Einwanderern zu danken, deren Arbeit freilich wenige Jahre später in den Französischen Kriegen noch einmal völlig vernichtet wurde.

Wie weit sich der oberrheinische Volkscharakter auf diesen Zustrom neuer Siedler zurückführen läßt, ist schwer zu sagen. Im Elsaß und in Baden kamen die Schweizer in stammverwandtes alemannisches Gebiet. In der Pfalz und im Hessischen mischte sich fränkisches mit alemannischem Stammesgut wie schon einmal in der Frühzeit. Die Anthropologen behaupten, daß durch die starke Durchsetzung mit Schweizer Bauernblut die Oberrheinebene «dinarisiert» worden sei[46]. Das altansässige, früher nordisch bestimmte Element wäre geschwächt aus dem Krieg hervorgegangen. Doch fehlen hier wie auch anderwärts die dringend erforderlichen Untersuchungen. Genaue Angaben liegen allein für die beiden schwäbischen Albdörfer Böhringen und Strohweiler vor. Sie haben im Kriege drei Viertel ihrer Bevölkerung verloren. Noch heute hat die Gesamtbevölkerung im Mittel 11 % Ahnen der schweizerisch-österreichischen Einwanderergruppe. Das Minimum bei einzelnen Personen beträgt 3 %, das Maximum 26 %. Als Ergebnis einer anthropologischen Untersuchung ergibt sich, daß die Einwanderer «einen stärkeren Anteil dunkelpigmentierter Rassenelemente enthalten haben müssen als die alteingesessene Albbevölkerung». Diese einwandernden Schweizer und Österreicher werden also in stärkerem Maße als vorher vorhandenes dinarisches, alpines und mediterranes Erbgut hineingetragen haben. Der Anteil der nordischen Rasse auf der Alb muß vor dem Dreißigjährigen Kriege höher gewesen sein als heute[47].

---

[43] Außer den schon genannten Einzelschriften vgl. F. METZ, Die Oberrheinlande als Ein- und Auswanderungsgebiet (Verh. d. deutschen Geographentages Karlsruhe 1928, 222 f.) und Die Einwanderung in das Alemannenland (Jahrb. der Stadt Freiburg 2, 1938, 130–41).
[44] Vgl. das Beispiel von Wimmenau bei BODMER S. 40.
[45] Mémoires du Duc de Gramont (de Guise). (Coll. des Mémoires ed A. PÉTITOT et MONMERQUÉT, 56, 1825, p. 447).
[46] Vgl. G. PAUL, Die räumlichen u. rassischen Gestaltungskräfte der großdeutschen Gesch. (1938) 376 f. – F. METZ, Einwanderung a. a. O. 131 meint, daß die vielen ostisch-alpinen Bewohner des Renchtales auf die Einwanderung nach dem 30j. Kr. zurückzuführen wären, da das Tal wie alle Schwarzwaldtäler erst im Mittelalter erschlossen wurde.
[47] G. HECKH, Der 30j. Kr. als Moment des Bevölkerungs- und Rassenwandels in Süddeutschland (Verhh. d. deutschen Ges. f. Rassenforschung 9, Sonderheft z. 15. Jg. d. Anthropol. Anzeigers 1938, 151–58). Dazu ders., Bevölkerungsverluste und Bevölkerungsbewegung des Kirch-

Vielfach sind auch die volkskundlichen Auswirkungen zu beachten, obgleich auch hier Einzeluntersuchungen noch fehlen. In den Dörfern Sundhausen und Baldenheim bei Schlettstadt, in denen sich eine besonders starke Schweizer Einwanderung feststellen läßt, werden noch heute Schweizer Volkslieder gesungen, und die Mundart zeigt deutlich Schweizer Einschlag. Das «ch» wird nicht als Zischlaut, sondern aus dem Gaumen gesprochen[48]. Auch die Sangesfreudigkeit der Hunspacher wird auf ihre Schweizer Ahnen zurückgeführt[49]. Das Lätarespiel in Forst bei Deidesheim läßt den Einfluß eines Appenzeller Sommer- und Winterspieles erkennen[50]. Im Markgräflerland hat die unterschiedliche Schweizer Einwanderung in die protestantischen und katholischen Orte zu mundartlichen Färbungen geführt, die sich bis heute bemerkbar machen[51].

Ähnlich wie am Oberrhein lagen die Verhältnisse in Schwaben und Franken, nur daß in Franken die österreichischen Emigranten an Stelle der Schweizer traten. Das Allgäu[52] war im 16. Jahrhundert so übervölkert gewesen, daß viele auswandern oder zur Heimindustrie übergehen mußten. Jetzt bot das entvölkerte Land trotzdem weiten Raum für Neusiedler. Sie kamen aus den angrenzenden Gebieten der Schweiz, Vorarlbergs[53] und Tirols, aber auch aus Salzburg und dem Elsaß[54]. Die Kemptner Regierung konnte 1720 (allerdings übertreibend) behaupten, es gäbe keine altansässigen Freizinser. Durch den Schwedenkrieg wäre das Stiftsland so verödet gewesen, daß eine fremde Bevölkerung sich seßhaft gemacht habe, die ausnahmslos leibeigen geworden wäre[55]. Zu Ende des 17. Jahrhunderts war das Land bereits erneut so dicht besiedelt, daß es schon wieder Auswanderer in die Fremde schicken konnte[56]. In den Herrschaften Aulendorf

spiels Böhringen aus der Uracher Alb vom 16. Jh. bis zur Gegenwart (Arch. f. Rassen- u. Gesellschaftsbiologie 33, 1939, 126–69). Dagegen kann I. MÜLLER, Bevölkerungsgesch. Untersuchungen in 3 Gemeinden des württ. Schwarzwaldes (Archiv f. Bevölkerungswissenschaft 9, 1939, 42) keine nennenswerte Einwanderung nach dem 30j. Kr. feststellen, und W. HASSBERG, Gönningen, das Samenhändlerdorf (Schwäbische Rassenkunde 2, 1941) glaubt trotz eines starken Anteils dinarischer und ostisch-alpiner Rasse die weitfortgeschrittene Mischung auf frühgeschichtliche Verhältnisse zurückführen zu können.
[48] Mitteilung von Prof. LEFFTZ, Straßburg. Von den 55 Sippen Baldenheims im Jahre 1912 stammten nachweislich 24 aus der Schweiz.
[49] J. RÖSLI, Wanderungen der Berner (Der Schweizer Familienforscher 7, 1940, 45).
[50] A. BECKER, Frühlingsbrauch und Sonnenkult vom Rhein zur Saar (1937) S. 19.
[51] K. SEITH, Zur Einwanderung von Schweizern nach dem 30j Kr. (Das Markgräflerland 11, 1940, 61).
[52] F. L. BAUMANN, Gesch. d. Allgäus III (1894) 199 f., 546 f. Ders., Die Bevölkerung des bayer. Schwabens in ihrer geschichtl. Aufeinanderfolge (Beitr. z. Anthropologie und Urgesch. Bayerns 7, 1897, 125 f.). Vgl. auch W. SCHEIDT, Viehzüchter und Sennen des Voralpenlandes (Lebensgesetze des Volkstums 2, 1934).
[53] Vgl. L. WELTI, Ins Schwäbisch-Fränkische ausgewanderte Vorarlberger aus Hohenems u. Umg. im 17. Jh. (Bll. f. württ. Familienkunde 8, 1939, 38–42).
[54] In Grönenbach stammten von den Zugeheirateten aus der Umgebung 6, aus Bayern 7, aus Tirol 8, aus Vorarlberg 4, der Schweiz 3, Württemberg 3, Elsaß 2, Baden 1 (SCHEIDT 34 f.). Vgl. auch K. v. ANDRIAN, Schweizer Einwanderer in die ref. Gemeinde Grönenbach 1650–1690 (Allgäuer Heimatbücher 45, 1954) gibt 52 Trauungen und 236 Taufen an.
[55] BAUMANN III, 290 f.
[56] R. DERTSCH, Abwanderungen aus der Pflege Oberdorf 1576–1802 (Allgäuer Heimatbücher 31, 1940), weist etwa 3000 Abwanderer an Hand der Geburts- und Freibriefe nach, wobei es sich freilich meist um Abzug in die benachbarten Gebiete und daneben um handwerkliche Streuwanderung handelt, ohne daß ein entscheidender Einfluß des Krieges in dieser katholischen Pflege zu erkennen ist. H. HUBER, Einwanderungen und Auswanderungen im Gebiet des ehem. Pflegeamtes Rettenberg vom 15. b. z. 18. Jh. (Allgäuer Heimatbücher 13, 1939) bringt Auswanderungen nur aus dem 16. Jh. und Einwanderungen in so geringer Zahl, daß daraus kein Schluß möglich ist.

und Königsegg wanderten 1655–1690 zahlreiche Leute aus dem Rhätikon, Graubünden, dem Walsertal und Montafon wie aus Tirol ein[57].

Von den 68 Brautleuten, die zwischen 1650 und 1692 in Binswangen[58] (bei Dillingen an der Donau) heirateten, stammten nur 23 aus der Pfarrei oder doch der Landschaft, je 14 waren Oberbayern und Salzburger, je vier Tiroler und Oberösterreicher, die übrigen stammten aus Kärnten, Mähren und Bayern. In Zusamaltheim (Kr. Weringen, Schwaben)[59] kamen von 74 Ehepartnern 48 aus der Fremde, 19 allein aus Salzburg (davon 6 aus einem Dorf), 12 aus Oberbayern. In Rechbergreuthen (Kreis Günzburg)[60] lassen sich 10 Steiermärker, 4 Tiroler, 4 Salzburger, 11 Bayern, 1 Franke, 1 Rheinländer und 8 Einwanderer unbestimmter Herkunft nachweisen. Sie sind zwischen 1655 und 1700 zugewandert. In Waldkirch und in der Pfarrei Neuburg im Kammeltal[61] stammen die Zuwanderer meist aus Tirol und dem Etschtal, in den Stauden (10 Pfarren des Kapitel Kirchheim, Kr. Schwabmünchen)[62] aus Bayern und Tirol. Ähnlich liegen die Verhältnisse in anderen Pfarren. Vereinzelt werden selbst «Polen» erwähnt, die vermutlich aber Volksdeutsche aus Westpreußen waren[63].

In der kleinen Reichsstadt Giengen[64] bei Ulm wanderten von 1637 bis 1672, also in 35 Jahren, 330 Erwachsene zu und 165 ab. Wanderten meist Einzelpersonen ab, so vollzog sich die Zuwanderung häufiger in Familienform und war damit bevölkerungsgeschichtlich wertvoller, so auffällig es auch hier wie anderwärts ist, daß derselbe Bereich Aus- und Einwanderungsgebiet zugleich zu sein vermag. Von den Neubürgern stammten 95 aus der Herrschaft Heidenheim, 20 aus dem Ulmer Gebiet, 29 aus Bayern und nur 62 aus weiterer Ferne. Die Reichsstadt, die mancherlei wirtschaftliche Vorteile bot, ergänzte sich also weitgehend aus ihrem Umland. Vor allem die Dorfhandwerker zogen in die Stadt, in der sie ein besseres Auskommen erhofften. Der Rat scheint zudem planmäßig die einzelnen Gewerbe herangezogen zu haben. Vereinzelt kamen erwünschte Neusiedler aber auch aus dem Elsaß, aus Österreich, anderen oberdeutschen Reichsstädten und selbst aus Danzig[65].

In Giengen lagen zweifellos besondere Verhältnisse vor[66]. Im eigentlichen Württem-

---

[57] J. HARTMANN, Die Besiedlung Württembergs (1894) S. 57.
[58] J. DEMLEITNER, Bäuerl. Bevölkerungsbewegung in Oberbayern (Volk u. Volkstum II, 1937) 62 f.
[59] Ebenda.
[60] E. WECKERLE, Fremdstämmige Zuwanderung in d. schwäb. Dorf Rechbergreuthen nach d. 30j. Kr. (Bll. d. bayr. Landesvereins f. Familienkunde 7, 1929, 65–69). Entsprechende Angaben macht WECKERLE für eine Reihe weiterer oberschwäbischer Pfarreien des BA. Günzburg (ebd. 9, 1931, 108 ff.) auf Grund von 129 Trauungen, bei denen 27mal beide Ehegatten, 73mal die Männer, 29mal die Frauen zugewandert waren.
[61] WECKERLE a. a. O.
[62] A. HAIDER, Einwanderung in den Stauden im 17. Jh. (ebd. 13, 1935, 22–25).
[63] DEMLEITNER a. a. O. Für die Tiroler Zuwanderung in das oberbayrische Loisachtal vgl. J. BRUNHUBER, Chronik d. oberen Loisachtales (1928) 594 ff.
[64] A. FETZER, Das heutige Oberamt Heidenheim im 30j. Kr. (Diss. Tübingen 1933) 76 ff.
[65] In Seißen bei Blaubeuren stammten in dem halben Jahrhundert nach dem Kriege bei 159 Ehen 202 Gatten aus der Fremde und nur 116 aus der Heimat. Nur bei 17 Ehen waren beide Gatten ortsangesessen, bei 60 Ehen dagegen waren Mann und Frau zugewandert. Sie kamen vor allem aus dem Ulmischen und Württembergischen, aber auch 5 Elsässer, 7 Schweizer, 14 Österreicher und einige Bayern sind nachweisbar. G. SCHENK, Die Bevölkerung von Seißen b. Blaubeuren bis z. J. 1800. (Mitt. d. Ver. f. Kunst u. Altertum Ulm 31, 1941, 133 ff.)
[66] Herr Prof. GIESELER (Tübingen) teilte mir 1943 auf Grund einer bevölkerungsbiologischen Untersuchung von Ballendorf bei Ulm mit, daß die Bevölkerung des Ulmer Gebietes sich weitgehend aus eigenem Bestand ergänzt habe. Mitgesprochen habe dabei auch, daß Ballendorf (im

berg erhalten wir wieder das aus dem sonstigen Oberdeutschland gewohnte Bild[67]. In der Pfarrei Hohentengen (Kr. Saulgau)[68] stammten 58 Einwanderer aus der Schweiz (vor allem aus Kurrätien und St. Gallen), 23 aus dem nahen Vorarlberg, 7 aus Tirol, 8 aus dem Schwarzwald und dem Breisgau, 5 aus dem Allgäu, 2 aus Lothringen und 10 weitere aus anderen oberdeutschen Gebieten. Auf der Schwäbischen Alb[69] kamen die Zuzügler als Freischützen, Hirten und Handwerker vor allem aus der Schweiz (Zürich und Bern), aber auch aus Bayern, Österreich und Tirol. Reisende bemerkten, daß in Württemberg mehr schweizerisches als einheimisches Gesinde zu finden wäre[70]. Auch in Münchingen (Kr. Leonberg)[71] machten sich vor allem Schweizer ansässig. 30 Schweizer Brautleute sind nachweisbar. Daneben finden sich bei den Trauungen des kleinen Dorfes je ein Krainer, Böhme, Mähre, Tiroler, Salzburger, Oberösterreicher, Lothringer, Elsässer, Pfälzer, Braunschweiger, Magdeburger, Franke und Schwabe. Fast alle deutschen Stämme sind derart vertreten. Das Maulbronner Dorf Schützingen[72] wurde dagegen fast ausschließlich von oberösterreichischen Emigranten neubesiedelt. 60 Familien waren 1657 ansässig. In mindestens 50 Familien waren der Mann oder die Frau, vielfach beide Teile Emigranten. Allein aus der einen oberösterreichischen Pfarrei Grieskirchen stammten 13 Sippen. In der kleinen Landstadt Bietigheim[73] kamen von 85 Neubürgern, die noch während des Krieges (1641–48) zugezogen waren, viele aus württembergischen Dörfern, vor allem aus dem Oberlande. Aber auch Steiermärker, Schweizer, Bayern, Lübecker und Bamberger sind nachweisbar. Selbst ein französischer Rittmeister hat sich hier als Bürger niedergelassen[74].

In Frankenhofen und Tiefenhülen (Ehinger Alb) siedelte der Abt von Salem Tiroler, Schweizer und Oberitaliener an. In Hausen (Kr. Brackenheim) siedelte der katholische

---

Unterschied etwa zu Böhringen auf der Alb) Anerbengebiet war, in dem allein dadurch schon die Zuwanderungsmöglichkeiten beschränkt waren.
[67] J. HARTMANN, Die Besiedlung Württembergs von der Urzeit bis zur Gegenwart (Württ. Neujahrsblätter 11, 1894) S. 40, 57 f.
[68] F. HAUG, Alpenländische Einwanderung ins Oberland im 17. Jh. (Bll. f. württ. Familienkunde 5, 1934, 107–9) auf Grund der Trauungen von 1664–88.
[69] H. SCHWENKEL, Heimatbuch des Bezirks Urach (1933) S. 332, vor allem der ungemein wertvolle und aufschlußreiche familienkundl. Anhang Zellers.
[70] HARTMANN S. 58.
[71] K. E. V. MARCHTALER, Landfremde Brautleute in Münchingen 1650 bis 1696 (Bll. f. württ. Familienkunde 7, 1937, 32–35).
[72] DECKINGER, Mitt. über die ... in Schützingen eingewanderten Protestanten aus Oberösterreich (Jahrbuch d. Ges. f. Gesch. d. Protestantismus in Österreich 10, 1889, 146–54).
[73] A. SIEBER, Das heutige Oberamt Besigheim in den Zeiten d. 30j. Kr. (Diss. Tübingen 1935) 60 f.
[74] W. MAUER, Schweizer Einwanderer in Württemberg 1608–1760 (Bll. f. württ. Familienkunde 4, 1931, 125–35) und Österreichische Exulanten in Württ. (ebd. 3, 1929, 113–26 und 150–52) weist in 25 Orten über 200 Schweizer (meist Bern und Zürich) und etwa 300 Österreicher (meist aus Tirol und Vorarlberg, aber auch aus Böhmen, Schlesien und Ungarn) nach. In einzelnen Orten finden sich über 20 Zuwanderer. Doch lassen sich die zufällig gesammelten Angaben nur schwer planvoll verwerten. Über vielfache Einwanderung in Nötzingen (Kr. Kirchheim) vgl. TH. DIERLAMM (Württ. Vierteljahrshh. NF. 14, 1905, 434). D. erwähnt, daß 1685 1200 Salzburger nach Württemberg gekommen wären, von denen 85 im Kirchheimer Bezirk seßhaft geworden wären. Ich habe darüber keine weiteren Angaben finden können. J. SCHUPP, Die Einwanderung aus den Alpenländern in den Pfullendorfer Pfarrbezirk 1600 bis 1800 (Schriften d. Ver. f. Gesch. d. Bodensees 65, 1938, 86–107) weist für 45 Gemeinden eine starke Einwanderung, vor allem freilich aus der benachbarten Schweiz und Vorarlberg nach. F. HAUG, Die Einwanderung in die Herrschaft Friedberg-Scheer nach dem 30j. Kr. (Zs. f. württ. Landesgesch. 5, 1941, 284–301) nennt für diese bei Sigmaringen an der Donau gelegene Herrschaft 151 Zu-

Ortsherr von Echter Romanen an. Auch der Deutsche Orden suchte seine Dörfer durch Zuwanderer zu rekatholisieren. 3000 Piemontesische Waldenser, die 1688 in Württemberg aufgenommen wurden, konnten sich dagegen nicht halten[75].

Angeblich haben sich in Württemberg nach dem Kriege 2000 schwedische Soldaten niedergelassen[76]. In den 9 Dörfern des Steinlachtales bei Tübingen und in dem sogenannten Burgfrieden (Neuhütte) am Mainhardtswald sollen sie nachweisbar sein. In den Kirchenbüchern, im Namengut findet sich kein Beleg dafür. Doch weicht die große, blauäugige Bevölkerung in dem äußeren Erscheinungsbild von ihren Nachbarn ab.

Nach Franken[77] kamen die Einwanderer zumeist aus Oberösterreich, dem Ländle ob der Enns. Schon in Ortenburg, dem ersten evangelischen Ort jenseits der Grenze, finden sich von 1630-1700 in dem Traubuch 300 Exulanten, die meist zwischen 1640 und 1670 zugewandert sind. Zahlreich sind die Exulanten in den protestantischen Reichsstädten wie Nördlingen (110), Regensburg, Weißenburg (105), Augsburg und vor allem Nürnberg[78]. 1643 weilten in Nürnberg 769 adlige und 250 bürgerliche Exulanten. Die Kirchenbücher nennen von 1630-75 weitere 390 Namen. Sie ließen sich allerdings nur zum Teil in der Stadt nieder. Gerade Nürnberg war vielfach nur Durchgangsstelle. In Regensburg waren zeitweilig 300 Häuser in Exulantenhand.

Von hier aus verteilten sich die Zuzügler auf die übrigen fränkischen Gebiete. In breiter Front siedelten sie sich vom Mittellauf der Altmühl aus bis nach Rothenburg und Nürnberg hin an. Darüber hinaus finden sie sich einerseits im Steigerwald, andrerseits im Pegnitztal. Den meisten bot die Markgrafschaft Brandenburg-Ansbach eine neue Heimat, die Kirchenbücher der Ansbacher, Gunzenhäuser, Schwabacher und Wassertrüdinger Gegend[79] zeigen uns, daß hier in der zweiten Hälfte des 17. Jahrhunderts

---

wanderer in den Jahren 1650-72, von denen 36 % aus der Schweiz, 18 % aus dem Rheintal und Vorarlberg, 8 % aus dem Schwarzwald, 5 % aus Bayern und der Ostmark und 20 % aus Schwaben selbst stammen. Nur etwa ein Drittel blieb auf die Dauer am Ort seßhaft. Haupteinwanderungszeit 1653-56.

[75] HARTMANN S. 40, 58.
[76] F. G. BÜHLER, Über die Schwedensage auf dem Burgfrieden im Mainhardter Wald (Zs. Hist. Ver. Württ. Franken 10, 1877, 85-91). TH. LORENTZEN, Die schwed. Armee im 30j. Kr. (1894). HARTMANN a. a. O. S. 37.
[77] Zusammenfassend vgl. J. K. MAYR, Die Glaubensflüchtlinge (Die Blutsgemeinschaft im Großdeutschen Reich, hg. v. G. v. BRANCA, 1939, 106 ff.). K. GRÖSCHEL, Exulanten in Franken (Jb. f. fränk. Landesforschung 2, 1936, 80 bis 87). H. CLAUSS, Österr. Exulanten im 17. Jh. (Jahrb. d. evang.-luth. Landeskirche Bayerns 7, 1907, 65-76). P. DEDIC, Kärntner Exulanten des 17. Jahrh. (Carinthia I. 136-38, 1948, S. 108-149; 139, 1949, S. 388-417; 140, 1950, S. 768-803).
[78] G. KOLBMANN, Exulanten in Nürnberg. Auszüge aus den Nürnberger Stadtrechnungen 1619 bis 1649 (1924). W. FUNK, Exulanten u. Emigranten aus den Wöhrder (Nürnberger) Kirchenbüchern (Bll. f. fränk. Familiengesch. 1, 1926, 57 bis 60; 8, 1933, 11 f.). I. G. MAYER, Exulanten in Roth b. Nürnberg (ebd. 1927, 114-19). H. CLAUSS, Ein Nürnberger Verzeichnis österr. Emigranten 1643 (Beitr. z. bayr. Kirchengesch. 8, 1907).
[79] H. CLAUSS, Österr. u. salzburg. Emigranten in der Ansbacher u. Gunzenhäuser Gegend (64. Jahresber. d. Hist. Ver. f. Mittelfranken 1929, 1-140); Ders., Österr. Emigranten in Schwabach u. Umgegend (Schwabacher Geschichtsbll. 2, 1927). CLAUSS gibt genaue Übersichten auf Grund der Kirchenbücher. Vgl. W. HERMANN, Exulanten in der Hesselberggegend (Bll. f. fränk. Familiengesch. 1928, 112-14), der aus dem Kaufprotokollbuch des Kastenamtes Wassertrüdingen 32 Gutskäufe von Emigranten aus den Jahren 1645-62 mitteilt. – Weitere Einzelangaben: H. LEIBIG, Verzeichnis der Exulanten aus Oberösterr. 1637-85 aus d. Matrikeln d. Pfarrei Schwimmbach (ebd. 1, 1926, 19-21: 80 Trauungen). G. BARTH, Verzeichnis v. Exulanten aus den Totenbüchern d. Pfarrei Eysölden, ebd. 6, 81 f.: 38 von 1636-65). Ders., Österr. Exulanten in der Pfarrei Alfershausen (ebd. 1928, 72-74: 53 Namen). Ders., Exulanten in der Pfarrei Bergen (ebd. 77 ff.: 31 Traueinträge v. Oberösterreichern, dazu 2 Bayern und 1 Welscher 1652

in vielen Orten über die Hälfte aller Trauungen von Österreichern geschlossen wurden, 20–50 % der Kinder hatten Emigranten zu Eltern. In fast keinem Ort fehlen die Österreicher ganz. In Flachslanden bei Ansbach sind allein 140 nachweisbar. In den neun völlig entvölkerten Pfarreien des Dekanates Thalmässing[80] nennen die Kirchenbücher nicht weniger als 1250 Exulanten. Zu ihnen kamen überdies noch vereinzelt Oberpfälzer, Bayern, Böhmen und Ungarn, auch Rheinländer, Württemberger und Thüringer. Der Druck der Zuwanderer war gelegentlich so groß, daß sie sich sogar jenseits der Landesgrenzen in den katholischen Dörfern des Bistums Eichstätt und von Pfalz-Neuburg niederließen. In der Grafschaft Oettingen[81] sind etwa 2500 Emigranten (also etwa 10000 Menschen) in einem Gebiet nachweisbar, das 1909 nur 23000 Einwohner zählte. Auch in der Diözese Pappenheim[82] fehlen die Exulanten an kaum einem Ort. Vor allem haben sie sich in den Dörfern an der Heerstraße Nürnberg-Augsburg niedergelassen, die der Krieg besonders heimgesucht hatte.

In Ostheim in Mittelfranken[83] waren bei Kriegsende von 51 Herdstellen noch 7 bewohnt. Kein Stück Vieh war mehr im Dorf vorhanden. Die wüsten Hausstellen wurden von der Obrigkeit eingezogen und an Österreicher verkauft. Selbst das Schloßgut wurde in 15 Bauernstellen aufgeteilt. 39 Familien wanderten binnen 8 Jahren (1654 bis 1662) zu, so daß der Ort bereits 1662 5 Herdstellen mehr als vor dem Kriege zählte.

Von 98 Bauerngütern der Herrschaft Obersteinbach[84] im Steigerwald lagen 1658, also 10 Jahre nach dem Kriege, noch etwa 38 (etwa 40 %) wüst. Ein Drittel der Flur lag brach und mußte neugerodet werden. Der Landesherr, ein Reichsritter, warb planmäßig Emigranten an und verkaufte ihnen die wüsten Höfe zu einem Spottpreis. Die besten Anwesen wurden für 20–30 Reichstaler weggegeben und erhielten überdies drei Jahre Steuerfreiheit. Da der Jahreslohn eines Ochsenknechtes 10 Taler betrug, läßt sich leicht ermessen, wie rasch es auch einem armen Zuwanderer möglich sein mußte, zu Grund und Boden zu kommen. Dem katholischen Herrn war die Konfession seiner neuen Untertanen gleichgültig, ihm kam es allein auf die «Peuplierung» an. 84 Österreicher, 4 Bayern, 4 Oberpfälzer und 2 Böhmen sind in der Herrschaft nachweisbar. Gegen Jahrhundertende bestanden wohl zwei Drittel aller Einwohner aus Emigranten.

So wie hier war es überall in Franken. Die große Mehrheit aller Zuwanderer stellten die Österreicher. Sie stammten fast ausschließlich aus den Landen ob und auch unter der

bis 1683). Ders., Exulanten in der Pfarrei Wengen (ebd. 1929). W. Funk, Exulanten der Emskircher Pfarrei (ebd. 1928, 87–93: meist Österreicher und Pfälzer, dazu 4 Böhmen, 3 Schweizer, 2 Schlesier, 1 Heidelberger, 1 Elsässer). Selzer, Heiraten zw. ortsansässigen u. ortsfremden Personen in Mainstockheim 1651–1700 (ebd. 1931, 508–24). Schornbaum, Aus dem Proklamationsbuch der ev.-luth. Pfarrei Roth 1650–74 (ebd. 1929, 1–13). Ders., Aus den Matrikeln der Pfarrei Brunn b. Emskirchen (ebd. 9, 1934, 225–36). H. Bauer, Exulanten in Pegnitz (ebd. 8, 1933, 7–11), K. Schornbaum, Aus den Sterbematrikeln von Hersbruck im 30j. Kr. (Bll. d. bayr. Landesvereins f. Familienforschung 4, 1926, 50–57). J. Wopper, Zuwanderung nach Pleystein 1640–65 (ebd. 6, 1928, 103–9).
[80] G. Barth, Österr. Exulanten im Bez. d. Dekanats Thalmässing im 17. Jh. (Bll. f. fränk. Familienkunde 9, 1934, 114–225).
[81] H. Clauss, Österr. u. salzburgische Emigranten in der Grafschaft Oettingen (1909).
[82] E. Schoener, Österr., salzburg. u. altbayr. Einwanderer im Bez. d. Diözese Pappenheim von 1630–1750 (Bll. f. fränk. Familienkunde, 1927, 1–36).
[83] H. Müller und L. Griessbauer, Ostheim in Mfr. u. d. österr. Emigranten (Familiengesch. Bll. 23, 1925, 14 f.).
[84] W. Dannheimer, Österr. (und altbayr.) Emigranten im ehem. Gebiet d. Herren von Leutersheim auf Obersteinbach (Bll. d. bayr. Landesvereins f. Familienkunde 9, 1931, 76 ff.). Nirgends sonst im Steigerwald sind Emigranten so zahlreich nachweisbar wie hier. D. nennt noch 41 Österreicher und 14 Oberpfälzer.

Enns. Von den 2400 Einwanderern im Bezirksamt Weißenburg[85], deren Herkunft festzustellen ist, kamen 1984, also über 80 %, aus 755 oberösterreichischen und 154 niederösterreichischen Orten. 100 weitere stammten aus Steiermark, Kärnten, Salzburg und Tirol, 48 aus Böhmen, Mähren, Schlesien und Ungarn, also auch aus dem habsburgischen Herrschaftsbereich. Neben den österreichischen Exulanten sind allein noch die bayrischen und pfälzischen Emigranten zu nennen, die auch hier von der Gegenreformation vertrieben wurden. Im Weißenburgischen finden sich immerhin 79 Bayern, 19 Oberpfälzer und 159 Pfalz-Neuburger. Die Zuwanderung aus anderen deutschen Gebieten (Schlesien, Sachsen, Braunschweig, Rheinland, Elsaß) tritt völlig zurück. Sie ist nicht höher gewesen als in anderen Zeiten auch. In Weißenburg sind nur 10 Einwanderer aus dem Bistum Würzburg, 2 aus dem Bambergischen und 2 Elsässer nachweisbar. Auch fremder Blutseinschlag (Italiener, Franzosen) findet sich nur ganz vereinzelt (in Weißenburg 1 Franzose). Im ganzen waren in Franken bereits 1936 35 000 Exulanten namentlich nachgewiesen und verkartet[86]. Sie stellen etwa ein Drittel der durch die Kirchenbücher erfaßbaren Namen, aber nur ein Fünftel aller Exulanten dar. Es ist daher mit etwa 150 000 Exulanten in Franken zu rechnen[87]. Doch auch diese Zahl scheint fast noch zu niedrig zu sein, da die mitgewanderten Ehefrauen nur selten besonders gekennzeichnet und daher auch kaum zu ermitteln sind.

Die Österreicher hatten um ihres Glaubens willen die Heimat verlassen müssen. Bereits um die Jahrhundertwende (1598–1605) waren gegen 11 000 Exulanten aus Innerösterreich, Steiermark, Kärnten und Krain in das Reich gekommen[88]. Mitten während des Krieges hatte der Adel der drei Erblande auf Befehl Ferdinands II., der lieber über eine Wüste als über Ketzer herrschen wollte, das Land verlassen müssen. Aus Steiermark wanderten nach 1628 800 Adlige aus 85 verschiedenen Geschlechtern, aus Kärnten 160 Adlige aus. Wie mit Recht gesagt wird: «ein unersetzlicher Verlust für die natürliche soziale Gliederung ihrer Heimat». Die adligen Herren ließen sich zumeist in den Reichsstädten Regensburg, Nürnberg und auch Ulm nieder. Nach der Schlacht am Weißen Berge griff die katholische Restauration auch auf Ober- und Niederösterreich über. Vergebens hatte sich das Land in dem oberösterreichischen Bauernkriege 1626 dagegen gewehrt. Auch der Westfälische Friede, der dem ganzen Reich den Religionsfrieden brachte, gab Österreich keine Ruhe. Denn ausdrücklich hatten die Habsburger diese Bestimmungen für ihre Erblande nicht anerkannt und sich damit von dem Schicksal des Reiches gelöst. Den Pfarrern und Lehrern, die schon während des Krieges das Land hatten verlassen müssen, folgten jetzt die Bürger und Bauern nach. Zwischen 1647 und 1653 erreichte die Auswanderung ihren Höhepunkt. Aber erst nach 1665 verebbte sie

---

[85] Exulanten in Stadt und Bezirk Weißenburg und Dekanat Heidenheim hg. v. K. GRÖSCHEL (Weißenburger Heimatbücher 9, 1936), enthält neben einer Reihe nützlicher Aufsätze eine Liste der nachweisbaren Exulanten.
[86] Trotzdem lassen sich bisher nur in 5 % der Fälle die in Oberösterreich festgestellten Auswanderer in fränkischen Kirchenbüchern nachweisen.
[87] Nach Dr. GROESCHELs Schätzung. In dieser Zahl sind die Exulanten aus Pfalz-Neuburg (ab 1616) und der Oberpfalz und Böhmen (ab 1622) mitenthalten. In Oberfranken (Bayreuth) ist die Zahl der Exulanten zweifellos geringer als in Mittelfranken, wird aber auch einige Tausend betragen haben. Erste Angaben bringen: Exulantenforschung in Oberfranken (Archiv f. Geschichte von Oberfranken 36, 2, 1953, S. 192–205, Neudrossenfeld, Hutschfeld); K. HOLZSCHUHER, P. G. HERRMANN, Exulanten in Hof (ebd. 36, 3, 1954, S. 18–43, 451 Einträge); J. WOPPER, P. G. HERRMANN, Exulanten in Wunsiedel (ebd. 37, 1, 1955, S. 17–41, 309 Einträge); A. FRANK, Nachrichten über Exulanten in Marktredwitz (ebd. 37, 2, 1956, S. 97–98).
[88] Im Kirchenbuch von Berg (Kr. Hof) findet sich bereits zwischen 1605 und 1612 eine Gruppe Steiermärker Exulanten (P. G. HERRMANN, Wegen ihres Glaubens vertriebene Exulanten, Frankenwald 8, 1932, 149 f.).

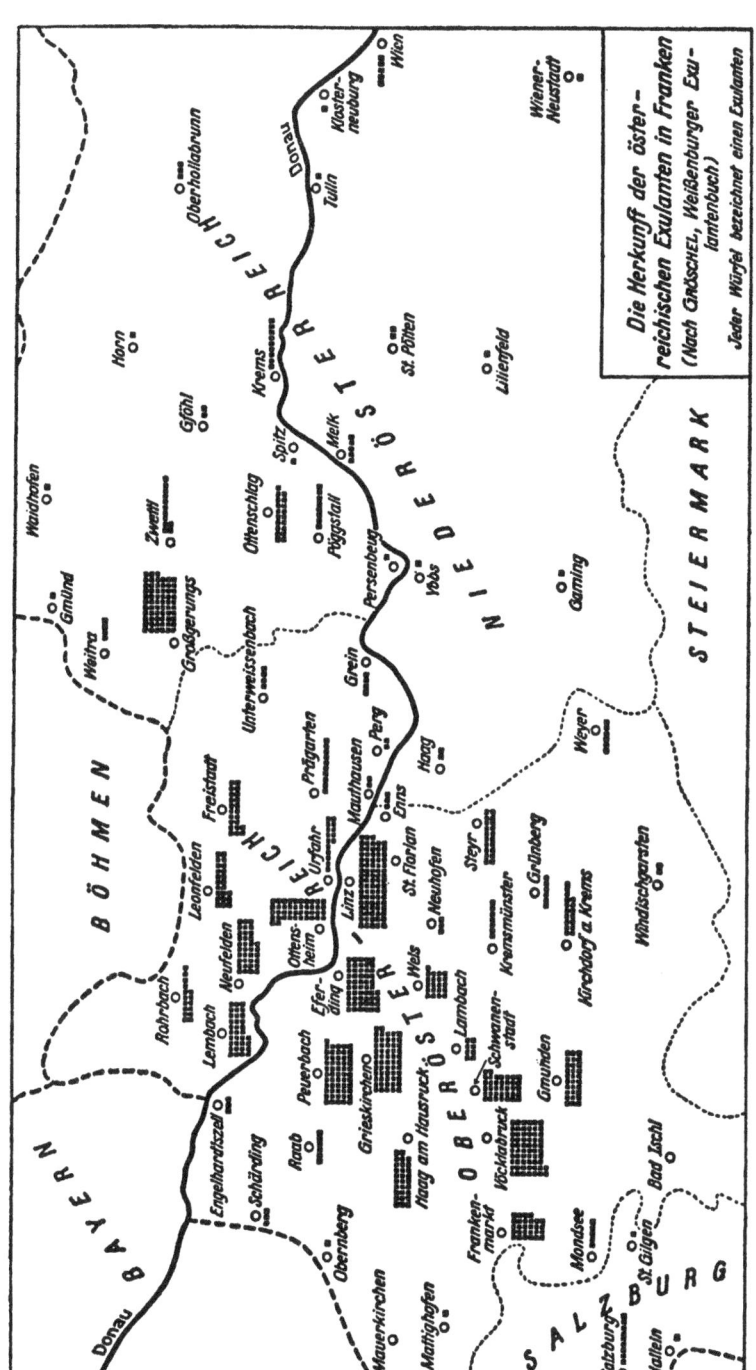

Abb. 14

zunehmend. Aus Oberösterreich sind damals 20 000, aus Niederösterreich ebenfalls einige tausend Exulanten ausgewandert, so daß damals insgesamt 30 000 bis 40 000 Menschen infolge der Gegenreformation ihre Heimat verlassen mußten[89]. Die Auswanderer bewiesen, daß sie bereit waren, für ihre Überzeugung jedes Opfer auf sich zu nehmen. Es ist daher mit Recht betont worden, daß sie eine Auslese besonders entschlossener, überzeugungstreuer Menschen gebildet haben. Nur vereinzelt verbanden sich mit den Protestanten auch Katholiken, die in der Fremde ein besseres Auskommen zu finden hofften. Sie waren leicht geneigt, ihren Glauben aufzugeben und sich der Umgebung anzupassen.

Vielfach zog ein erster Auswanderer seine Dorfgenossen nach, so daß manches Dorf fast geschlossen in die Fremde verpflanzt wurde. So stammen die 200 Menschen, die in das Ulmer Dorf Wain[90] zuwanderten (das Dorf war während des Krieges von 337 auf 97 Erwachsene zurückgegangen), fast ausschließlich aus der Herrschaft Gegendt in der Kärntner Grafschaft Ortenburg. 1646 werden bereits die ersten Kärntner am Orte erwähnt. Als in ihrer Heimat 1651 die Gegenreformation rücksichtslos durchgeführt wurde, zogen nahezu alle Bewohner in das schwäbische Dorf. Vielfach waren die Zuwanderer wohlhabende Bauern, die trotz des herrschaftlichen Druckes daheim ihre Höfe für 400, ja für 900 und 2000 fl. verkauft hatten. Sie übernahmen vor allem die Einödhöfe und andere größere Höfe. Im ganzen erwarben 80–90 Familien Land und wurden damit Ulmer Leibeigene. Noch heute sind 10 von ihnen am Orte ansässig.

Umgekehrt lassen uns die Akten des Klostergerichts Benediktbeuren in Oberbayern Einblick in die Auswanderung aus einem vom Kriege kaum betroffenen Gebiet gewinnen[91]. Die Höfe waren hier fast durchweg in alter Hand geblieben. Die hohen Mitgiften sind Zeichen ungebrochenen großen Wohlstands. Aus diesem Gebiet wanderten von 1650–1700 163 Personen aus. 91 von ihnen waren Bauern, 50 Handwerker und 16 Frauen[92]. Die Mehrzahl (66) wandte sich nach Oberbayern und Schwaben. Allein 14 siedelten sich in der Münchener Vorstadt Au an. Aber 10 zogen auch in das Elsaß, 8 an den Rhein, 11 nach Wien, 15 in das übrige Österreich, 8 nach Tirol, 7 nach Ungarn und je 1 gar nach Danzig und Neapel. Die Kinder einiger weniger bayerischer Gebirgsbauern verstreuten sich derart über ganz Mitteleuropa.

Auch aus dem Gebiet des Klosters Tegernsee sind binnen eines Jahrhunderts 500 Handwerker ausgewandert[93]. Es waren Zimmerleute (116), Maurer (68), seltener Brauer (23), Bader (32) und andere Handwerker. Auch 25 Studenten und 6 Schreiber wanderten ab. Aus 2 Familien sind allein je 24 Auswanderer bekannt, auch andere Sippen

---

[89] M. DOBLINGER, Österreichische Exulanten in Franken (Weißenburger Heimatbücher 9, 1935, 19–24). Die Zahl steht in einem gewissen Gegensatz zu den 150 000 Exulanten, die GRÖSCHEL allein für Franken schätzt. Ich möchte meinen, daß die Schätzung DOBLINGERS (und um Schätzungen handelt es sich ja) die Familienglieder zu stark außer acht läßt.
[90] LORE SCHMIDT, Die Gesch. der Gesamtgemeinde Wain unter bes. Berücksichtigung der Einwanderung aus Kärnten und Steiermark (Prüfungsarbeit d. Hochschule f. Lehrerbildung Eßlingen, 1936). Vgl. auch O. HILDMANN, Die Vertreibung Evangelischer aus der Ortenburgischen Herrschaft Gegendt b. Villach 1651 (Memminger Geschichtsbll. 19, 1933, S. 35–38, 41).
[91] J. DEMLEITNER, Abwanderungen aus dem ehem. Klostergericht Benediktbeuren im 17. u. 18. Jh. (Bll. d. bayr. Landesvereins f. Familienkunde 2, 1924, 36–43 u. Monatsblatt d. herald. Ges. Adler, Wien, 1923, Nr. 513–15); Ders., Bevölkerungsbewegung in Oberbayern (Volk u. Volkstum II, 1937, 59–75).
[92] Zu anderen Zeiten sind fast ausschließlich Handwerker abgewandert.
[93] MITTERWIESER, 100 Jahre Auswanderung aus dem Tegernseer Winkel (Bayrische Heimat 21, August 1934). J. N. KISSLINGER, Chronik d. Pfarrei Egern am Tegernsee (Oberbayr. Archiv 52, 1907, Heft 3, S. 148 ff.). – Die Auswanderung der Bauern läßt sich nicht nachweisen, da sie nicht wie die Handwerker sich beim Abzug Geburtsbriefe ausstellen lassen mußten.

schickten eine große Zahl ihrer Jungmannschaft in die Fremde. Die Tegernseer wandten sich ebenfalls zunächst nach München (54) und in die Vorstadt Au (22), zahlreich auch nach Wien (39). Vereinzelt finden sie sich in fast allen altbayerischen und österreichischen Städten, und vielfach ließen sie sich auch auf dem Lande nieder. In weiterer Ferne sind sie nur in katholischen Gebieten wie in Trier, Fulda, auf dem Eichsfeld, im Elsaß, in Lothringen und Jülich, in Graubünden und auch in Venedig nachweisbar[94].

Die biologischen Folgen dieser Neu- und Umsiedlung lassen sich für Bayern und Franken nur schwer bestimmen, da auch hier anthropologische Untersuchungen noch fast völlig fehlen[95]. Doch kann kein Zweifel sein, daß aus der Vermischung der alten Bauernschaft mit den Emigranten eine neue Bevölkerung entstand, die sehr stark durch die kinderreichen Familien der Emigranten bestimmt wurde[96]. Auch wenn die Namen der Emigranten vielfach wieder verschwunden sind, bilden sie doch vielerorts noch heute blutsmäßig den Grundstock der Bevölkerung. In Franken wandten sich die Emigranten fast ausschließlich in die protestantischen Gebiete. Über die Zuwanderung in die katholischen Herrschaften ist bisher nichts bekannt geworden, obgleich auch sie durch den Krieg stark gelitten hatten[97]. Da bis in die Gegenwart hin zwischen katholischen und protestantischen Gebieten kaum geheiratet wurde, hat sich Franken biologisch in gewissem Sinne nach den Konfessionsgrenzen aufgespaltet. Allem Anschein nach überwiegt noch heute in den protestantischen Gebieten das alpine Element, das überdies durch die Salzburger des 18. Jahrhunderts erneut verstärkt wurde[98].

Die Reformation hat in Franken zu keiner Änderung des Volksbrauches geführt. Seit dem 30. j. Kr. aber zeigen sich sowohl im Tages- wie im Jahresring außerordentliche Änderungen und Umbiegungen. Denn die Emigranten haben Sitte und Brauch, Lied und Tanz und auch die Volkskunst ihrer Heimat mit nach Franken gebracht. Zwischen protestantischen und katholischen Gebieten zeigen sich seitdem starke Unterschiede[99].

So wie Franken von den österreichischen Emigranten, wurde Sachsen von den böhmischen Exulanten neubesiedelt[100]. Etwa 150 000 Menschen (36 000 Familien) wurden um ihres Glaubens willen aus Böhmen vertrieben. Die Hälfte von ihnen fand in dem angrenzenden Sachsen eine neue Heimat. In 382 Orten Sachsens machten sie sich ansässig. In manchen findet sich noch heute eine »Böhmische Gasse«. Nicht nur industrielle Siedlungen, wie etwa Johanngeorgenstadt, entstanden damals. In der oberen Herr-

---

[94] Vgl. A. BAUMEISTER, Abwanderungen aus Hohenwart b. Schrobenhausen 1622–1806 (Bll. d. bayr. Landesvereins 17, 1939, S. 23–30).
[95] Vgl. die Andeutungen v. K. SALLER, Die Keuperfranken (Deutsche Rassenkunde 2, 1939, S. 3) u. F. MERKENSCHLAGER, Aus der Keuperbucht (1928) S. 25.
[96] «Die Fruchtbarkeit der emigrantischen Menschen war außerordentlich» (MERKENSCHLAGER, S. 25), ähnlich auch andern Orts.
[97] A. PFRENZINGER, Stammesfremde Splitter im mainfränkischen Volkskörper (Fränk. Heimat 16, 1937, 167–70) weist auf die Einwanderung Tiroler Maurer um 1700 nach Mainfranken hin, von denen nur wenige seßhaft geworden sind.
[98] Vgl. GRÖSCHEL, Jahrb. f. fränk. Landesforschung 2, S. 86 und Weißenburger Heimatbücher 9, S. 61.
[99] GRÖSCHEL, ebd. S. 86 f.
[100] G. LOESCHE, Die böhmischen Exulanten in Sachsen (Jahrb. d. Ges. f. Gesch. d. Protestantismus im ehem. Österreich 42–44, 1923, 585 S.) stellt das Material erschöpfend zusammen und gibt anhangsweise auch ein Verzeichnis aller namentlich bekannten Exulanten, das etwa 422 Adlige, 1788 Gelehrte, Geistliche u. Künstler und 8486 Bauern und Handwerker umfaßt, also etwa ein Drittel der Exulanten überhaupt. Ergänzend: C. A. PESCHEK, Die böhmischen Exulanten in Sachsen (1857) u. Gesch. d. Gegenref. in Böhmen II (1944). R. SCHMERTOSCH VON RIESENTHAL, Adlige Exulanten in Kursachsen (Vierteljahrschrift f. Wappen-, Siegel- u. Familienkunde, Herold 1902).

schaft Purschenstein bei Sayda im Erzgebirge[101] gab es vor dem Kriege nur die beiden Dörfer Seiffen und Neuhausen, die auch erst im ausgehenden Mittelalter von Böhmen her besiedelt worden waren. Sie hatten durch den Krieg wenig gelitten, nur die Pest hatte in Neuhausen Opfer gefordert. Jetzt wuchsen sie rasch über den Vorkriegsstand hinaus.

Vor allem entstanden in der Herrschaft zahlreiche neue Dörfer (Deutscheinsiedel, Deutschneudorf, Deutschkatharinenberg, Heidelberg, Nieder- und Oberseiffenbach, Neuwernsdorf), deren Ansiedler zumeist aus den böhmischen Mutterdörfern jenseits der Grenze (Gebirgsneudorf, Böhmisch-Katharinenberg usw.) von den Jesuiten vertrieben worden waren. Zum Teil beteiligten sich auch die alteingesessenen Seiffener an den Neugründungen. In weitem Umfange wurde der Wald gerodet, so daß die kleine Herrschaft ihre Einwohnerschaft sprunghaft vermehren konnte. Vor dem Kriege zählte sie 496 Einwohner, bei Kriegsende bereits 634. 1660 waren es 685 und 1680 sogar 1075 Einwohner.

Je ein Viertel der Neusiedler nährte sich von der Land- und Waldwirtschaft und dem Dorfhandwerk, die Hälfte ging industrieller Tätigkeit nach (Bergbau, Glas, Drechslerei, Leineweberei). Meist waren die Siedler nur Häusler mit 2–12 Scheffeln Landbesitz, seltener Vollbauern mit 60 Scheffeln Land. Vielfach stellten sie die Vorsteher und Richter der neuen Gemeinden, geistig regsam wie sie waren.

In keinem Gebiet finden sich die Exulanten so gedrängt wie in dieser Herrschaft. Doch lassen sich in ganz Sachsen 20 Neugründungen von Exulanten nachweisen. Ebenso zahlreich wie in Sachsen finden sich die Exulanten in der heute preußischen (aber damals sächsischen) Oberlausitz[102].

Die Herrschaft Friedland war nach Wallensteins Tod an den Grafen Gallas gekommen. Sie war trotzdem infolge der langen schwedischen Besetzung an der nahen kursächsischen Grenze fast rein protestantisch. Als die gräfliche Regierung unter dem Drucke Prags mit Hilfe einiger Jesuitenpatres 1650 an die Rekatholisierung des Landes ging, mußte sie erleben, daß von den etwa 7500 Einwohnern, die das Land noch hatte, wenig mehr als 1000 zurückblieben und sich fügten, obgleich die Auswandernden ihren Besitz nicht verkaufen durften, nicht einmal die bewegliche Habe mitnehmen konnten. Nur noch 326 Häuser waren in der Herrschaft bewohnt. Sämtliche Geistliche, viele Schulmeister, zahlreiche Handels- und Gewerbetreibende und vor allem die große Masse der alteingesessenen deutschen Bauernfamilien wanderten aus. Noch nach 60 und mehr Jahren lagen viele ihrer Güter in der alten Heimat »wüst und öde« und waren unverkäuflich. Namentlich sind allein 4668 Auswanderer nachweisbar. 3180 von ihnen siedelten sich in den unmittelbar angrenzenden lausitzischen Städten und Dörfern an. Die Stadt Görlitz, die nur 4 Meilen von der Grenze entfernt lag, war einer der entferntesten Zufluchtsorte. Bis 1750 hin werden allein in den Grenzkreis Lauban insgesamt 10 000 Exulanten eingewandert sein. In den beiden Hauptjahren der Gegenreformation 1651 und 1652 wanderten allein nach Seidenberg 508, nach Marklissa 135, nach Schönberg 58, nach Küpper 135 und nach Gerlachsheim 134 Personen ein (sämtlich Kreis Lauban). Es entstanden daher nicht nur in Städten wie Seidenberg und Marklissa neue Märkte und Vorstädte, auch die Dörfer wurden über den alten Umfang hinaus auf

---

[101] A. DIETRICH, Erzgebirgische Exulantendörfer (1927).
[102] F. POHL, Die Exulanten a. d. Herrschaft Friedland (1939) mit vollständigen Auswandererlisten. J. HELBIG, Gesch. d. Gegenreformation in d. Herrschaft Friedland (Mitt. Ver. Gesch. d. Deutschen in Böhmen 39, 1900, 477 ff.). A. SCHULZE-SCHÖNBERG, Die Einwanderung vertriebener Protestanten in den Kreis Lauban zwischen 1650 u. 1750 und ihre Folgen (Laubaner Heimatkalender 7, 1928, 33–36, mit Karte) u. Die Entwicklung des alten Handwerks in den Dörfern u. Landstädten der preuß. Südoberlausitz (Neues Lausitz. Magazin 103, 1927, 182 ff.).

Gemeindeanger und Viehweide ausgebaut. In der Meffersdorfer Flur entstanden binnen einem Jahrhundert 462 neue Häuser. Allein sechs neue Dörfer wurden in 12 Jahren auf der Flur dieses von böhmischem Gebiet umschlossenen südlichen Grenzortes angelegt. In einem schmalen Grenzstreifen von nur 10 km Breite wurden im ganzen 24 neue Dörfer und 2 Städte gegründet, ungerechnet den Ausbau der bestehenden Siedlungen. Die meisten Siedler blieben hier im Grenzgebiet, nur wenige zogen weiter landeinwärts.

Die Exulanten änderten das ganze Dorfbild. Aus den geschlossenen reichen Bauerndörfern wurden Häuslersiedlungen. Die Höfe wurden aufgeteilt. In manchen Dörfern (wie Meffersdorf) verschwanden sie ganz. Im Kreis Lauban gab es 1910 7000 Grundbesitzungen unter 10 Morgen Fläche, eine Nachwirkung der Exulantensiedlung. Für die

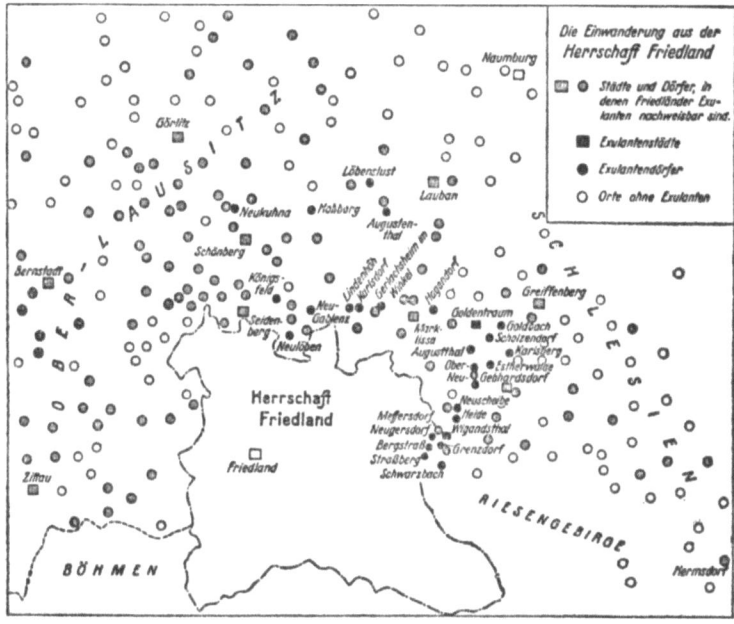

Abb. 15. Die Einwanderung aus der Herrschaft Friedland[103]

anwachsende Bevölkerung bot der Boden nicht mehr Nahrung genug. So warfen sich die Neusiedler auf die Heimindustrie. In Meffersdorf wurde die Granatschleiferei heimisch. In Seidenberg führten die Exulanten die Tuchweberei, in Schönberg die Missolanweberei (ein Mischgewebe) ein. Waren doch allein aus Friedland 117 Tuchmacher ausgewandert. Vor allem aber drückte jetzt die Leineweberei der Landschaft ihren Stempel auf. Sie wurde neben der schlesischen und westfälischen zur bedeutendsten Deutschlands. In Gerlachsheim webten 105 von 130 Wirten Leinwand. In Geibsdorf nährten sich im 18. Jahrhundert von 4000 Einwohnern 3800 von der Leinenweberei. Die südlichen Dörfer unmittelbar an der Grenze besorgten das Weben, die nördlicher gelegenen das Spinnen.

In der Lausitz wie in Sachsen bestanden die Exulanten aus Deutschen und Tschechen. Die Deutschen kamen aus Leitmeritz, Elbogen, Saaz und Budweis, zahlreich auch aus

---

[103] Nach den Angaben von POHL und SCHULZE. Über den Kartenbereich hinaus finden sich nur noch in einigen wenigen Orten, vor allem im Westen, Exulanten.

Prag, die Tschechen stammten aus Jungbunzlau, Königgrätz, Kolin und Kuttenberg, also insgesamt aus den nordböhmischen Gebieten. Viel geringer war der Zustrom aus Mähren und Schlesien. Die Mährer wandten sich vielfach nach Ungarn. Ebenso wie von den Hugenotten wird man auch von den Exulanten sagen können, daß sie zu den besten ihres Volkes gehörten. TREITSCHKE, der selbst entgegen früherer Annahme vermutlich nicht von Exulanten abstammte, urteilte mit Recht: »Sachsen erwuchs ein unschätzbarer Gewinn aus der Einwanderung böhmischer Lutheraner . . ., tapferer, tätiger, in aller Not frohmutiger Menschen, das Mark der Volkskraft Böhmens«[104]. Die Exulanten scheuten Not und Elend nicht, um ihrer Überzeugung zu leben. Sie haben keinen nennenswerten fremden Blutsanteil nach Sachsen gebracht, zumal die Sudetendeutschen ohnehin mit den Sachsen stammesgleich sind.

Es ist sicher nicht zuviel gesagt, daß der kulturelle Aufschwung Sachsens im 18. Jahrhundert, im Zeitalter des Barocks, nicht zuletzt auf diesen starken Blutzufluß zurückzuführen ist. Tattenbach wie Zinzendorf entstammten österreichischem Adel.

Für Schlesien finden wir nur aus dem Fürstentum Neiße Angaben über die Neusiedler[105]. Hier wurden 1655 die gedienten Offiziere und Soldaten verzeichnet, die sich inzwischen angesiedelt hatten. Ein Italiener, der mit dem Marchese Gonzaga 1632 nach Deutschland gekommen war und bis 1649 in dessen Diensten als Kapitänleutnant und zuletzt als Hofmeister gestanden hatte, hatte die freie Scholtisei in Gauers gekauft. Eine Reihe adliger, aber auch bürgerlicher Offiziere kauften sich Güter, andere aber, wie ein französischer Leutnant, gaben sich mit einem Bauerngut zufrieden, auf dem sie eine Hütte bauten und das sie wohl auch wieder im Stich ließen, wenn sie sich nicht durchzuschlagen vermochten. Es sind nur wenige Namen von Neusiedlern, die uns genannt werden, aber sie stellen eine ungewöhnlich buntgemischte Gesellschaft dar. Neben etwa 50 Schlesiern und 11 Zuzüglern aus Böhmen, Mähren und der Grafschaft Glatz steht der eine Italiener, 2 Franzosen, 2 Belgier, 1 Niederländer, 1 Däne und 1 Pole. 19 Neusiedler kamen aus fast allen Gauen des alten Reiches. Es waren Krainer, Tiroler, Österreicher, Saarländer, Rheinländer, Pfälzer, Wetterauer, Nassauer, Westfalen, Franken, Vogtländer, Thüringer, Märker und Pommern. Meist handelt es sich um einzelne Versprengte. Aus keiner Landschaft stammen mehr als 2 Mann. So ist der fremde Bluteinschlag sicher im ganzen nicht groß, wenngleich sich neben den Soldaten auch ungediente Leute angesiedelt haben werden. In den Akten ist gelegentlich auch von einem »Moskowiter« und einem »Crabaten« die Rede, so daß immerhin vereinzelt fremdes Blut festgestellt werden muß[106].

Auch in Thüringen sind nur über ein verhältnismäßig kleines Gebiet Angaben über die

---

[104] H. v. TREITSCHKE, Deutsche Gesch. im 19. Jh., Bd. 3 (3. Aufl. 1889) 492.
[105] Breslau, Staatsarchiv Rep. 31. VII Nr. 91. Benützt von K. LORENZ, Bevölkerungspolit. Auswirkungen des 30j. Kr. im Neißer Lande (Der Oberschlesier 17, 1935, 472 ff.). Die Zahl der «Soldatenkinder» übertreibt L., wenn er glaubt, einzelne Fälle, die er aus den Akten mitteilt, vertausendfachen zu können. Sie waren im ganzen vereinzelt.
[106] H. UHTENWOLDT (Deutsches Städtebuch I, 1939, 697) spricht davon, daß der Niedergang des Landes auch die Unterwanderung durch anspruchslosere slawische Arbeitskräfte im Lande rechts der Oder, bes. in Oberschlesien, gefördert habe. – Vgl. auch F. WIGGERT, Auslands- und Grenzlandsdeutschtum in den Einwanderungen Liegnitzer Bürger des 17. u. 18. Jh. 1615–1737 (Mitt. d. Geschichts- und Altertumsvereins Liegnitz 17, 1940, S. 312–20). 1656–58 wanderten nach L. eine größere Zahl aus Lissa und Fraustadt durch die Gegenreformation vertriebene Volksdeutsche ein, die erst wenige Jahre zuvor aus Niederschlesien dorthin gezogen waren (vgl. o. S. 25). Zu diesen 113 Volksdeutschen aus Polen kamen 39 böhmische Exulanten, 11 aus Mähren, 20 aus Österreich, 12 aus Ungarn, 8 aus Italien, 3 Balten, 1 Schwede, 2 Schweizer, 2 Niederländer, 1 Deutscher aus Lyon.

Neusiedler bekannt. In den Kirchenbüchern der Pflege Koburg[107] lassen sich von 1635 bis 1680 insgesamt 1670 Einwanderer feststellen. Von 1500 ist der Herkunftsort bekannt. Je ein Drittel von ihnen stammt aus Franken (538) und aus Thüringen und dem Vogtland (493), den beiden benachbarten Landschaften. Aus Bayern und Schwaben kamen 91, aus Österreich, Kärnten, Tirol und Böhmen 80, ebensoviel aus Sachsen, 37 aus Pommern, Mecklenburg, Holstein und Hannover, 57 aus dem Rheinland, Westfalen und Hessen, immerhin 35 aus dem Ausland. Wenngleich die Einwanderung aus der unmittelbaren Nachbarschaft im Vordergrund stand, so zeigen doch auch die Koburger Kirchenbücher, daß Zuwanderer aus dem ganzen Reich in das menschenleere Land kamen. Wahrscheinlich läßt sich jedoch aus den Kirchenbüchern kaum ein Viertel, vielleicht nur ein Zehntel der Gesamteinwanderung erfassen. In dem Amte Heldburg waren bereits 1665 von 2668 Einwohnern 421 Erwachsene und 613 Kinder, also etwa zwei Fünftel der Bevölkerung Einwanderer. In der Stadt Koburg lassen sich allein auf Grund der Heiratsregister nicht weniger als 460 Einwanderer ermitteln. Für das benachbarte Henneberger Gebiet fehlen dagegen alle Angaben über eine Einwanderung in der Nachkriegszeit. Die Bevölkerung scheint sich wesentlich aus sich selbst heraus ergänzt zu haben[108]. Manche Striche, wie etwa das Eisenacher Oberland, haben freilich die Vorkriegsbevölkerung bis heute noch nicht wieder erreicht[109]. Im Kreis Eckartsberga sind einzelne Zuwanderer vom Harz und auch aus dem Gothaischen nachweisbar[110]. In den Dörfern des Amtsbezirks Vieselbach bei Erfurt sind einige Schwaben, Franken und Schweden zugezogen, ohne daß doch von einer nennenswerten Zuwanderung gesprochen werden könnte. In Udelstedt stammen 5 Knechte und Mägde aus Darmstadt, Hamburg, Holstein, Böhmen und Welschburgund[111]. Im Herzogtum Weimar wurden 1652 Erhebungen über die Soldaten, die sich inzwischen niedergelassen hatten, angestellt[112]. 216 wurden ermittelt. Nur bei einem Teil ist die Herkunft verzeichnet. Drei stammen aus der Pfalz, je zwei aus der Mark, aus Polen (wohl Westpreußen) und Livland, je einer aus Schlesien, Mähren und Franken. Bei anderen, wie bei dem schwedischen Korporal Schwensohn in Großrudestedt, ist der Name Zeugnis genug. Etwa die Hälfte der Soldaten scheint fremder Herkunft gewesen zu sein. Auf das Ganze gesehen, sind es geringfügige fremde Einschläge[113], ähnlich wie in der hessischen Stadt Hersfeld[114]. Von

---

[107] Vgl. die sorgfältigen Zusammenstellungen von DIETZE (o. S. 34 Anm. 128).
[108] Mitteilung des Staatsarchivs Meiningen.
[109] E. G. BARTHOLOMÄUS, Die Bevölkerungsbewegung im Eisenacher Land seit dem 16. Jh. (Zs. d. Ver. f. Thür. Gesch. 20. Beih., 1939).
[110] L. NAUMANN, Skizzen u. Bilder z. Heimatkunde d. Kr. Eckartsberga 5 (1904) 101, 104.
[111] E. WAGNER und R. HUTH, Zur Gesch. unserer Dörfer während des 30j. Kr. (Jahrb. d. Vereins f. Heimatkunde im Amtsbezirk Vieselbach 8, 1934, 124).
[112] TH. MUCKE, Die Niederlassung von Soldaten des 30j. Kr. im Hzgtum Sachsen-Weimar (Die Thüringer Sippe Jg. 1937, 97–105, 113–18).
[113] F. KOERNER, Die bäuerlichen Familiennamen in den Ämtern Leuchtenburg und Orlamünde z. Zt. d. 30j. Kr. (Thür. Fähnlein 9, 1940, 221–26) weist nach, daß von 180 Namen, die zwischen 1603 und 1644 in den einzelnen Ortschaften verschwinden, 83 in den anderen Amtsortschaften 1644 nachweisen lassen, ebenso wie von 157 1644 neuauftauchenden Namen 81 bereits 1603 in anderen Amtsdörfern nachweisbar sind. Eine Ausdehnung des Beobachtungsgebietes auf die benachbarten Ämter würde wohl vollends erweisen, daß es sich nicht um Zu- und Abwanderungen größeren Stils, sondern um Verschiebungen innerhalb der engeren Heimat handelt. Damit stimmt überein, daß sich hier der eigentliche Bauernstand sehr viel besser gehalten hat als die Schicht der kleinen Besitzer und der Landarbeiter, ebenso wie die reinen Bauerndörfer eine geringere Wandlung aufweisen als die Dörfer, die stadtnahe lagen oder die einen Gutshof besaßen.
[114] Die Hersfelder Bürgerbücher, hg. v. F. A. SCHMIDT (1. Veröff. aus d. Hersfelder Stadtarch. 1936).

den etwa 700 Neubürgern, die die Stadt zwischen 1640 und 1685 aufnahm, um ihre Kriegsverluste zu decken, stammten die meisten, soweit sie nicht Bürgersöhne waren, aus dem hessischen Umland. Die zwanzig, die aus weiterer Ferne kamen, spiegeln dennoch die allgemeine Wanderungsbewegung wider. Unter ihnen finden sich Österreicher, Tiroler, Böhmen, Sachsen, Braunschweiger, Oldenburger, Dänen, Württemberger und Franzosen. Das Hersfelder Beispiel wird für viele Strecken Mitteldeutschlands verallgemeinert werden können[115].

In stärkerem Maße sind im Erzstift Magdeburg fremde Zuwanderer zu finden. Von den 5 Herrenhöfen und 95 Bauernstellen des Dorfes Barleben[116] waren 1645 nur noch ein Gutshaus und 3 Bauernhäuser bewohnt. 1649 zählte der Ort schon wieder 46 Hauswirte und 6 Witwen. Die geflohenen Einwohner werden zurückgekehrt sein. Doch von 1652–71 sind bei 107 Trauungen fast die Hälfte der Ehemänner (44 %) Landfremde. 15 kamen aus den Herzogtümern Lüneburg und Braunschweig, 18 aus den Bistümern Bremen, Verden und Minden und aus Westfalen, 4 aus Pommern, Schlesien und aus Preußen, 2 aus Österreich, je einer aus Sachsen, Böhmen, Bayern, Baden, dem Elsaß und Dänemark. Drei Viertel der Neusiedler stammten aus dem niedersächsischen Raume, die restlichen kamen aus dem ganzen Reich, um hier eine neue Dorfgemeinschaft zu bilden. Ein ähnliches Beispiel bietet die kleine Ackerbürgerstadt Frohse[117]. Sie hatte vor dem Kriege 110, 1649 8 Familien. 1651 sind bereits wieder 32 Familien ansässig, die freilich erst ein Viertel der Flur bestellen. 20 von ihnen sind Landfremde. Vier stammen aus Schlesien, 3 aus Holstein, je einer aus Jülich, Pommern, der Mark, Kursachsen, Fulda und Kulmbach. Ebenso stammte einer aus Böhmen (Keckert), einer aus England (Georg Schmidt), einer aus Schottland (Albrecht Blach) und je zwei aus der Schweiz (Peter, Winkler) und aus Italien (Zimoner, Pattary). Nur die beiden letzten waren also, den Namen nach zu schließen, Nichtdeutsche. Wie rasch die Bevölkerung zunächst noch wechselte, zeigt sich daran, daß nach 10 Jahren schon 5 Sippen wieder weggezogen waren und daß nach einem Vierteljahrhundert nur noch vier von den 20 Neusiedlern am Orte nachweisbar sind.

In der Mark Brandenburg[118] war, wie früher gesagt, 1652 nur etwa die Hälfte aller Hofstellen besetzt. Aber auch von diesen Stellen war ein beträchtlicher Teil erst in den letzten Jahren von Landfremden besiedelt worden. In der Grafschaft Ruppin war die fremde Zuwanderung verhältnismäßig gering. Dennoch sind von 561 Bauernfamilien nur 103 und von 283 Kossätenfamilien sogar nur 27 schon am Ende des 16. Jahrhunderts in den betreffenden Dörfern nachweisbar. In der Zauche lassen sich von 759 Bauern und Kossäten nur 85 vor dem Kriege feststellen. Im Barnim sind von 29 Erbschulzengütern nach dem Kriege nur noch 6 in der Hand der gleichen Sippe. In Beeskow sind von 479 Bauern, die 1652 ansässig sind, immerhin 238, fast genau die Hälfte, im Dorfe selbst geboren. Der Krieg hat also zu einer starken Bevölkerungsverschiebung geführt. Nur wenige Brandenburger Bauerngeschlechter können heute noch den Nachweis erbringen, daß sie schon vor dem großen Kriege auf dem gleichen Hofe gesessen haben.

---

[115] Auch in Naumburg kamen die meisten aus den Dörfern der Umgebung, daneben standen einzelne aus Braunschweig, Prag, Kulmbach, Pfalz, Schweidnitz, Mecklenburg, Wien, Bamberg, Breslau und Worms. Ein Kapitän läßt sich als Gastwirt nieder, auch andere Soldaten werden seßhaft. In Naumburg finden sich von 1631 ab 128 Soldatentrauungen (12 %) und 205 Soldatentaufen (8,7 %) (A. RITTER, Der Einfluß des 30j. Kr. auf d. Stadt Naumburg, Thür.-Sächs. Zs. 15, 1926, 43 f.).
[116] R. LEPPIEN, Die Wiederbesiedlung im magdeburgischen Land 1648 (Geschichtsbll. f. Magdeburg 56–59, 1924, 111 ff.).
[117] W. SCHULZE in Heimatglocken des Kr. Kalbe 10, 1934, Nr. 12.
[118] Vgl. das oben S. 17 genannte Schrifttum, vor allem die Landreiterberichte.

Und zunächst hat auch der Frieden zu keiner Seßhaftigkeit geführt. Zu sehr hatte der Krieg alle Bindungen gelöst. Zahlreiche freie Hofstellen lockten, und jeder war geneigt, sich in der Fremde oder auch im Nachbardorf einen besseren Hof zu suchen. In allen märkischen Landesteilen finden sich zahlreiche Zuwanderer, die aus dem gleichen Kreis oder doch aus der Mark stammen.In Beeskow stehen den 238 am gleichen Orte geborenen 232 Ortsfremde gegenüber. Doch von diesen sind wieder 153 im Kreise geboren. 27 weitere stammen aus der Mark und nur 62 kommen von jenseits der Landesgrenze. Das Teltower Dorf Brusendorf liegt 1652 fast wüst, nur 1 Stelle ist besetzt, doch 15 Brusendorfer lassen sich anderwärts in Teltow nachweisen.

Auch in den folgenden Jahrzehnten wechselten die Neusiedler noch häufig die Stelle. Im Amt Altruppin weist ein Erbregister aus dem Jahre 1654 schon starke Verschiebungen in den Besitzernamen gegenüber dem Landreiterbericht von 1652 auf. In 11 Dörfern der Priegnitz finden sich 1700 nur noch 27 Sippen, die hier bereits 1652 ansässig gewesen sind. Auch im Ruppinschen ist der Besitzerwechsel in dem halben Jahrhundert nach dem Kriege kaum geringer als in dem Kriege selbst. In der Herrschaft Cottbus, die überhaupt vom Kriege nur wenig betroffen wurde, liegen auch in dieser Hinsicht die Verhältnisse günstiger. Auch wenn man von den häufig vorkommenden Namen (Lehmann, Noack, Krüger, Schulz) absieht, sind doch in 600 Fällen in den Dörfern noch heute die gleichen Sippen ansässig wie 1652, ohne daß die Kontinuität im Hofbesitz geprüft werden könnte. Gewiß wechselte die Dorfbevölkerung auch schon im 16. Jahrhundert häufiger die Stelle, als man gemeinhin annimmt, aber während des Krieges nahm der Wechsel doch viel größeren Umfang an. In Tremmen bei Brandenburg sind von den Familiennamen der 42 Besitzer des Jahres 1680 nur 6 schon 1625 am Orte nachweisbar. Von den damaligen 27 Namen waren aber 15 auch schon 1570 anzutreffen[119].

In den Landreiterberichten, die uns am besten über die Wiederbesiedlung der Mark Aufschluß geben, sind alle, die irgendwelchen Herren in den letzten Jahrzehnten Kriegsdienste geleistet hatten, besonders angeführt. Es sind 441 Männer[120]. Die meisten von ihnen (176) hatten dem König von Schweden gedient, nur 132 dem Kurfürsten, 49 dem Kaiser, 32 Dänemark, die übrigen irgendwelchen Fürsten innerhalb oder außerhalb des Reiches. Viele hatten mehrere Herren gehabt, ein Priegnitzer Bauer hat nacheinander Polen, Spanien, Venedig, dem Kaiser und Bayern gedient. Der Schulze von Vielitz (Ruppin) war ein Thüringer, der unter den Kaiserlichen Kapitänleutnant, unter dem König von Spanien Fähnrich, dann wieder Kapitänleutnant bei Kursachsen und dem Herzog Franz Albrecht von Lauenburg gewesen war. Kein Wunder, daß solche Kriegsknechte nicht sofort seßhaft wurden. Die meisten von ihnen waren gebürtige Brandenburger, 84 aber stammten aus anderen deutschen Landschaften. Zu diesen Soldaten kam ein starker Strom friedlicher deutscher Einwanderer. Sie lassen sich deutlich in zwei große Gruppen scheiden.

Von den 33 Personen, die in die Zauche zuzogen, stammten 17 aus Sachsen, 12 aus dem Stift Magdeburg und Anhalt. In das Barnim wanderten 46 Bauern und 112 Knechte ein; 111 kamen aus Schweden und der Lausitz, 14 weitere aus Böhmen, 8 aus Schlesien und 7 aus dem Stift Magdeburg. Von den 375 Mann, die ins Teltow zuwanderten[121], stammten 112 aus der Lausitz, 55 aus den benachbarten sächsischen Kreisen Luckenwalde-Jüterbog, 4 aus Böhmen. Von den 62 nichtmärkischen Neusiedlern in Beeskow

---

[119] GEBAUER, Forsch. br.-preuß. Gesch. 22, 1909, 92.
[120] In Priegnitz, Ruppin, Barnim, Zauche und Teltow.
[121] In der Zahl sind wohl auch die märkischen Zuzügler einbegriffen.

waren sogar 58 Niederlausitzer. Ebenso stammten von 289 Einwanderern im Cottbussischen 260 aus der Niederlausitz, zu der Cottbus selbst stammesgemäß, wenn auch nicht politisch gehörte. 7 kamen aus der Oberlausitz, 20 aus Meißen, je einer aus Böhmen und Schlesien.

In Prädikow (Barnim), das vor dem Kriege 11 Bauern und Kossäten gezählt hatte, gab es 1652 noch 3 Bauern, die anscheinend aus dem Orte stammten. Zu ihnen kamen aber 5 Hausleute, die aus dem Wendischen, und 12 Knechte, die aus Böhmen und Sachsen stammten.

Der Süden der Mark wurde also fast ausschließlich von den angrenzenden sächsischen, vor allem lausitzischen Gebieten, auch von Böhmen her neubesiedelt[122]. Ohnehin hatten die Sumpfgebiete, in die sich während der mittelalterlichen Wiederbesiedlung die wendische Vorbevölkerung zurückgezogen hatte, weniger als die deutschen Kolonistendörfer Schaden gelitten. Die Fischerdörfer (die Kietze) hatten ihren Stand weithin gehalten[123]. Der Spreewald wies die geringsten Verluste auf. Der Krieg hatte hier also bereits zu einer einseitigen Schwächung des alten deutschen Bauerntums geführt. Durch die Neubesiedlung aus dem lausitzischen Raume wurde diese Entwicklung zweifellos noch verstärkt, auch wenn die Siedler selbst (ihre Namen zeigen es schon) fast ausnahmslos Deutsche waren[124].

In der nördlichen Mark verlief die Entwicklung grundsätzlich anders. Von den 365 Bauern[125], die in die Priegnitz einwanderten, stammten 172 aus Holstein[126], 33 aus dem Lüneburgischen und Braunschweigischen, 34 aus den Stiften Bremen und Verden, 68 aus Mecklenburg und 5 aus Pommern, etwa 90 % der Neusiedler kamen also aus dem mecklenburgisch-niedersächsischen Raume. Die 6 Bauern von Groß-Berge stammten aus dem holsteinischen Amte Segeberg. Bis auf einen älteren waren sie alle zwischen 30 und 36 Jahre alt, hatten weder Söhne noch Knechte, sondern halfen sich allein in dem Ort, der wohl ganz wüst gelegen hatte, durch. Auch die Bauern von Kleeste waren Holsteiner, 3 von ihnen stammten aus dem gleichen Dorfe. In dem nahebei gelegenen Orte Schweinekoven trat zu 4 Holsteinern ein Lüneburger hinzu. In zahlreichen weiteren Orten hatten die Holsteiner oder doch die Neusiedler insgesamt die Mehrheit. Manchmal kamen nur die Knechte aus der Fremde. So hatten die 5 Bauern von Schilde, die alle ortsgebürtig waren, 3 böhmische und einen lüneburgischen Knecht. Es ist nicht festzustellen, wieweit späterhin auch solche Knechte seßhaft geworden sind. Sie kamen vereinzelt wohl aus weiterer Ferne. Im ganzen waren sie aber mit den Neusiedlern

---

[122] Die oberlausitzischen Stände klagten 1656, daß «etliche hundert» Untertanen heimlich mit den Ihren das Land verlassen hätten, wenige Jahre später wird die Zahl der Auswanderer bereits auf etwa 2000 Personen geschätzt, so daß die Stände sich dazu versteigen, die Brandmarkung aller Flüchtlinge zu fordern, was freilich der Kurfürst ablehnte (H. Knothe, Die Stellung der Gutsuntertanen in der Oberlausitz, Neues Lausitz. Mag. 61, 1885, 288 f.).

[123] In Rhinow, Oderbruch, Mittelhavel, Nuthe-Nieplitzniederung. Doch weist H. Ludat, Die Bevölkerungsbewegung in den ostdeutschen Kietzen (Archiv f. Sippenforschung 13, 1936, S. 263 u. ff.) an Hand der Namen nach, daß sich die Bevölkerung der Kietze von 1518 bis 1652 so stark geändert hat, daß in dieser Zeit die Kietze kaum mehr als Schutzgebiet wendischer Bevölkerung zu bezeichnen sind.

[124] Vgl. U. Wille, Die ländl. Bevölkerung des Osthavellandes (Diss. Berlin 1937, 31).

[125] Die Zählungen sind nie ganz genau. So wird Hadersleben einmal zu Holstein, einmal zu Dänemark gerechnet. Andere Orte kommen mehrfach vor. Während mit Sachsen das Kurfürstentum gemeint ist, versteht der Schreiber unter dem Land Saßen wohl das Lauenburgische.

[126] Den 148 Holsteinern sind 3 aus dem Lübeckischen, 16 aus dem Hamburgischen, 3 aus dem Land Saßen und 2 Dänen zugerechnet.

stammesgleich. Auch von den 64 fremden Knechten waren 35 Holsteiner und Dänen, 8 Schweden, 5 Niedersachsen, 4 Mecklenburger und Pommern (zusammen 52)[127]. Ebenso lassen sich auch in der Altmark Zuwanderer aus Holstein, Friesland und Bremen nachweisen[128]. Die Lenzer Wische wurde durch Bauern aus dem Alten Lande im Erzstift

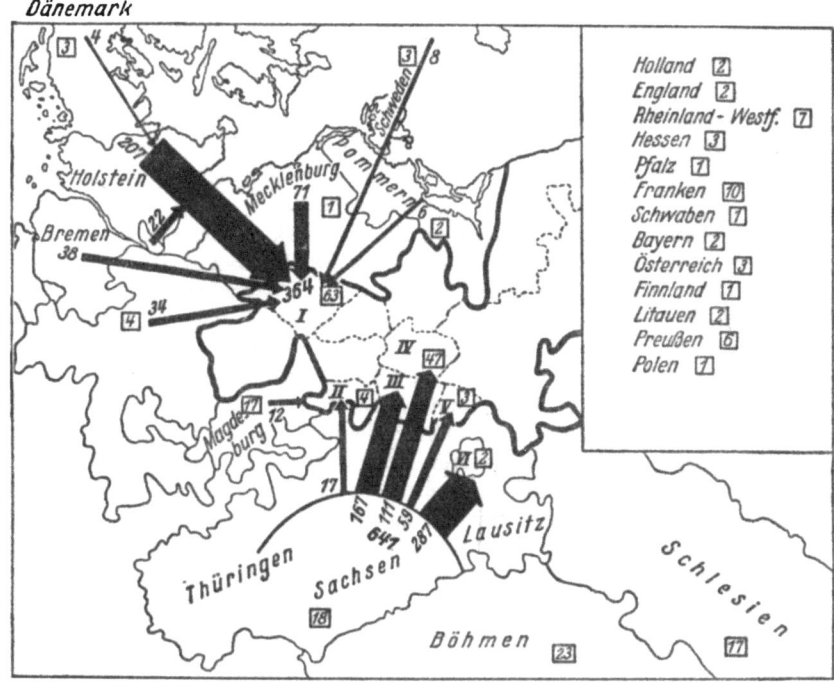

Abb. 16. Die Zuwanderung in die Kurmark bis 1652
Eingezeichnet ist die Zuwanderung aus Norddeutschland in die Priegnitz, aus dem sächsisch-lausitzischen Raum nach Teltow, Zauche, Barnim, Beeskow und Cottbus [4] gibt in der Mark die Zahl der Einwanderer aus anderen Gebieten an (sie ist für Teltow nicht genau zu bestimmen), in den Auswanderungsgebieten die Zahl der Auswanderer, soweit sie nicht durch die Pfeile erfaßt worden sind. I Priegnitz, II Zauche, III Teltow, IV Barnim,
V Beeskow, VI Cottbus

Bremen wieder bevölkert, die als Gegenleistung für das Land, das sie erhielten, die Elbdämme wiederherstellen und unterhalten mußten. Sie galten bald für die allerreichsten Bauern der Kurmark, und ihre Höfe sahen oft besser aus als mancher alter Rittersitz[129]. Im Land Löwenberg ließen sich niederrheinische Kolonisten aus dem Cleveschen

---

[127] Außerdem stammen (Bauern und Knechte zusammengerechnet) 7 aus dem Stift Magdeburg (z. T. also auch Niederdeutsche), 31 aus Mitteldeutschland (16 Sachsen, 4 Thüringer, 2 Hessen, 4 Böhmen, je 1 aus Frankfurt, Lausitz, Harz, Mansfeld, Anhalt), 5 aus Franken, 7 aus Schlesien, 4 aus Preußen, 6 aus Rheinland und Westfalen, je 1 aus Österreich, Tirol, Schwaben, Pfalz, England, Holland und Finnland.
[128] KAPHAHN a. a. O. 82.
[129] M. BEHEIM-SCHWARZBACH, Hohenzollernsche Kolonisation (1874) S. 36 und O. GLASER, Die Niederländer in der brandenburg-preuß. Kulturarbeit (1939) S. 21–32.

nieder[130]. Holländer und Schweizer finden sich in der Grafschaft Ruppin[131]. Der Große Kurfürst ging unmittelbar nach Kriegsende an eine großzügige Ansiedlung von Holländern, denen er jede Förderung zuteil werden ließ[132]. 80 Familien sollten in der Altmark um Tangermünde angesetzt werden. Das uckermärkische Amt Granzow, eines der größten der Mark, wurde an 2 niederländische Unternehmer verpachtet, die hier etwa 200 Menschen ansiedelten. Ähnlich ging der Kurfürst im Amt Chorin vor. Nicht wenige siedelten auch in den Brüchen der Neumark. Die Städte Neudamm, Driesen und der Kietz bei Küstrin können fast als holländische Neugründungen gelten. Das Amt Liebenwalde wurde an Friesen verpachtet. Vor allem kamen auch zahlreiche holländische Windmüller in die Mark[133]. Den sächsischen und lausitzischen Neusiedlern der südlichen Mark stehen also die niederdeutschen Siedler in der Altmark, der Priegnitz und der Grafschaft Ruppin gegenüber, die zweifellos zu einer Stärkung des nordisch bestimmten Elementes in diesen Gebieten geführt haben.

Die starke Schweizer Einwanderung in die Kurmark gehört erst späteren Jahrzehnten an[134]. 1684 bat der Große Kurfürst Bern um Viehzüchter als Siedler für den Havelbruch. Unter Führung des Berner Stadtarztes Dr. Bauernkönig als Lokator wurden sie bereits im folgenden Jahre angesiedelt. Doch die Wanderwelle erreichte erst 1689 bis 1693 ihren Höhepunkt. Vom 4. Februar bis 12. Mai 1691 wurden allein aus dem Bernischen 1571, meist sehr kinderreiche Familien auf den Weg gebracht. Es waren vielfach Ortsarme, die die Almosenkammer abschob, zahlreiche wanderten aber auch freiwillig aus. Sie haben häufig ganze Dörfer, die noch aus der Kriegszeit wüst lagen oder zum Vorwerk gemacht worden waren, neubesiedelt. Und gerade die geschlossenen Schweizer Siedlungen haben sich am meisten bewährt, während Zusiedlungen von Schweizern zu schon bestehenden Dörfern zu vielfachen Unzuträglichkeiten führten. Denn die Schweizer bewahrten ihr Volkstum und vor allem auch ihren Glauben im Norden. Erst im 19. Jahrhundert, nach der Einführung der kirchlichen Union, lösten sich die Kolonien zunehmend auf und gliederten sich in das märkische Volkstum ein.

Gleichzeitig mit den Schweizern wanderten 1800 Waldenser (1688), 7000 Pfälzer (1680–99) und vor allem 20 000 Hugenotten (1672–1700) ein, die freilich nicht allein in der Kurmark ansässig wurden. Vor allem in Preußen fanden viele von ihnen eine neue Heimat. Doch rechnete man auch in der Kurmark 1725, daß etwa ein Fünftel der Einwohnerschaft, 60 000 Köpfe, auf die Neusiedler und ihre Nachkommen entfielen[135]. So leitet die Neubesiedlung der Kurmark nach dem Dreißigjährigen Kriege unmittelbar hinüber in die große Hohenzollernsche Kolonisation des 18. Jahrhunderts, durch die erst die letzten Folgen des Krieges überwunden wurden. Friedrich der Große selbst urteilt 1752 in seinem politischen Testament, daß die ganze Mark, Pommern und

---

[130] Ebd.
[131] Der Landreiterbericht macht nur nebenher Angaben über die Herkunft. Genannt werden je 1 Holländer, Schwede, Sachse, Badener, Waldecker, 2 Thüringer und 2 Holsteiner. – Über Schweden im Havelland vgl. WILLE, S. 35. Hier finden sich vor allem Einwanderer aus dem Löwenbergischen und Ruppinischen.
[132] K. BREYSIG, Gesch. d. brandenburg. Finanzen (Urk. u. Aktenstücke z. Gesch. d. inneren Pol. d. Kurf. Friedr. Wilh. I., 1, 1895) 247–65 und die Akten S. 696 ff. BEHEIM-SCHWARZBACH a. a. O.
[133] J. v. LEERS, Das Lebensbild des deutschen Handwerks (1938) 446.
[134] E. WENTSCHER, Die Schweizer Kolonien in der Mark (Archiv f. Sippenforschung 7, 1930, 238 ff.). F. MOSER, Die große Berner Auswanderung nach Brandenburg 1691 (ebd. 14, 1938). K. SCHRAMM, Die Schweizer Siedlungen in der Herrschaft Ruppin (Arch. f. Bevölkerungswiss. 6, 1936, 237 ff.). Dazu BEHEIM-SCHWARZBACH.
[135] Zahlen nach G. SCHMOLLER, Umrisse und Untersuchungen (1898, 574, 582 ff.) Vgl. auch H. ERBE, Die Hugenotten in Dtld. (1937).

Magdeburg durch den Dreißigjährigen Krieg so völlig zugrunde gerichtet worden wären, daß drei Regierungen, von denen zwei völlig im Frieden verliefen, sie nicht wieder auf die alte Höhe zu bringen vermochten. Bei seinem Regierungsantritt 1740 wären die Provinzen daher noch weit von dem Zustande eines wohlgeordneten und blühenden Landes entfernt gewesen. Er habe deswegen herauszufinden gesucht, durch welche Maßnahmen man den Provinzen aufhelfen könne und eben deswegen vor allem seine Siedlungspolitik eingeleitet[136].

In Mecklenburg[137] war die Einwanderung trotz der starken Kriegsverluste geringer als in der Kurmark. In 43 Dörfern des Amtes Schwerin war nach dem Krieg nur die knappe Hälfte der Einwohner übriggeblieben. 1590 Männer waren noch ansässig, 1547 waren tot oder verschollen, 235 aber waren nachweisbar weggezogen. Von ihnen hatten sich 82 in die norddeutschen Großstädte (Hamburg, Lübeck, Wismar, Schwerin) geflüchtet, 129 waren auf dem Land, zumeist in Mecklenburg selbst, geblieben und hatten sich andere Höfe gesucht[138]. Im Amt Stargard, das im Krieg in der Tat fast zu einer Wüste geworden war, finden sich dennoch später nur wenige neue Familiennamen. Von den 116 Inhabern einer Bauernstelle führten 1635 70 (61 %) Namen, die schon vor dem Kriege in denselben Dörfern vorkamen. Die Namen von 35 weiteren (29 %) sind vor dem Kriege wenigstens in den umliegenden Dörfern nachweisbar. Nur 11 Siedler (10 %) scheinen von außerhalb des Amtes zugewandert zu sein. Auch bis zum Ende des Jahrhunderts wurde der Anteil der fremdnamigen Siedler nicht wesentlich größer (22 %). Vereinzelt scheinen Schweden und Dänen im Land hängengeblieben zu sein[139]. Sie werden im Amt Güstrow ausdrücklich der Kirchenordnung unterworfen[140]. Sie finden sich auch im Amte Lübz[141]. Hier sollen besonders viel Holsteiner zugezogen sein, so daß sich damals die vordem unbekannten Namen auf »sen« (Petersen, Hansen) einbürgerten. Vereinzelt finden sich auch Brandenburger und Pommern, wohl einmal auch ein »Krabat«. Doch die Zuwanderer waren nicht zahlreich genug, um die Bevölkerungszusammensetzung entscheidend zu ändern. Der Wiederaufbau Mecklenburgs war ein innerer Siedlungsvorgang. Die seit alters ansässigen Familien haben in jahrzehntelanger Arbeit das Land wieder aufgebaut. Damit erledigt sich auch Jegorovs Behauptung, daß Mecklenburg erst durch die neue Kolonisation nach dem Dreißigjährigen Kriege germanisiert worden sei, ganz abgesehen davon, daß es slawische Volksreste in Mecklenburg schon lange vor dem Kriege nicht mehr gegeben hat[142].

Die Seßhaftigkeit der Bauernbevölkerung war aber zunächst sehr gering. Im Amt Stargard wurde, wie gesagt, nur ein Viertel aller Höfe nach dem Kriege wieder besetzt. Aber auch von diesem Viertel blieben wiederum nur 25 % in der Hand der gleichen Sippe wie vor dem Kriege[143]. Im Amt Ratzeburg, das nur 10 % seiner Bevölkerung eingebüßt hatte, wechselten dennoch 40 % aller Höfe den Besitzer. Nur 39 von den 135 Familien (also etwa 30 %), die zwischen 1618 und 1700 sich im Amte niederge-

---

[136] Die politischen Testamente Friedrichs d. Gr., hg. v. B. G. Volz (1920) S. 15 ff. Vgl. auch G. Franz, Deutsches Bauerntum Bd. 2 (1939) S. 214.
[137] Vgl. das o. S. 23 f. genannte Schrifttum.
[138] R. Ihde, Das Amt Schwerin (Diss. Rostock 1912) 136 f.
[139] Murjahn, Land Stargard a. a. O. 47 ff.
[140] Endler-Folckers a. a. O. 68 ff.
[141] H. Witte, Mecklenburgische Gesch. II (1913) 186.
[142] Jegorov, Die Kolonisation Mecklenburgs im 13. Jh. (Bibl. gesch. Werke aus d. Lit. Osteuropas I, 2, 1930, S. 475) und H. Wittes kritisches Nachwort (ebd. I, 3, 1932, S. 196 ff.), auch Mager (a. a. O.) S. 142 lehnt Jegorovs These ausdrücklich ab.
[143] Murjahn a. a. O. 52 ff.

lassen hatten, blieben im Land. Die übrigen wanderten wieder ab und suchten in der Fremde ein besseres Los. Häufig wechselten die Höfe alle zwei, drei Jahre den Besitzer[144]. So stark hatte der Krieg selbst hier die Bodenverwurzelung gelockert.

In den vorpommerschen Kreisen Anklam und Ueckermünde[145], die durch den Krieg mit Schweden vereinigt wurden, finden sich erklärlicherweise besonders zahlreiche skandinavische Zuzügler. Sie waren meist Kossäten, zuweilen auch Bauern. Besonders stark ist hier aber die stille Unterwanderung durch kleine Leute, die sogenannten Freileute, die als Hirten, auch als Leineweber in das Land kamen und vielfach seßhaft wurden[146]. Neben den Schweden finden sich Dänen und Finnen und selbstverständlich auch Pommern und Mecklenburger. Von den 8 Familien, die 1675 in Dargitz ansässig waren, sind 1698 noch 5 vorhanden. Zu ihnen waren aber inzwischen 5 Deutsche und 7 schwedische Neusiedler hinzugetreten. So verhängnisvoll in anderer Hinsicht die Folgen der schwedischen Besetzung für Pommern und das Reich gewesen sind, so hat die Zugehörigkeit zum skandinavischen Raum für das Land zweifellos eine Blutauffrischung bedeutet[147].

In den Gebieten, die vom Kriege überdurchschnittlich betroffen worden waren, war der Bevölkerungsverlust nur durch eine starke Einwanderung zu decken. Sie waren gleichsam Tiefdruckgebiete, die die Siedler aus den Schongebieten aufsaugten[148]. Diese Neusiedlung hat zu einer weitgehenden Umschichtung der deutschen Stämme geführt. Um nur die wichtigsten Tatsachen noch einmal hervorzuheben. Die Neusiedler in Oberdeutschland stammten vorwiegend aus den Alpenländern (Schweiz, Österreich, Tirol). Sie haben hier zweifellos das dinarisch-alpine Element verstärkt. In Norddeutschland wurde andererseits gerade der nordisch bestimmte Anteil durch Neusiedler aus dem niedersächsischen und skandinavischen Raume vermehrt. Darüber hinaus hat der Krieg alle deutschen Stämme in einmaliger Weise durcheinandergewürfelt. Aus ihrer Vermischung entstand ein neues Bauerntum. Jahrzehnte vergingen, bis man wieder von einer wirklichen Seßhaftigkeit sprechen konnte. Das Jahrhundert des Krieges hat aber nicht nur die Struktur des deutschen Volkskörpers entscheidend geändert, es bedeutet für das deutsche Bauerntum – wenigstens im Osten – auch in rechtlicher Hinsicht eine Schicksalswende.

[144] ENDLER (Volk u. Rasse 6, 1931, 14 ff.).
[145] G. BECKER, Die Kreise Anklam und Ueckermünde im 17. u. 18. Jh. Ein Beitr. z. Frage d. Bevölkerungsstruktur Vorpommerns (Familiengesch. Mitteilungen der Pommerschen Vereinigung f. Stamm- u. Wappenkunde 5, 1937, 17–22).
[146] In den Kirchenbüchern von Neuenkirchen bei Greifswald finden sich zahlreiche fremde Knechte und Mägde, Hirten und Arbeiter, «meist Dänen, aber auch Holsteiner und Schweden». Unter 11 getauften Kindern stammen 1652 3 von dänischen Arbeitern. Dänische Mägde werden besonders oft als Mütter unehelicher Kinder aufgeführt (P. ZUNKER, Pommersche Jahrb. 15, 1914, S. 56).
[147] Vgl. auch J. PAUL, Nachwirkungen der Schwedenherrschaft in der Bevölkerung Pommerns und des Baltikums (Forschungen und Fortschritte 12, 1936, 350–52). – E. ASSMANN, Wallensteins Lager in Bergen auf Rügen (Arch. f. Sippenforschung 14, 1937, 21–53) gibt besonders drastische Beispiele f. d. Bevölkerungsmischung in d. Kriegsjahren 1627–30. Vgl. auch FUCHS, Der Untergang des Bauernstandes a. a. O. 124.
[148] Auf die starken Unterschiede in der Bevölkerungsdichte um 1700 weisen G. SCHMOLLER (Schmollers Jahrb. 8, 1884, S. 1013) und B. SCHULZE (Neue Siedlungen in Brandenburg, 1939, S. 20) hin. Darnach hatte (die Zahlen weichen etwas voneinander ab) je Quadratmeile die Kurmark eine Bevölkerung von 636 (900), die Neumark von 500, Pommern von 420 (450), Preußen von 800–900, Schleswig-Holstein aber von 1200, Hannover von 1350, Magdeburg-Halberstadt von 1700 und Sachsen von über 2000 Köpfen.

3. Kapitel

Die agrargeschichtlichen Folgen des Krieges

Man kann es zu den Folgen des Krieges rechnen – erklärbar nicht zuletzt aus den starken Bevölkerungsverschiebungen –, daß die Volksüberlieferung fast völlig unterbrochen wurde. Sie geht zumeist nicht über den breiten Graben dieser Kriegsjahre zurück. So weiß sie auch nichts von früheren Kriegen zu berichten. Selbst der Bauernkrieg ist in der Erinnerung des Volkes verblaßt. Kein Wunder also, daß ähnlich wie Wälle und Schanzen, auch wenn sie frühgeschichtlichen Ursprungs sind, jetzt nur noch als Schwedenschanzen gelten, die Volksüberlieferung auch die wüsten Dörfer, die im ganzen altdeutschen Siedlungsraum nachweisbar sind, im Dreißigjährigen Kriege entstanden sein läßt. Gewiß sind – es war oft darauf hinzuweisen – durch den Krieg zahllose Orte zeitweise wüst geworden. Vor den durchmarschierenden Truppen flüchteten die Einwohner ganzer Dörfer in die benachbarten Städte, andere Dörfer starben durch die Pest aus. Wenige Jahre genügten, um die leichtgebauten, nur aus Holz und Lehm bestehenden Häuser verfallen zu lassen. Auch die Fluren konnten binnen kurzer Zeit so verwildern, daß sie später fast neugerodet werden mußten. Doch in den allermeisten Fällen wurden in den Jahren nach dem Kriege die Dörfer wiederaufgebaut und die Fluren neubestellt[1].

Zu den wüstungsreichsten Gebieten im Reich gehört das Eichsfeld. 288 noch blühenden Orten stehen 532 Wüstungen gegenüber. Keine einzige von ihnen ist jedoch im Dreißigjährigen Kriege entstanden, obgleich das Eichsfeld schwer unter dem Kriege zu leiden gehabt hatte. Alle Wüstungen stammen bereits aus dem ausgehenden Mittelalter[2]. Im ganzen werden in Mitteldeutschland allenfalls 10–15 Orte infolge des Dreißigjährigen Krieges zu Dauerwüstungen geworden sein. Sie fallen gegenüber den ungefähr 2000 mittelalterlichen Wüstungen kaum ins Gewicht. Zudem handelt es sich zumeist um Orte, die schon im 16. Jahrhundert wüst zu werden begannen. Es waren sterbende Dörfer, deren Ende der Krieg allenfalls beschleunigte[3]. Auch in Württemberg gehen nur 2,5 % aller Wüstungen auf den Großen Krieg zurück[4]. Von fast 1400 Wüstungen im Neckarland und auf der Alb sind nur 8 Dörfchen und einige Höfe im Kriege eingegangen[5]. In der Pfalz, die gleich dem Eichsfeld besonders reich an Wüstungen ist, sind nur einzelne Dörfer in der Kuseler Gegend während des Krieges wüst geworden. Alle anderen Wüstungen sind auch hier älter[6].

[1] Vgl. jetzt W. Abel, Die Wüstungen des ausgehenden Mittelalters (2. Aufl. 1955).
[2] v. Wintzigeroda-Knorr, Die Wüstungen des Eichsfelds (Geschichtsquellen d. Prov. Sachsen 40, 1903). Vgl. G. Reischel, Die Wüstungen der Prov. Sachsen (Sachsen u. Anhalt 2, 1920, 339).
[3] Vgl. Reichel S. 336 (Groß- und Kleinmöhlau). R. Schreiber (Der Elbogener Kreis nach dem Dreißigjährigen Kriege, Sudetendeutsches Hist. Archiv 2, 1935, 102) nennt 4 Dörfer, die hier 1650 wüst gelegen haben. Es ist nicht erkennbar, ob es sich um Dauerwüstungen handelt. Auf jeden Fall waren es ganz kleine Orte. Einer ist erst nach 1625 errichtet, ein anderer lag schon 1581 fast wüst.
[4] D. Weber, Die Wüstungen in Württemberg (1927).
[5] F. Huttenlocher, Kleine geogr. Landeskunde von Baden-Württemberg (1960), S. 131.
[6] D. Häberle, Die Wüstungen der Rheinpfalz (1922), S. 75.

Der Krieg hat also den Ortsbestand nicht nennenswert verändert[7]. Auch die Siedlungsfläche wurde durch ihn nicht vermindert. Es ist eine Ausnahme, wenn heute in Dreißbach, das im Kriege zur Wüstung wurde, oder in Sülzfeld an der Werra die einstige Dorfflur mit Wald bestanden ist[8]. Zumeist wurde die Flur der wenigen Wüstungen von den Nachbardörfern, ähnlich wie im Mittelalter, mit in Besitz genommen. Doch auch das zeitweise Wüstwerden der Dörfer und Dorffluren bedingte eine dauernde Verschiebung der Grundbesitzverhältnisse, die sich in den einzelnen deutschen Landschaften verschieden auswirkte.

Hinzu kam, daß das Kriegsende nicht nur in Deutschland, sondern in Europa mit einer allgemeinen Agrarkrise zusammentraf. In einem «Gespräch von der wohlfeilen Zeit», das sich 1652 in einer Flugschrift über «Das goldene Zeitalter» findet, klagt ein Bauer, er könne sich nicht genugsam wundern, daß das Getreide so im Preis gefallen sei; man könne es kaum mehr um Geld hinbringen, sondern müsse es entweder vertauschen oder halb verschenken. Kein armer Bauer könne für einen Simmer Getreide mehr ein Paar Stiefel kaufen. Zudem nahmen «die teuren und ungeschickten Knechte und Mägde allen Gewinn doppelt hinweg. Vor Jahren mußte eine solche Magd, wie anno 1631 geschehen, 25 Dörfer auslaufen, bis sie einen Dienst und das ganze Jahr 10 Pf. Gelds und 10 Ellen Tuchs erlangte. Jetzt ist dieser Lohn zehnfach gestiegen. Nunmehr ist es besser Knecht als Herr sein und will doch jedermann freien und sich freien lassen. Der arme betrübte Landmann weiß nicht mehr seine Rechnung zu machen, also daß, wenn ihm das Simmer Getreide für 6 Gulden der Mühe und Belohnung nach ankäme, er gleichwohl solches aus Not oft nur für dritthalb Gulden, um die Drescher davon zu bezahlen, verschleudern muß[9].» Und in einer ein Jahr später erschienenen anderen Flugschrift klagt ein Schwarzwälder Bauer, daß «in unserem gemeinen Elend und Trauern allein noch das Gesinde Freude und Mut hat. Wir müssen sie lassen Meister sein, müssen ihnen fast den Seckel zu dem Gelde geben, ihnen voll auftragen und selber Mangel leiden[10].»

Die Klagen sind nicht übertrieben. In München, Augsburg und Würzburg betrugen die Roggenpreise 1669-73 nur 25-30 % des Preisstandes der ersten Kriegsjahre (1619-24)[11]. Zahlreiche Angaben aus anderen Gebieten bestätigen diesen Preissturz[12].

---

[7] Es geht jedoch zu weit, wenn B. SCHULZE (Wandlungen im neueren Siedlungsbild der Mark Brandenburg, Forsch. z. br.-preuß. Gesch. 45, 1933, S. 134) sagt: «Seit langem wird vergeblich nach dem Dorfe gefahndet, das dieser Krieg vernichtet hätte und das nicht in irgendeiner Form wiedererstanden wäre.» Vgl. auch H. BESCHORNER, Die Wüstungen und ihre Erforschung in Dtld. (Bll. f. deutsche Landesgesch. 85, 1939, 184).

[8] H. WAHLE, Heimatbilder aus d. Kr. Schleusingen (Henneberger Heimatbll. 1935). Heimatbuch f. Südthüringen III, 153 ff. Das mainzische Dorf Daberstedt vor Erfurt wurde 1632 von der Stadt, der die Schweden die Mainzer Güter geschenkt hatten, einschließlich der Kirche niedergerissen, da es durch seine Schankgerechtigkeit und andere Gerechtsame der Stadt ein Dorn im Auge war. Es wurde aber nach dem Kriege wiederaufgebaut, brannte 1664 bereits wieder ab und wurde erst im 19. Jh. zur Wüstung. (E. WAGNER, Wie Daberstedt im Dreißigjährigen Kriege vernichtet wurde, Mitt. d. Ver. f. d. Gesch. u. Altertumskunde v. Erfurt 49, 1934, 31-52.)

[9] W. ABEL, Wandlungen des Fleischverbrauchs u. d. Fleischversorgung in Dtld. (Berichte über Landwirtschaft 22, 1937, 433).

[10] ERDMANNSDÖRFFER, Deutsche Geschichte I, 166.

[11] ABEL a. a. O. S. 431, dazu Ders., Agrarkrisen u. Agrarkonjunktur in Mitteleuropa (1935), 77 f., 96.

[12] v. INAMA-STERNEGG, Die volkswirtschaftl. Folgen des Dreißigjährigen Krieges (Hist. Taschenbuch 4. F., Bd. 5, 1864), S. 34-46. W. KUHN, Wiederaufbauarbeit nach dem Dreißigjährigen Kriege in Sachsen-Altenburg (Mitt. Gesch.- u. Altertumsf. Ges. Osterland 14, 1936, 334).

Der Berliner Geheime Rat führte 1645 den niedrigen Getreidepreis darauf zurück, daß die Städte zumeist verwüstet waren und daher kein Korn vom Lande brauchten. Sie konnten den geringen Bedarf ihrer wenigen Bewohner auf eigenem Boden decken[13]. Der Getreidehandel war zusammengebrochen; und bei der starken Bevölkerungsminderung genügten einige wenige gute Ernten, um einen Getreideüberschuß zu erzeugen. Es ist bezeichnend, daß im Unterschied dazu die Fleischpreise sich viel stabiler gehalten hatten. Sie waren in München und Augsburg nur auf 85 % des Vorkriegsstandes gesunken. Der Viehbestand, der im Krieg weitgehend vernichtet worden war, war sehr viel schwerer wieder zu ergänzen, so daß hier noch auf längere Sicht hin das Angebot den Bedarf nicht decken konnte.

Mit dem Getreidemarkt waren auch die Güterpreise zusammengebrochen. Immer wieder wird berichtet, daß nach dem Kriege Güter zu einem Bruchteil ihres Vorkriegswertes, ja umsonst, allein gegen die Übernahme der Abgaben zu erhalten waren[14]. Ein gesunder Arm war jetzt wertvoller als ein Stück Land geworden.

Das führte selbstverständlich zu einer ungewöhnlich starken Verschuldung der Landwirtschaft. Der Großgrundbesitz wurde durch Moratorien geschützt, der Bauernhof nicht[15]. In einem Bauernland wie dem Ratzeburgischen war es vor 1618 eine Ausnahme, wenn ein Hof über seinen Wert belastet war. Nach dem Kriege war es die Regel, obgleich das Land verhältnismäßig wenig zu leiden gehabt hatte. Ein Hof in Walksfelde war 457 Mark wert, hatte aber 1287 Mark Schulden, ein Hof in Mechow, der 60 Mark wert war, war gar mit 563 Mark belastet. Innerhalb von 11 Jahren (1526–37) hatte eine Hofstelle, die 450 Mark wert war, 1065 Mark an Abgaben und Kontributionen aufzubringen. Im Jahresdurchschnitt hatte der Bauer also etwa 100 Mark oder 22 % des Stellenwertes zu zahlen gehabt. Im Frieden hatten die jährlichen Abgaben außer einigen Naturallieferungen nur 7 Mark betragen[16]. In Sülzfeld an der Werra hatten die Bauern insgesamt 9876 private und 1582 fl. Gemeindeschulden. Allein die privaten Schulden machten für jedes Haus 100 fl. aus[17]. In Klein-Rodensleben hatte jeder Ackermann im Durchschnitt sogar 330 Taler, jeder Kossät 290 Taler Schulden[18]. Die Dörfer des Amtes Saarburg (um noch ein Beispiel aus Westdeutschland anzuführen) hatten insgesamt 91 400 Taler Kriegskosten und 74 000 Taler Schulden zu tilgen, so daß auf den Kopf der überlebenden Bevölkerung etwa 636 Taler barer Lasten kamen[19].

Trotz all dieser Hemmungen wurde der Wiederaufbau in Angriff genommen. Über seine Durchführung im einzelnen besitzen wir besonders ausführliche Nachrichten aus 4 sächsischen Dörfern bei Freiberg, Langhennersdorf, Seifersdorf, Reichenbach und Bräunsdorf, die zusammen ein Kirchspiel bildeten[20]. 1632 waren von den etwa 1300 Einwohnern der Kirchfahrt allein 792 an der Pest gestorben. Im folgenden Jahrzehnt brachte dann den Dörfern, die an der großen Leipziger Straße lagen, die mehrfache Be-

---

R. WUTTKE, Gesindeordnungen und Gesindezwangsdienst in Sachsen (Staats- u. Sozialwiss. Forschungen 54, 1893, 71). E. SCHWANNECKE, Die Wirkungen des Dreißigjährigen Krieges im Erzstift Magdeburg (Diss. Halle 1913, S. 46).
[13] ABEL, Agrarkrisen, S. 78.
[14] INAMA, S. 37. SCHWANNECKE, S. 55.
[15] ERDMANNSDÖRFFER, S. 109 ff.
[16] ENDLER, Volk u. Rasse 6 (1931), 14 ff.
[17] Heimatbuch f. Südthüringen III, 151 ff.
[18] SCHWANNECKE, S. 55.
[19] LAGER, Trierisches Archiv 11 (1907), 42–56.
[20] A. H. KÖNIGSDÖRFFER, Verwüstung d. Kirchfahrt Langhennersdorf bei Freiberg im Dreißigjährigen Krieg und ihre Wiederherstellung (1879) mit Angaben über jedes einzelne Gut auf Grund der Kirchen- und Gerichtsbücher.

lagerung von Freiberg noch vielerlei Elend. Doch immer wieder heißt es in den Kaufbüchern: «Erst ausgestorben, darnach caduc geworden.» Die Häuser wurden wohl «zu Wachtfeuern verbraucht» oder von den Soldaten «abgetragen», wenn sie nicht durch Wind und Wetter «zugrunde gegangen sind». In dem Oberdorf von Langhennersdorf lagen 23½ Güter jahrzehntelang wüst. Nur ein halbes Gut fand sich nach dem Krieg noch in der gleichen Hand wie zuvor. Einzig in Seifersdorf, das abseits von der Straße versteckt lag, waren die Schäden geringer, doch war auch hier über die Hälfte der Güter wüst, und nur vier Güter hatten 1650 noch den gleichen Besitzer wie 1632. Reichenbach litt nicht nur durch die Pest. Hier hatten sich die Bauern gegen die Kroaten, die sie für Marodeure hielten, zur Wehr gesetzt und büßten es mit dem Tode. In dem brennenden Dorf kamen 33 Bauern und 3 Bauernsöhne um. Frauen und Kinder hatten sich zuvor geflüchtet. Eines der wenigen Beispiele, daß wirklich der Krieg eine Bauernschaft vernichtet hat.

Selten fand sich nach dem Krieg ein Erbe des alten Besitzers ein, der das Gut wieder übernahm. Die meisten Güter wurden vom Amt und Gericht in den 40er und 50er Jahren an den Meistbietenden versteigert oder zumeist gegen die Abgaben verschenkt. Der Schulmeister überließ ein volles Hufengut 1650 einem anderen umsonst, weil die Felder seit 18 Jahren «unbebaut und unbestellt» waren und «an Gebäuden nicht ein Stecken mehr steht». Selbst größere Güter, die vor dem Krieg über 1000 fl. gekostet hatten, fanden keinen Käufer, so daß das Amt froh war, wenn sich nur jemand fand, der das Gut ohne Entgelt übernahm, wieder aufbaute und sich verpflichtete, künftig die Abgaben zu entrichten. In Langhennersdorf wurde 1661 das letzte Gut wieder besetzt, aber allein im Oberdorf lagen 1669 noch 16 Gärten (Häuslerstellen) wüst. Von Reichenbach wurde 1651 in drei Städten vergeblich eine Hufe angeboten. Noch 1665 überließ man 8 wüste Güter an die Meistbietenden für je 5 bis 15 Taler. Bis zum Jahrhundertende wurden wüstliegende Gärten und Häuslein als Baustätten verschenkt oder für 4–6 Groschen gegen die Verpflichtung verkauft, zu bauen. Fast ausnahmslos kamen jedoch die neuen Besitzer aus der Kirchfahrt selbst oder aus den umliegenden Dörfern. Ein österreichischer Exulant als Bauer ist eine vereinzelte Erscheinung. Vielfach gelang es jetzt Häuslern oder auch Knechten, ein Gut zu erwerben, während andererseits Bauern zuweilen mit einem Garten vorlieb nehmen mußten und Bauerntöchter Häusler heirateten. Die Besitzgrenzen waren verschoben. Häufig nahm ein Bauer das danebenliegende wüste Gut zu dem seinigen hinzu, oft noch wurden Güter aufgeteilt, weil sich für das ganze kein Besitzer fand. Und gern wechselte man in den Jahren nach dem Krieg den Besitz und tauschte ihn gegen einen anderen ein, der besser schien. Durch die Arbeit gewannen die Güter rasch an Wert. Ein Gut von 2¼ Hufen, das 1639 von einem Freiberger Maurer unentgeltlich angenommen wurde, kostete 3 Jahre später bereits 200 fl.

Bräunsdorf, durch das die Straße unmittelbar hindurchführte, hatte vor dem Krieg 10 Bauern mit 18 Hufen und 18 Häusler gezählt, im Krieg war es völlig wüst geworden. 15 Jahre lang wurde hier niemand getauft und niemand getraut. Ein einziger Gärtner lebte 1637 noch am Ort. So wurde das Dorf 1643 mit allen seinen «wüsten Hof- und Mühlstätten, Gärten, Holzungen, Äckern, Wiesen und allen Zugehörungen, auch samt den Ober- und Erbgerichten» einem kursächsischen Hofrat erblich überlassen, der es zunächst zu einem Vorwerk, später zu einem Rittergut machte. Bald nahm der Besitzer den Bergbetrieb auf der Flur auf, so daß aus dem einstigen Bauerndorf ein Bergarbeiterdorf wurde. Gegen das Jahrhundertende sind bereits 50 Arbeiterfamilien nachweisbar, kein einziges Bauerngut entstand wieder. Doch unter den Arbeitern und Häuslern tauchen einige der alten Bauernnamen wieder auf, so daß man wohl in ihnen Nachkommen der früheren Besitzer vermuten kann.

Aus den Angaben über diese vier Dörfer, denen durchaus typische Bedeutung zukommt, ergeben sich vor allem drei Tatsachen:

1. Im ganzen wurden die Dörfer in alter Weise ohne nennenswerte fremde Siedler wieder aufgebaut. Vielfach mußte die Flur neu gerodet werden, die Besitzgrenzen verschoben sich, ohne daß sich doch das Dorfbild entscheidend geändert hätte. Selbst alte Wüstungen wurden der Bebauung wieder zugeführt.

2. Die ständischen Grenzen im Bauerntum haben sich verwischt. Vielfach gelang es nach dem Kriege Häuslern, Dreschgärtnern, Hirten und Schafmeistern sozial aufzusteigen und Hintersassenstellen oder auch Bauernhöfe zu erwerben. Alte Bauern sanken dagegen zu Tagelöhnern und Arbeitern herab. Auch bei den Heiraten, bei denen an sich streng die bäuerlichen Standesgrenzen innegehalten werden, macht sich jetzt diese Vermischung bemerkbar. Die Güter wurden in Sachsen wie in Thüringen vielfach umsonst oder für einen ganz geringen Preis abgegeben, aber im ganzen nicht zerschlagen. Kapital war also nicht notwendig. Es genügte eine gesunde Arbeitskraft und die Entschlossenheit, sich aller Not zum Trotz durchzusetzen. Nie wieder gab es für den Tüchtigen derartige Möglichkeiten zum Aufstieg.

3. In einzelnen Fällen gelang es trotz aller Anstrengungen nicht, Neusiedler für ein Dorf zu finden. Die Dörfer gingen in adlige Hand über. Bauernland wurde zu Ritterland[21].

Die Herren von Werthern in Wiehe benutzten die Bauernnot, um Land an Zahlungs Statt anzunehmen. In Lossa kamen derart 390 Acker Gemeindeholz und 51 Acker Feld in Herrenhand[22]. Auch die Erfurter Bürger, die noch über Barmittel verfügten, kauften vielfach Bauernland in den umliegenden Dörfern auf, ohne selbst auf das Land zu ziehen[23]. Auf das Ganze gesehen ist dennoch die Minderung an Bauernland unerheblich. Die soziale Struktur des Landes wurde nicht geändert. Die sächsischen Fürsten verstanden jetzt, wie schon früher, eine wesentliche Vermehrung des Rittergutslandes zu verhindern. Der vereinzelte Verlust an Bauernland wurde durch die Aufteilung von Rittergütern in Bauernstellen wieder aufgewogen.

Das mitteldeutsche Beispiel kann für den gesamten altdeutschen Siedlungsraum Gültigkeit beanspruchen. Auch in Oberdeutschland war der Einfluß des Krieges auf die Agrarverfassung gering. In Württemberg trug der Krieg zur Güterzersplitterung bei. In Sanzenbach bei Schwäbisch-Hall gab es 1593 nur Vollbauerngüter. 1651 bestellten die Dorfbewohner jedoch nur noch 196 von 483 Morgen selbst. 202 Morgen befanden sich in den Händen städtischer Gläubiger, 60 Morgen besaßen andere Bürger, 25 Morgen wurden von Bauern benachbarter Dörfer bestellt[24]. Auch anderwärts wurden die geschlossenen Höfe zerschlagen. Walzende, aus dem Markungsverband gelöste Grundstücke entstanden. Vielfach brachten Juden Grund und Boden in ihre Hände. Bürger zogen als Bauern auf das Land. Die Dorfgemeinschaft wurde derart zerstört[25].

---

[21] H. BESCHORNER, Über den Wiederaufbau der meisten im Dreißigjährigen Kriege zerstörten Dörfer (Studium Lipsiense 1909, 73–88), vor allem S. 77 (Dohma) und S. 77. Anm. (Kirchbach b. Freiberg).
[22] L. NAUMANN, Skizzen u. Bilder zur Heimatkunde d. Kr. Eckartsberga 5 (1904), S. 89 f.
[23] E. WAGNER u. R. HUTH a. a. O. (vgl. o. S. 77, Anm. 11). Das gleiche berichtet NAUMANN a. a. O. S. 69 von der Stadt Sulza und dem Pfarrer in Auerstedt.
[24] F. RIEGLER, Die Reichsstadt Schwäbisch-Hall im Dreißigjährigen Kriege (1911), 81 ff.
[25] Auch die kursächsischen Stände klagten darüber, daß die Bürger die Bauern auskauften und Vorwerke anlegten. Jeder Bürger, der nur etliche Scheffel Feld habe, halte sich ein eigenes Geschirr und brauche Gesinde (R. WUTTKE, Gesindeordnung u. Gesindezwangsdienst in Sachsen, 1893, 119).

In Bayern wurde 1644 gestattet, größere Meiergüter zu zerschlagen, um leichter Käufer zu finden. 1639 war bereits den Hofmarksherren erlaubt worden, wüste Bauernhufen mitzubestellen[26]. Doch im ganzen befand sich hier der Adel selbst in einer Notlage[27]. Er war, schon infolge der stark gesunkenen Güterpreise, arg verschuldet und klagte 1669, daß die Klöster, Stifter und Orden, wenn sie nur von einem feilen Landgut hörten, dieses sofort aufkauften. Denn die Kirche verfügte über Geld. Viele hatten sich vor den Kriegsgefahren in die schützenden Mauern der Klöster geflüchtet, vor allem Waisen waren hier aufgenommen worden und hatten dafür ihr Erbgut eingebracht. Auch ein Erlaß, der dem Adel ein Vorkaufsrecht zusicherte und verbot, Güter an die tote Hand zu verkaufen, konnte die Entwicklung nicht aufhalten. Um 1600 hatte es in Bayern 593 landsässige Familien gegeben, sie waren 1669 auf 278 zusammengeschmolzen, von denen zudem die größere Hälfte aus im Kriege reichgewordenen neuadligen Geschlechtern bestand[28]. Klagte der Adel bereits damals, daß über 100 adlige Güter an die Kirche übergegangen wären, so mußte er am Ende des Jahrhunderts feststellen, daß die Klöster, wenn nicht die Hälfte, so doch gewiß ein Drittel des Landes besaßen. Für das Bauerntum fehlen uns entsprechende Zahlen und Klagen. Doch läßt sich kaum bezweifeln, daß mit dem adligen Besitz auch vielfach Bauernland in die Hand der Kirche gelangt ist.

Im Fränkischen besitzen wir genaue Nachrichten über den Wiederaufbau von 2 Dörfern. In dem reichsritterschaftlichen Dorf Sands[29], in dem vor dem Kriege 33 Familien gewohnt hatten, wohnten nach dem Kriege nur noch 2 Familien. Nur der adlige Hof und das Hirtenhaus blieben unzerstört. Die Feldflur war verwachsen. Erst 1672 wurden mit den Erben der 4 Hubengüter Verträge über den Wiederaufbau abgeschlossen. Die Güter wurden neuversteint. Die Herrschaft lieferte das Bauholz und zahlte die Hälfte der Kosten, sie verzichtete zudem für 3 Jahre auf Zins, Zehnten und Dienste. Sie erreichte damit, daß nach etwa einem Jahrzehnt der Vorkriegszustand wiederhergestellt war. Ein holländischer Dragoner und ein ausgedienter Kriegsmann fanden sich unter den Neusiedlern.

Das Dorf Rippberg[30] im östlichen Odenwald, das während des Krieges ausgestorben war, war 1665 Würzburg heimgefallen. Erst 1677 gelang es, einen Vertrag über die Ansiedlung von 20 Hufnern zu schließen, deren jeder 10 Morgen Land erhalten sollte. Da sich bald zeigte, daß diese Hufen zu klein waren, wurden sie auf 11 Stellen zusammengelegt. Von den Neusiedlern kamen die meisten aus der Umgebung, einige aber auch aus Österreich. Auch von den Frauen stammte eine aus der Steiermark, eine andere aus dem Etschland. 1750 lebten 50 Familien im Dorf, doch blieb der Ort arm, da die Flur zu klein war.

Das würzburgische Amt Aschach[31] vor der Rhön war auch nach dem Kriege «noch sehr wohl besetzt». Obgleich sich die Bevölkerungszahl auch hier vermindert hatte, war durch das Verschwinden des Kleingewerbes die Lebensgrundlage so eingeengt, daß die

---

[26] M. v. Freyberg, Gesch. d. bayr. Gesetzgebung II (1836), 235 f.
[27] A. Cohen, Der Kampf um die adl. Güter in Bayern nach dem Dreißigjährigen Kriege (Zs. f. d. ges. Staatswissenschaften 59, 1903).
[28] S. Riezler, Gesch. Bayerns V, 661.
[29] E. Rudolph, Wie das Dörflein Sands nach dem 30j. Krieg neu erstand (Mainfränk. Jahrbuch 1, 1949).
[30] R. Krebs, Rippberg, eine würzburgische Neusiedlung nach dem 30j. Krieg (ZGORh. 74, 1920, S. 313–65).
[31] A. Pfrenzinger, Die jüngsten Rodungsdörfer im würzburgischen Salzforst (1937). M. Horbelt, Siedlungsbild und Siedlungsentwicklung im Grabfeld (Diss. Heidelberg 1936). A. Welte, Die Besiedlung des sö. Rhönvorlandes (Geogr. Anzeiger 33, 1932, S. 233 f.).

Würzburger Regierung nicht nur einzelne Höfe und Klostergüter an die umliegenden Dörfer aufteilte, sondern zwischen 1683 und 1694 8 Dörfer (Waldberg, Langenleiten, Sandberg, Reußendorf, Kilianshof, Ohrberg, Frauenroth und Neubessingen) neuanlegte. Insgesamt wurden 4070 Morgen gerodet. Die Siedler kamen fast ausnahmslos aus der Umgebung. Nur vereinzelt finden sich auch hier Tiroler.

In Nordwestdeutschland hat der Staat durch eine zielbewußte Gesetzgebung die alte Agrarverfassung nach den Wirrnissen des Krieges wiederhergestellt.

In Niedersachsen war eben vor dem Kriege die Ausbildung der Meierverfassung zum Abschluß gekommen[32]. Das Meiergut war erblich geworden. Der Meier war zugleich der Hauptsteuerzahler des Landes, da Adel und Geistlichkeit steuerfrei waren. Die zahllosen Kontributionen und Abgaben in der Kriegszeit zwangen den Bauern vielfach, Stücke seines Landes, auch ohne grundherrlichen Konsens, zu verkaufen, anderwärts wurde er wegen Zinsrückständen abgemeiert, kam in Konkurs oder fiel sonst dem Kriege zum Opfer[33]. Die Meiergüter, die wüst geworden waren, wurden von den Grundherren eingezogen. Seltener, und eigentlich nur im Norden (Lüneburg, Bremen), wurden sie zum Rittergut geschlagen, häufiger wurden sie in Zeitpacht an die ehemaligen Besitzer, die nun als Häusler und Anbauer im Dorf wohnten, stückweise verpachtet. Auch altansässige Kleinköter (Brinksitzer) pachteten Meierland. Das Land aber wurde damit der Steuer- und Dienstpflicht entzogen. Ritterland war steuerfrei. Die Häusler und Brinksitzer aber zahlten nur die ihrem Stande entsprechenden geringen Steuern und leisteten nur Handdienste. So waren die Höfe, obgleich ihr Land alles unter dem Pflug lag, für Staat und Gemeinde dennoch «wüst». Und die wenigen übriggebliebenen Meier hatten eine übergroße Steuerlast zu tragen. Während des Krieges führten alle Wiederbesiedlungsversuche zu keinem dauernden Erfolg, auch wenn man Häuslinge und Einlieger wie im Lüneburgischen gewaltsam zur Annahme wüster Höfe zu zwingen suchte.

Erst nach dem Kriege gelang es, durch die Anwendung schärfster Maßregeln den alten Zustand wiederherzustellen. In Kalenberg zwangen die Beamten die Bauern zur Annahme wüster Höfe und besetzten auch die Höfe adliger Herren, ohne diese zu fragen. In Lüneburg bedrohte man die junge Mannschaft, die sich weigerte, Höfe zu übernehmen, mit der Anwerbung zum Militärdienst. Die Beamten erhielten für die Gewinnung tüchtiger Meier Prämien, die zum Teil die Grundherren bezahlen mußten. Den Neusiedlern wurden Freijahre zugesichert.

Aber mit der Wiederbesetzung allein war es nicht getan. Denn während des Krieges hatte sich die Hofgröße entscheidend geändert. Viele Höfe waren durch Abverkäufe auf Bruchteile ihres früheren Bestandes zusammengeschrumpft. Auch nach dem Kriege setzten sich die Absplitterungen von Hofland noch fort. Sollte das Meiergut seine alte Stellung als Steuerträger wieder erhalten, so mußte es nicht nur neu besetzt, sondern auch in seinem alten Bestand erhalten und auf die Dauer gesichert werden. Das war das Ziel der sogenannten Redintegrierungsgesetzgebung. Durch die braunschweigische Landesordnung von 1647, die Hildesheimer Polizeiordnung von 1665 und eine Kalenbergische Verordnung von 1691 wurde für sämliche Bauerngüter der Pertinenzverband geschaffen. Das Bauerngut wurde für geschlossen erklärt, kein Stück durfte ohne obrigkeitliche Genehmigung mehr abgetrennt werden. Entfremdete Stücke wurden dem Hof wieder beigelegt. Im Norden (Lüneburg, Bremen-Verden, Hoya) wurde die Redinte-

---

[32] W. WITTICH, Die Grundherrschaft in Nordwestdeutschland (1896), 395–408.
[33] Wenn WITTICH davon spricht, daß die abgemeierten Bauern sich als Bettler, Räuber und Diebe im Land umhertrieben oder als Häuslinge im Dorf zurückblieben und sich ebenfalls vom Diebstahl oder Tagelohn nährten, so ist dies zweifellos eine unzulässige Verallgemeinerung.

grierung in die Hand der Grundherren gelegt, erreichte aber das gleiche Ziel. Damit wurde das Bauerngut im Rechtssinn geschaffen. Das Meierrecht wurde ein Teil des öffentlichen Rechts. Der Grundherr wurde zum Rentenempfänger, der Staat übte aus öffentlichem Rechte eine Grundherrschaft aus, die die erbliche Stellung der Meier sicherte.

In der zu Brandenburg gehörenden Grafschaft Ravensberg[34] um Bielefeld waren die kurfürstlichen und adligen Eigenbehörigen die eigentlichen Steuerzahler auf dem Lande, standen doch 1672 2584 stättebesitzenden eigenbehörigen Bauern und 3807 Heuerlingen, d. h. Eigenbehörigen ohne Grundbesitz, nur 96 Meier gegenüber. Der Kurfürst war daher daran interessiert, die Eigenbehörigen «nicht über Gebühr zu beschweren». Die Stände sollten angehalten werden, ihre Untertanen «moderat» zu behandeln, da er sonst gezwungen wäre, «sichere Maße zu setzen». Doch stemmte sich der Kurfürst gleichzeitig allen Bestrebungen entgegen, die Eigenbehörigen freizulassen. Er sah in der Eigenbehörigkeit «ein sonderbares Kleinod der Grafschaft» und befahl daher «die Leute in ihrem statu helfen zu erhalten» und die Freilassungsgebühren prohibitiv hoch anzusetzen. Aus fiskalischen Gründen hielt also der Kurfürst an der alten Eigentumsverfassung fest und bewirkte damit, daß sie bis 1806 nahezu unverändert in Kraft blieb.

Ebenso bemühten sich die anhaltischen Fürsten, die alte Bauernverfassung wiederherzustellen[35]. Soweit möglich wurden die alten Besitzer oder deren Erben wieder angesetzt. Vor allem aber wurden die Bauerngüter auf Grund der Salbücher im alten Umfang wiederhergestellt. Waren früher die Güter vielfach Laßgüter, so wurden jetzt die Neusiedler zumeist zu Erbzinsrecht angesetzt, weil man nur unter dieser Voraussetzung Bauern zu gewinnen vermochte. Das bäuerliche Besitzrecht hat sich also infolge des Krieges gefestigt. Nur in Einzelfällen wurden Bauerngüter eingezogen, um sie nicht wüst liegen zu lassen. Im ganzen aber hat sich das Bauernland nicht vermindert.

Auch in den rheinischen Ländern[36] wurde eine Rückgabe der Bauernhöfe, die sich adlige und geistliche Herren während des Krieges angeeignet hatten, an die Bauern vom Staate erzwungen[37].

Diese Redintegrationsgesetzgebung, um den braunschweigischen Ausdruck zu verallgemeinern, ist Ausdruck einer neuen staatlichen Wirtschaftspolitik. Hatte sich der mittelalterliche Staat fast ausschließlich um den Verbraucher gekümmert und seine Versorgung durch Höchstpreise, das Stapel- und Marktrecht der Städte und andere Maßnahmen zu sichern gesucht, so nahm sich jetzt der Staat des Erzeugers in der Landwirtschaft (und auch im Gewerbe) an. Er erkannte, daß die Erhaltung und Stärkung des Bauernstandes nicht nur die Voraussetzung für eine regelmäßige Versorgung der Bevölkerung, sondern auch für die Gesundung des Finanzwesens war. Aus der Kriegswirtschaft entstand, unabhängig von der Theorie, der Merkantilismus als praktische Notwendigkeit, ein Merkantilismus, der in den deutschen Territorien von vornherein sich nicht damit begnügen konnte, neue Gewerbe in das Land zu ziehen und den Zunft-

---

[34] K. SPANNAGEL, Minden und Ravensberg unter brandenburg-preußischer Herrschaft (1894), S. 172 ff.

[35] A. KRAAZ, Bauerngut und Frondienst in Anhalt (1898).

[36] KUSKE im Jahrbuch d. Arbeitsgemeinschaft rhein. Geschichtsvereine 1937, S. 82.

[37] Aus der Grafschaft Mark wird berichtet, daß vereinzelt nach dem Dreißigjährigen Kriege die Leibeigenschaft eingedrungen sei, indem verlassene oder wüst gewordene Bauerngüter nach Leibeigenrecht an neue Kolonen verliehen wurden. Aber im allgemeinen lasse sich nicht von einer Verschlechterung des Besitzrechtes oder einer Einschränkung der tatsächlich vorhandenen Freizügigkeit sprechen (H. SCHOTTE in: Die Grafschaft Mark, hg. v. A. MEISTER, I, 1909, S. 347).

zwang aufzuheben, sondern der vor allem auch auf die Hebung der Landwirtschaft bedacht sein mußte[38].

Nirgends freilich ist staatliche Agrarpolitik so zielbewußt vorgegangen wie in Nordwestdeutschland, vor allem in Niedersachsen. Nirgends hat sie auch so vollständig ihr Ziel, die Neugewinnung eines starken Bauernstandes, erreicht. Sie konnte den Wiederaufbau in einem Gebiet in Angriff nehmen, das durch den Krieg wohl wirtschaftlich geschädigt worden war, aber doch nur einen verhältnismäßig geringen Bevölkerungsverlust aufzuweisen hatte. Die Menschen, die zur Übernahme der Bauernhöfe notwendig waren, standen zur Verfügung. Das aber war in den Gebieten, die der Krieg härter heimgesucht hatte, nicht der Fall. Schon in Mitteldeutschland führte der Menschenmangel dazu, daß im Mittelpunkt der Agrargesetzgebung die Gesindeordnungen standen, in denen zumeist der Gesindezwangsdienst eingeführt wurde[39]. Dieser kann nicht ohne weiteres als einseitige Verschlechterung der bäuerlichen Lage gewertet werden. Es war berechtigt, wenn zuerst in der kursächsischen Gesindeordnung von 1651, die bald in den benachbarten Gebieten nachgeahmt wurde, bestimmt wurde, daß die Kinder der Untertanen, die in der väterlichen Wirtschaft nicht benötigt wurden und die nicht schon anderweit im Dienst standen, eine Stellung annehmen mußten. Und es war auch keine unbillige Beschränkung, wenn dabei der eigenen Herrschaft eine Vormiete für einen zwei- oder auch dreijährigen Dienst eingeräumt wurde.

Die Einführung der Arbeitspflicht sollte nicht nur dem Adel wie dem Bauerntum das notwendige Gesinde zu angemessenen Löhnen sichern. Sie galt auch der Erhaltung des Bauernstandes. Ein Magdeburgisches Mandat wandte sich 1650 ausdrücklich dagegen, daß jeder Kotsasse und Häusling, jeder Knecht und jede Magd, wenn sie Geld genug erspart hätten, um sich ein paar Kühe zu kaufen, daran gingen, wüste Äcker zu bestellen, während die Bauerngüter selbst wüst liegen blieben und damit der Steuer entzogen würden. Es wurde daher den Kotsassen verboten, Vieh zu halten, es sei denn, daß sie regelrecht ein Bauerngut pachten oder kaufen wollten. Zwei Jahre später wird es als Müßiggang bezeichnet, wenn Knechte wüste Äcker bestellen, die Mägde spinnen, klöppeln und stricken, statt sich zu verdingen, und die Bauern oder ihre Söhne in die Stadt ziehen, um sich hier als Anspänner mit dem Schubkarren zu ernähren. Um einen gesunden Bauernstand aus steuerlichen Gründen zu erhalten, wurde die Landflucht gehindert und eine dreijährige Gesindedienstpflicht eingeführt[40].

Im altdeutschen Siedlungsgebiet, also den Landschaften westlich der Elbe, wurde durch den Großen Krieg die agrarische Struktur nirgends entscheidend geändert. Das Verhältnis zwischen Bauernland und Großgrundbesitz verschob sich nicht wesentlich. Das Bauerngut blieb wie in den vergangenen Jahrhunderten so auch jetzt über alle Nöte hinweg die vorherrschende Betriebsform. Es wurde verschiedentlich durch staatliche Eingriffe sogar in seinem Bestand gefestigt. Auch die ständischen Unterschiede innerhalb der Bauernschaft verwischten sich nicht. Vor allem aber änderte sich die recht-

---

[38] Ich kann diese Zusammenhänge, die eine eigene Darstellung erfordern, hier nur eben andeuten. I. Bog hat nach den Quellen des ansbachischen Klosterverwalteramtes Heilsbronn den Einfluß der Kriegswirtschaft auf die bäuerliche Wirtschaft nachgewiesen und ist zu ähnlichen Ergebnissen gelangt (Die bäuerliche Wirtschaft im Zeitalter des 30j. Krieges, 1952). Im Kriege sei der Kontakt zwischen Staat und Wirtschaft entstanden, der auch im ausschließlich bäuerlichen Territorium den Merkantilismus, zumindestens in seinen geistigen Voraussetzungen, hervorgebracht habe (S. 9).
[39] R. WUTTKE, Gesindeordnungen und Gesindezwangsdienst in Sachsen bis z. J. 1835 (Schmollers Staats- u. sozialwissenschaftl. Forschungen 12, 4, 1893).
[40] Vgl. die Mandate bei G. FRANZ, Deutsches Bauerntum (Germanenrechte NF.) Bd. II (1939), Nr. 40 u. 41. Dazu F. DANNEIL, Gesch. d. magdeburgischen Bauernstandes (1898), 457 ff.

liche Stellung der Bauern gegenüber ihren Grundherren wie gegen den Staat nicht grundsätzlich. Die Rentengrundherrschaft Südwestdeutschlands überdauerte den Krieg ebenso wie die mitteldeutsche Grundherrschaft und die Meierverfassung Niedersachsens, die durch den Krieg sogar erst ihre letzte Ausprägung erhielt. Auch der Gesindezwangsdienst war der Freiheit der Bauern nicht abträglich, solange staatliche Aufsicht verhinderte, daß er von den adligen Besitzern zu einer neuen Untertänigkeit ausgenutzt wurde.

Ganz anders liegen jedoch die Verhältnisse in Ostdeutschland. Hier führte der Krieg zu einer starken und dauernden Verminderung des Bauernlandes, die Hand in Hand mit der Herabdrückung der Bauern in die Erbuntertänigkeit und Leibeigenschaft ging.

In der Mark Brandenburg[41] waren vor dem Kriege die Rittergüter noch verhältnismäßig klein gewesen. Im Oberbarnim zählten die kleinsten nur 90, die größten 720 Morgen. Die Durchschnittsgröße wird mit 360 Morgen (12 Hufen) berechnet. Im 19. Jahrhundert betrug sie aber in der Provinz Brandenburg 2655 Morgen, sie hatte sich also binnen zweier Jahrhunderte versiebenfacht[42]. Diese ungeheure Vergrößerung geht gewiß zum Teil auf die Vermehrung des Gutslandes durch die Bauernbefreiung zurück. Der entscheidende Einschnitt in der Entwicklung der märkischen Gutswirtschaft liegt aber im Dreißigjährigen Kriege.

Das läßt sich für kein Gebiet der Mark so deutlich nachweisen wie für die Herrschaft Beeskow. Denn hier hat 1652 der Landreiter Dorf für Dorf aufgeschrieben, wie viele Bauernhufen zum Herrenland geschlagen worden sind oder was sonst aus dem Bauernland geworden ist[43]. Gab es vor dem Kriege in den Adelsdörfern 216 und in den Amtsdörfern 223 Bauern, so hatte sich während der Kriegsjahre die Zahl der Bauern in den Amtsdörfern um nur 28 % auf 161 vermindert. In den adligen Dörfern aber waren die Bauern auf 55, also um 75 % zurückgegangen. Auch die amtssässigen Kossäten hatten sich nur um 25 % (von 124 auf 91), die adligen aber um 54 % (von 307 auf 140) vermindert. Nur in einem Amtsdorf wurde ein Vorwerk neuerrichtet. Sonst wurde die Flur der wüsten Höfe den besetzten Stellen zugelegt oder an sie verpachtet (z. B. in Ahrensdorf, Behrensdorf, Görsdorf, Kohlsdorf, Limsdorf), soweit das Land nicht von Fichten bestanden und unbestellbar geworden war. In den Adelsdörfern kam dies nur ganz vereinzelt vor (Drahendorf). In aller Regel wurde das wüste Bauernland zum Herrenland geschlagen. In dem großen Dorf Trebatsch wurden 27 Bauernhufen eingezogen. Den Bauern blieben nur 10 Hufen und 115 Scheffel. Auf 5 Bauern- und Kossätenstellen saßen jetzt Drescher als Hausleute des Junkers. In Stremmen wurden 6 Bauerngüter mit 24 Hufen zum Rittersitz geschlagen. 4 Höfe blieben wüst liegen, 2 weitere wurden in Kossätenstellen verwandelt. Kein einziges Bauerngut blieb erhalten. Auch in Cossenblatt verschwanden alle 7 Bauernhöfe und außerdem noch 11 Kossätenstellen. Bei 3 Kossäten heißt es ausdrücklich, daß sie im Ort geboren sind, vordem Bauern waren und je 3 Hufen besaßen. Jetzt gebrauche der Junker den Acker. Wurden aus den Bauern Kossäten, so aus den Kossäten Hausleute. Auf 5 Kossätenhöfen saßen jetzt Hausleute, die ein oder auch zwei Stück Vieh im Stall hatten, aber keinerlei Land mehr bestellten. Ragow hatte vor dem Krieg 19 Bauern- und 12 Kossätenstellen. 1652 lebten nur noch 5 Kossäten am Ort. Auf den Bauernstellen war eine Meierei, eine Schä-

---

[41] Vgl. zum folgenden F. GROSSMANN, Über die gutsherrl.-bäuerl. Rechtsverhältnisse in der Mark Brandenburg vom 16.–18. Jh. (Staats- u. sozialwiss. Forsch. 9, 4, 1890).

[42] H. v. PETERSDORFF (Forsch. br.-preuß. Gesch. 2, 1889, 14); v. P.s Berechnung, daß der ritterschaftl. Besitz von 1634 bis 1671 um 30 % gestiegen sei, weist GROSSMANN, S. 62 Anm., als irrig nach. Die Vermehrung war zweifellos größer, doch ist bei dem Vergleich mit dem 19. Jh. die unterschiedliche Morgengröße in Betracht zu ziehen.

[43] K. SCHRAMM, Verzeichnis der Untertanen des Amtes Beeskow (1938).

ferei und eine Winzerei neuerrichtet worden. Hausleute nahmen auch hier den Platz der Besitzer ein. In Krügersdorf wurde selbst aus dem Schulzengericht eine Kossätenstelle gemacht. In Wulfersdorf übergab der einzige Bauer, der seit 60 Jahren auf seinem Hofe gesessen hatte, sein Gut dem Junker und behielt sich nur 5 Stück Vieh vor. In Tauche wurden 8 Bauern- und 3 Kossätenstellen (zusammen 22 Hufen) zum Rittersitz geschlagen. Ein weiteres großes Bauerngut (4 Hufen) hatte sich ein Verwandter des Gutsherrn gekauft. In anderen Orten wurden Rittersitze neuerrichtet. So wurde in Briescht ein Gut aus dem Land von 10 Bauernhöfen gebildet. 6 von ihnen hatten wüst und verfallen gelegen. Vier andere aber waren mit Bauern besetzt gewesen, die seit 30, 24, 12 und 10 Jahren ihren Hof innegehabt hatten. Ihr Land wurde jetzt eingezogen, sie selbst zu Kossäten gemacht. Fortan gab es keinen Bauern mehr im Dorf. Das Herrenland bestand aus 23½ Hufen. Die Bauern hatten nur noch 39 Scheffel Land.

Im ganzen wurden in Beeskow 281 Hufen Bauernland nachweislich zum Herrenland geschlagen. Tatsächlich hat sich das Herrenland noch stärker vermehrt, da bei den Kossätenstellen, die ebenfalls zahlreich gelegt wurden, die Landfläche meist nicht angegeben und verschiedentlich auch über die Verwendung des wüsten Ackers nichts ausgesagt ist. In 12 von 26 Adelsdörfern, also in fast der Hälfte, verschwanden während des Krieges alle Bauern. Diese ungemein starke Verminderung des Bauernlandes und die Verschlechterung der bäuerlichen Besitzverhältnisse waren nicht allein eine Kriegsfolge. Der Krieg kam adligen Wünschen entgegen. Das Amt hat sich zweifellos stärker um Neusiedler bemüht als der Adel. In den Amtsdörfern sind von 250 Bauern und Kossäten 111 am Orte geboren, 139 aber aus dem Amt oder der Fremde zugewandert. Von den 239 adligen Hintersassen sind nur 102 zugewandert.

Ein kurfürstliches Edikt wandte sich 1657 ausdrücklich gegen die Adligen, die die Bauern selbst vertrieben oder doch Neusiedler nicht als Bauern annehmen wollten, um die wüstliegenden Wiesen und Triften allein genießen zu können[44]. Und 1710 mußte Kammerrat Luben in einer Denkschrift für den König feststellen, daß die Wiederbesetzung schlecht gelungen wäre, weil der Adel «die besten Äcker und Wiesen, auch Holzungen zu seinen Rittergütern und Vorwerken gezogen», den Bauern aber zu allen Diensten und Kontributionen «die schlimmsten Äcker, Wiesen und Hütungen gelassen» hätte[45]. So ist es verständlich, daß die Seßhaftigkeit in den Amtsdörfern größer war als bei den adligen Untertanen. In der Herrschaft Beeskow waren die Bauern in 12 Amtsdörfern 1652 durchschnittlich 13 Jahre, in 12 adligen Dörfern aber nur 11 Jahre ansässig. 1746 kann festgestellt werden, daß die Zahl der Bauern in den Herrschaften Beeskow-Storkow gegenüber dem Stand vor dem Dreißigjährigen Kriege um rund die Hälfte (von 814 auf 429) zurückgegangen ist. Statt dessen ist aber die Zahl der Hausleute, also der landlosen Tagelöhner, von 172 auf 828, also um das Fünffache gestiegen[46]. Mancher Erbe alten Bauernblutes war zum Drescher geworden.

In der Mark vermehrte sich die Zahl der Dörfer in den 130 Jahren von 1618 bis 1746 um 93 (von 1841 auf 1934), auch die Zahl der Untertanen stieg von 34 861 auf 47 811 um 37 %. Aber die Zahl der Bauern sank gleichzeitig um über 10 % (von 18 558 auf 16 646), und auch die Zahl der Kossäten verminderte sich (von 13 644 auf 12 709). Doch die Hausleute vervielfachten sich (von 2659 auf 18 456)[47]. Diese Besitzverschiebung vollzog sich wesentlich im adligen Herrschaftsbereich. Die Kurfürsten und Könige

---

[44] GROSSMANN, 62, Anm. 1.
[45] R. STADELMANN, Preußens Könige in ihrer Tätigkeit f. d. Landeskultur II (Publ. aus den preuß. Staatsarchiven 11), 211 ff.
[46] O. BEHRE, Gesch. d. Statistik in Brandenburg-Preußen (1905), S. 179.
[47] BEHRE, S. 179. Vgl. auch die Zahlen bei GROSSMANN, S. 71.

hatten sich, wie wir gesehen haben, von vornherein um eine planmäßige Neusiedlung bemüht. Die Kurfürstin Luise Henriette hatte, um noch ein Beispiel anzuführen, etwa in ihrer Herrschaft Oranienburg ausdrücklich 1665 festgelegt, daß sie die Vorwerksäcker nicht mehr durch Meier, Gesinde und der Bauern Hofdienste wolle ackern und bestellen lassen. Sie sei sich vielmehr schlüssig geworden, bei jedem Vorwerk eine gewisse Anzahl Bauernhäuser auf ihre Kosten bauen zu lassen und Untertanen darein zu setzen[48].

Eine so starke Verschiebung konnte selbstverständlich nicht ohne Einfluß auf die rechtliche Stellung der Bauern bleiben. Auch in der Mark suchte man dem Menschenmangel durch eine Ausdehnung des Gesindezwangsdienstes zu begegnen. In der Gesindeordnung von 1651 wurde bestimmt, daß selbst wenn Bauernkinder auf die väterliche Erbschaft verzichteten, sie der Verpflichtung, sich ihrer Herrschaft für 3 Jahre zum Dienste anzubieten, nicht ledig würden. Ja, ein Menschenalter später (1681) wurde die Möglichkeit, auf das Erbe zu verzichten, überhaupt ausgeschlossen. Jedes Kind eines Bauern oder Kossäten war verpflichtet, einen Hof anzunehmen. Ledige Personen, die 20 Jahre alt waren, sollten von den Obrigkeiten gezwungen werden, zu heiraten und sich ansässig zu machen. Schon 1670 wurde festgelegt, daß auch die Hausleute, die 3 Jahre an einem Orte geblieben waren, gezwungen werden sollten, sich ansässig zu machen. In der Neumark galt der Gesindezwangsdienst sogar auf unbegrenzte Zeit. Entliefen die Untertanen und kamen trotz öffentlicher Aufforderung nicht binnen 4 Wochen zurück, so sollten sie aller Ehren entsetzt und ihre Namen an den Galgen geschlagen werden. Wurden sie ertappt, sollten sie an Leib und Leben oder doch mit ewigem Gefängnis bestraft werden (1685)[49].

Fast entscheidender aber war die Verschlechterung des Besitzrechtes. Die Neusiedler hatten zumeist nicht das Geld, sich eine Stelle zu kaufen. Der Gutsherr mußte die Gebäude wiederaufbauen, er stellte das Saatgetreide, das Inventar und vor allem das Vieh. Ja, er begann wohl auch schon mit dem Roden der wüsten und bewachsenen Felder, die er dann einem Bauern überließ. So war der Siedler nicht mehr Eigentümer seiner Stelle, er besaß sie nicht mehr zu dem bisher in der Mark fast ausschließlich geltenden Erbzinsrecht, sondern nur noch als Lassit. Der Herr konnte ihn jederzeit vertreiben. Da er aber die Stelle nicht legen durfte, bürgerte sich doch auch hier tatsächlich die Erblichkeit ein, nur behielt sich der Herr das Recht vor, den geeigneten Nachfolger unter den Bauernkindern auszuwählen. So ist unter dem Einfluß des Krieges ein wesentlicher Teil der bäuerlichen Bevölkerung der Mark aus Eigentümern zu Lassiten geworden, auch wenn sich der Name Lassit erst im 18. Jahrhundert findet[50]. Immerhin blieb der märkische Bauer trotz der Ausdehnung der Gutsuntertänigkeit auf seine Kinder persönlich frei und konnte von seiner Stelle nicht vertrieben werden. Die Hohenzollern hinderten durch ihre Bauernschutzgesetzgebung, für die vor allem wehrpolitische Gründe ausschlaggebend waren, einen weiteren Rückgang des Bauernstandes.

Ähnlich lagen die Verhältnisse in der Lausitz, die Kursachsen während des Krieges erworben hatte. In der Untertanenordnung, die von den oberlausitzischen Ständen sofort nach Friedensschluß vereinbart und 1651 von Kurfürst Johann Georg publiziert worden ist, heißt es zwar ausdrücklich, daß die Untertanen nicht leibeigen im Sinne des römischen Rechtes wären, aber sie seien «auf den Grund gewidmet», also an den Boden gebunden und «daher weder gänzlich frei noch gänzlich dienstbar». Sie könnten zwar heiraten, das Ihre verkaufen und Testamente errichten, aber sie dürften sich nicht ohne

---

[48] B. Schulze, Neue Siedlungen in Brandenburg, S. 18.
[49] Grossmann, 57 ff., 69 f.
[50] Das hat Grossmann wahrscheinlich gemacht.

Wissen ihrer Erbherrschaft an andere Orte begeben, da sie «der Dienste wegen, die sie den Gütern zu leisten schuldig, für ein zugehöriges Stück derselben zu achten». Die Untertanen waren zum lebenden Inventar des Gutes geworden, damit aber waren sie tatsächlich leibeigen, auch wenn die Stände es nicht Wort haben wollten, und wurden sehr bald auch ausdrücklich als «homines proprii» bezeichnet. Die gleiche Untertanenordnung billigte daher auch den Besitzern das Recht zu, ihre Untertanen von der Scholle zu vertreiben. Wurde der Bauer selbst damit auch der Untertänigkeit ledig, so blieben seine Kinder dennoch weiterhin untertan. Auch Witwen und Waisen konnten vom Hofe vertrieben werden, wenn sie zur Leistung der Dienste ihres Alters wegen nicht imstande waren. Die Herrschaft war nur verpflichtet, sich «christlicher Billigkeit» gegen sie zu befleißigen. In der gleichzeitig erlassenen Landesordnung wurde dem Adel auch das Recht gegeben, seine Untertanen wider deren Willen auszukaufen. Ausdrücklich wurden 1672 die restlichen Untertanen verpflichtet, auch die Fluren der ausgekauften Güter mitzubestellen, da sie zu «vollen Diensten» verpflichtet wären. Auch hier hatte der Bauer kein Erbrecht mehr an seinen Gütern, er war zum Lassiten geworden. Die Stände beriefen sich darauf, daß alle diese Bestimmungen «uraltes Herkommen» wären, sie irrten sich aber darin. Es handelt sich in allen Fällen um neugesetztes Recht[51].

Auch in der benachbarten Niederlausitz behielten sich 1645 die Stände vor, wüste Hufen selbst zu bestellen, zu verpachten, zu verpfänden oder zu verkaufen und alle möglichen Wege zu versuchen, damit die gemachten Anlagen aus den Hufen gezogen werden könnten. So wurde auch hier 1662 festgestellt, daß in Dörfern, in denen vor dem Kriege nur Bauern gewohnt hatten, sich jetzt Rittersitze fanden, die aus Bauernhufen gebildet worden waren. Erst recht wurden die alten Rittergüter auf Kosten des Bauernlandes vergrößert[52].

In Schlesien hat der Krieg dagegen nicht, wie GRÜNHAGEN gemeint hat, zu einem «gänzlichen Verfall der Bauernfreiheit» geführt[53]. Nur verhältnismäßig wenig Bauernland wurde eingezogen. Den Bauern gelang es, dank der habsburgischen Gesetze, ihr gutes Besitzrecht aus der Landnahmezeit zu bewahren, so daß der Dreißigjährige Krieg keinen entscheidenden Einschnitt in der Entwicklung der Agrarverfassung, die auch hier zur Gutsherrschaft führte, darstellt[54]. Ausdrücklich wird 1652 festgestellt, daß die Leibeigenschaft in Schlesien nicht herkömmlich sei. Die Bauern würden vielmehr für freie Leute gehalten, die ihre Güter erblich und eigentümlich besäßen[55]. Ja, in der im gleichen Jahre erlassenen Untertanenordnung wurde der Gutsherr, der seine Untertanen ungebührlich behandelte, mit Strafe und sogar mit Zwangsverkauf bedroht[56].

Ebensowenig wie in Schlesien kam es in Böhmen[57] nach dem Dreißigjährigen Kriege zu einem planmäßigen Bauernlegen. Man kann viel eher von einer wahren Jagd nach

[51] H. KNOTHE, Die Stellung der Gutsuntertanen in der Oberlausitz zu ihren Gutsherrschaften (Neues Lausitz. Mag. 61, 1885, 268 ff).
[52] R. LEHMANN, Gesch. d. Markgrafentums Niederlausitz (1937), S. 208, 235 f.
[53] C. GRÜNHAGEN, Gesch. Schlesiens II (1886), 313 f.
[54] G. DESSMANN, Gesch. d. schlesischen Agrarverfassung (Abhh. a. d. staatswiss. Seminar Straßburg 19, 1904). F. RACHFAHL, Zur Gesch. d. Grundherrschaft in Schlesien (Zs. d. Savignystiftung f. Rechtsgesch., Germ. Abt. 16, 1895, 163 ff).
[55] RACHFAHL, 175 f.
[56] RACHFAHL, 183. Über die freien Leute und das Vorwerksgesinde in Schlesien im ersten Jahrzehnt nach dem 30jähr. Kriege handelt J. LESZCZYŃSKI (Sobótka. Kwartalnik Poświęcony Dziejom Śląska 11, 1956, 513-50, deutsche Zusammenfassung S. 654). Die Arbeitszwangsbestimmungen von 1652-54 ließen sich praktisch nicht durchführen.
[57] W. STARK, Ursprung und Aufstieg des landwirtschaftl. Großbetriebs in den böhmischen Ländern (Rechts- und staatswissenschaftl. Abhh. 7, 1934). Ergänzend R. SCHREIBER, Der Elbogener Kreis (Sudetendeutsches Archiv 2, 1933).

Menschen, nach Siedlern seitens der Gutsherren sprechen, um die Bevölkerungsverluste der Kriegszeit auszugleichen. Nach entlaufenen Bauern wurde seitens des Staates wie der adligen Besitzer gefahndet. Selbst die Güter von Waisen wurden nicht eingezogen, sondern ihnen bis zum 30. Lebensjahr vorbehalten. Wenn die Güter schon zum Hofland geschlagen worden waren, sollten sie wieder zurückerstattet werden. Noch 1711 – also nach zwei Menschenaltern – wurde in Wittingau bestimmt, daß Erbansprüchen aus dem Kriege, wenn sie angemeldet würden, stattgegeben werden sollte. Schon 1666 hatte Johann Adolf von Schwarzenberg seinem Oberhauptmann geschrieben, daß es zu den Pflichten eines treuen und fleißigen Beamten gehöre, nicht nur die vorhandenen Untertanen zu «conservieren» und freiwerdende Stellen alsbald wiederzubesetzen, sondern auch zu trachten, die «noch öden Hofstätten successive wirklich zu besetzen». Sollten hohe Roboten die Bauern zur Flucht veranlassen, so seien sie zu ermäßigen. Graf Georg Ludwig von Sinzendorf auf Konopischt versprach noch 1673 allen, die sich auf öden Gründen ansiedelten, Freiheit vom Untertänigkeitsverbande und der Robot.

Freilich hatten alle diese Bemühungen anscheinend nur geringen Erfolg, da es den Tschechen nicht möglich war, den Verlust an Menschen aus der eigenen Volkskraft zu ersetzen, fremde Siedler aber notwendig fehlten. So führte der Krieg dennoch zu einer sehr starken Vergrößerung des Herrenlandes. Im Kreis Elbogen, der nur wenig unter dem Krieg zu leiden gehabt hatte, wurden immerhin 4–5 % des Bodens neu zur Herrenflur geschlagen. In Innerböhmen kam mancherorts mehr als die Hälfte des Bodens in herrschaftliche Hand. «Die Gutsherren, welche ihre Hofäcker abrunden und vergrößern wollten, hatten es also nicht nötig, Bauern von ihren Stellen zu vertreiben, es wuchs ihnen von selbst mehr Land zu, als sie brauchen konnten.» Die Folge der Vergrößerung des Gutslandes war auch in Böhmen eine Verschlechterung der bäuerlichen Lage. Nicht das Besitzrecht wurde gemindert. Den Herren scheint im Gegenteil an einer Festigung des Besitzrechts gelegen zu haben, um die Bauern besser auf der Scholle halten zu können, während die Bauern sich dem widersetzten. Sie scheuten auch die Kosten, die ihnen durch den Erwerb des vollen Eigentums entstanden wären, ja schon die Taxen, die die Eintragung in das Grundbuch mit sich brachte. Sie wußten, daß die Herren ohnedies auf sie angewiesen waren. Um so mehr strebten die Herren nach einer Steigerung der Roboten, wie die Fronen in Böhmen genannt wurden. Der Abt des Klosters Chotieschau verzichtete auf die Steuern und Zinsen, die während des Krieges aufgelaufen waren, und legte dafür seinen Untertanen neue Dienste auf. 1540 hatten in der Herrschaft Klingenberg-Eidlitz 45 Roboter in 7 Dörfern 351 Robottage zu leisten. 1756 mußten jedoch die 70 Roboter 8599 Tage roboten. Ein eindrucksvolles Zeugnis für die Vervielfachung der Dienste, die freilich gerade in Böhmen nicht allein eine Folge des Krieges war. Stärker als in den deutschen Nachbarlandschaften hatte sich in Böhmen die bäuerliche Lage schon im 16. Jahrhundert verschlechtert. Der Krieg beschleunigte hier nur die bereits im Gang befindliche Umbildung.

Ganz anders hat im Norden, in Mecklenburg und Pommern, der Krieg die Entwicklung zur Gutsherrschaft erst recht eigentlich in Fluß gebracht. Auch die starken Verluste des mecklenburgischen Bauerntums ließen sich nach dem Kriege nicht wieder ausgleichen. Von den 194 Bauernstellen, die das Amt Mirow[58] 1606 gehabt hat, waren 1666 nur 59 (30 %) besetzt. Bis 1708 wurden nur 97 Stellen wiederbesetzt, so daß die Hälfte der alten Stellen dem Bauerntum für immer verlorenging. Im Amt Stargard[59], in dem der Krieg das Bauerntum fast völlig vernichtet hatte, wurden bis 1670 nur 115 von 423 Bauernhufen wiederbesetzt. Fast drei Viertel des Bestandes gingen in adlige Hand über.

[58] ENDLER-FOLCKERS, Das mecklenburgische Bauerndorf (1930), 68 ff.
[59] Ebd.

Im Kreis Malchin[60] gab es 1570 keinen Ort ohne Bauernstellen. Nur 10 von 128 Dörfern hatten weniger als 6 Bauern. 1656 aber hatten von 138 Dörfern 20 überhaupt keine Bauern mehr. In 27 Dörfern saßen nur 1 bis 2, in 49 anderen 3 bis 5 Bauern. 1570 lebten in 80 Dörfern, also in etwa zwei Dritteln aller Ortschaften, mehr als 10 Bauern. 1656 gab es nur noch in 10 Dörfern mehr als 10 Bauernstellen. Gerade die großen Bauerndörfer hatte also der Krieg vernichtet. Nur noch ein Dorf hatte jetzt mehr als 15 Bauernhöfe. 1570 waren es 44 gewesen. Vor dem Kriege hatten sich die Bauernstellen vermehrt. Kamen 1570 im Durchschnitt 13 Bauernstellen auf einen Ort, so 1591 bereits 16. Jetzt hatte jeder Amtsort durchschnittlich nur noch 4,4 Bauernstellen. Aus einem blühenden Bauernland war ein bauernarmes Gebiet geworden, in dem die großen Güter vorherrschten, zumal durch den Krieg das Domänialland weitgehend in die Hand des Adels gelangte. Gewiß wurde im 18. Jahrhundert die Zahl der Bauernstellen noch weiter vermindert; zuletzt kamen nur noch 3 Bauernstellen auf ein Dorf. Dennoch stellt der Dreißigjährige Krieg in jeder Hinsicht den entscheidenden Einschnitt in der Entwicklung dar[61], obgleich sich nicht nur der Staat, sondern auch der Adel zunächst um eine Neubesetzung der wüsten Stellen tatkräftig bemühten.

1662 befahl der Herzog, in jedem Amt 10 Bauern anzusetzen und ihnen auf herrschaftliche Kosten die Gebäude zu errichten, die Felder zu besäen und auch mehrere Freijahre zu gewähren[62]. Schon von 1637 ab waren mit Brandenburg, Kursachsen und Pommern ebenso wie mit den Städten Wismar, Lübeck und Hamburg Verhandlungen über die Rücklieferung der entwichenen Bauern geführt worden. Durch einzelne Patente wurden die Untertanen wieder abgefordert[63]. Andererseits wurde der Verwalter des Amts Stargard scharf getadelt, daß er um gewisser Geldverehrungen willen einem pommerschen Adligen eine ansässige Familie hatte ausfolgen lassen. Vergeblich suchte ein Zimmermann, der bei Greifswald in Arbeit stand und zur Landarbeit untauglich war, sich mit 30 Talern loszukaufen, als er von den Stargarder Beamten entdeckt wurde. Er sollte gleich seinen beiden Brüdern zurückgeführt werden, da das von Menschen entblößte Amt seiner nicht entraten könne[64]. Bauernsöhne und auch Knechte wurden zur Übernahme von Höfen gezwungen[65]. Trotzdem reichten die Siedler nicht aus, um alles Bauernland wieder zu bestellen. Ein großer Teil der wüsten Äcker mußte in Hofland umgewandelt werden, um überhaupt genutzt werden zu können. Im Amt Schwerin stieg die Zahl der Meierhöfe von 9 (1628) auf 13 (1655). Die Schäfereien breiteten sich hier wie auch anderwärts aus[66].

Auch der Adel war, wie die Steuerregister zeigen, bis zur Jahrhundertwende, stellenweise bis etwa 1719, bemüht, möglichst viel Bauern- und Kossätenstellen wieder zu besetzen. «Noch war der Bauer dem Ritter wertvoller als dessen Grund und Boden», wie STEINMANN feststellt[67]. Häufig wissen die Akten zu berichten, daß die Gutsbesitzer Ge-

---

[60] W. PROPOSCH, Berichte über Landwirtschaft NF. 20 (1936), 221 ff.
[61] Im Kr. Hagenow wurden zwar in der 2. Hälfte des 17. Jh. noch einmal 84 der alten Bauernstellen wiederbesetzt, so daß das eigentliche Bauernlegen erst im 18. Jh. einsetzte. Doch scheint es sich hier um eine Ausnahme gehandelt zu haben (O. KOCH, Berichte über Landwirtschaft NF. 21, 1936, 185 ff.).
[62] BALCK, Mecklenburg im Dreißigjährigen Krieg (Jahrbb. d. Ver. f. mecklenb. Gesch. 68, 1903. 105 f.).
[63] MURJAHN, Land Stargard a. a. O. 66 ff.
[64] Ebd.
[65] Ebd. 41.
[66] Ebd. 55, 59.
[67] P. STEINMANN, Bauer und Ritter in Mecklenburg. Wandlungen der gutsherrlich-bäuerlichen Verhältnisse im Westen und Osten Mecklenburgs vom 12./13. Jahrh. bis zur Bodenreform 1945 (1960), S. 57, 154 ff.

höfte oder Häuser für Bauern, Kossäten, Knechte, Schäfer und Handwerker auf wüstem Grund, auf dem seit Jahrzehnten kein Haus gestanden hat, wiederaufgebaut und den Inhabern 6 Freijahre gewährt haben. Noch zogen es die Gutsbesitzer vor, Bauern und Kossäten wiederanzusetzen oder Hofknechten bäuerliche Stellen zu übertragen, statt das gutseigene Personal zu vermehren. Ein Beispiel für viele: Der Hofmeister von den Lancken des Amtes Ivenack[68] unternahm 1643 Reisen nach Wolgast, Greifswald, Stralsund, Stettin und anderen Orten, um ehemalige Untertanen zu ermitteln und zurückzubringen. Ein Untertan hatte sich nach Pommern verheiratet. Man kaufte seine Frau für 25 Taler frei, um seine Rückkehr zu ermöglichen, und machte ihn zum Baumann und Schulzen. Die Städte wurden um Auslieferung ehemaliger Bauern ersucht. Derart gelang es noch einmal, in 6 unbewohnten Dörfern 24 Bauernstellen zu schaffen. Doch die Nachfolger des Hofmeisters setzten diese Politik nicht fort.

Selbst wenn neue Bauern angesetzt wurden, hatte sich deren rechtliche Lage zumeist entscheidend geändert. Vor dem Krieg saßen die Bauern zu Erbzinsrecht auf ihrer Scholle. Die Hofwehr gehörte ihnen. Jetzt hatten sie gar nicht genügend Kapital, um das für den Betrieb notwendige Inventar anzuschaffen. Die betriebsfremde Hofwehr gewann die Oberhand. Der Gutsherr stellte Zugvieh und Saatkorn. So waren 1650 im Amt Ivenack von 44 Pferden nur 14, von 58 Ochsen nur 21 bäuerlicher Besitz. Bei dem Tiefstand der Getreidepreise, von dem gesprochen wurde, bestand auch keine Möglichkeit, die Fahrnis zu übernehmen. So befand sich der Bauer in dauernder Abhängigkeit. Er mußte es auch hinnehmen, daß seine Dienste sehr bald erhöht wurden. In Ivenack sollten schon 1652 die Dienste von 3 auf 4 Tage in der Woche gesteigert werden. Noch wehrten sich die Untertanen dagegen. Doch 1707 bezeichneten sie selbst als ihre gewöhnlichen Dienste wöchentlich 5 Tage und in der Ernte 6 Tage. Die Vergrößerung von Bauernstellen und vor allem von Kossätenwirtschaften durch wüstes Land war dafür nur ein geringer Ausgleich, da der Bauer gerade infolge der hohen Dienste sein eigenes Land nicht mehr sorgsam bestellen konnte. Die Erträge blieben nach dem Kriege weit unter dem Durchschnitt des 16. Jahrhunderts. Im Amt Dargun erübrigte eine Vollbauernstelle für den Eigenverbrauch im Jahre 1552 237 Scheffel Korn, im Jahre 1685 dagegen nur 140 Scheffel. Dabei war der Bedarf für den Eigenverbrauch infolge des höheren Viehbestandes und des vermehrten Gesindes, das die Bauern zur Erfüllung ihrer Dienstverpflichtungen halten mußten, gestiegen. So konnten die Bauern nur noch in sehr guten Jahren Getreide verkaufen. Meist verfügten sie über keinerlei Geldmittel und Reserven, so daß sie bei Mißernten oder Unglücksfällen völlig auf die Gnade ihrer Herren angewiesen waren.[69]

Der Krieg hatte aber auch den bisherigen adligen Besitzerstand weitgehend vernichtet[70]. Der Adel war restlos verschuldet und konnte vielfach seine Güter nicht mehr halten. Obersten und Generäle, die im Krieg reich geworden waren, kamen als neue Besitzer in das Land. War bis dahin der mecklenburgische Gutsbesitz in starkem Maße Streubesitz gewesen, hatte das einzelne Dorf vielfach verschiedenen Herren gehört, so kauften die neuen Besitzer die Anteile der Dörfer zusammen. Ja, sie begnügten sich nicht mit einem Dorf, sondern erwarben mehrere nebeneinanderliegende Dörfer. Es entstanden die sogenannten Grafschaften oder Begüterungen. Dieser wirtschaftlich

[68] H. WOLF, Von der bäuerl. Hufenordnung zur Gutswirtschaft in Ivenack (Schriften für neues Bauerntum 54, 1939, 44 ff.).
[69] K. H. WESTPHAL, Die Entwicklung der bäuerl. Belastung im mecklenburgischen Domanium vom 16. Jh. bis zur Bauernbefreiung. Eine Spezialuntersuchung für das Amt Dargun (Diss. Rostock 1935, S. 42 ff.).
[70] C. A. ENDLER, Der Mecklenburger Bauer (Mecklenburg, 1938, S. 113).

starken und geschlossenen Gruppe der Besitzer standen die Bauern rechtlos gegenüber. Sie waren völlig in ihrer Hand. Es bedurfte kaum mehr des Vordringens des römischen Rechtes auf Kosten des deutschen Rechtes, um ihre Lage noch drückender zu machen.

Vor dem Kriege war die Stellung der Bauern, wie MAYBAUM nachgewiesen hat[71], in Mecklenburg besser gewesen als in den benachbarten norddeutschen Territorien, in denen der Verfall der alten bäuerlichen Verfassung schon weiter vorgeschritten war. In Holstein[72] wie in Pommern-Stettin war die Leibeigenschaft kurz vor dem Kriege gesetzlich anerkannt worden. In Mecklenburg suchte erstmals 1633 ein Zeugnis der Landräte und Landmarschälle die Leibeigenschaft festzulegen, um nach den ersten großen Verwüstungen die entwichenen Bauern zurückfordern zu können[73]. Doch erst durch die »Gesinde-, Tagelöhner-, Bauer- und Schäferordnung« von 1645 wurde die bestehende Erbuntertänigkeit, die die Freiheit der Bauern nur wenig beeinträchtigte, in eine Leibeigenschaft drückendster Form umgewandelt[74]. Auch der Gesindezwangsdienst, der sich in der Mark wie in Pommern schon im 16. Jahrhundert auszubilden begonnen hatte, setzte sich in Mecklenburg erst nach dem Kriege durch. Den Bauernkindern wurde verboten, aus dem Gutsbezirk fortzuziehen. Der Bauer wurde an den Boden gebunden. Er war fortan seiner Person »nicht mehr mächtig«. Er war zu einem Betriebsmittel der gutsherrlichen Wirtschaft geworden. In den Amtsbüchern vor dem Kriege wurden die Bauern dorfweise mit der Höhe ihrer Abgaben angeführt. Nach dem Kriege wurden sie bei den einzelnen Meierhöfen gezählt. Ebenso wie über Haus, Hof und Vieh wurden jetzt sorgfältig Angaben über ihre Frauen und Kinder gemacht. Auch der Mensch galt fortan als Eigentum des Gutsherrn. Der Gutsherr beanspruchte daher auch das Ehekonsensrecht[75].

Ähnlich verlief die Entwicklung in Vorpommern und Rügen[76]. Auch hier war der alte Bauernstand fast völlig vernichtet worden. Die Bauern, die noch ihren Hof behauptet hatten, waren verschuldet und auf fremde Hilfe angewiesen. Erst recht verdankten die neuen Siedler Hof und Habe dem Gutsherrn. Sie wurden nicht mehr zu Erbpachtrecht, sondern als unerbliche Lassiten angesetzt. Ausdrücklich wurde 1645 die Stettinische Bauernordnung von 1616 auch in Wolgast eingeführt. Sie erlangte damit in ganz Vorpommern und Rügen Geltung. In ihr wurde den Bauern grundsätzlich der erbliche Besitz abgesprochen und ihre Auskaufung gestattet. Die Bauern waren auch hier zu Leibeigenen geworden. Sie mußten den Hof übernehmen, den ihnen der Gutsherr zuteilte. Bereits 1634 wurde ein Bauernsohn, der in Greifswald lebte, an den Gutsherrn, den Verwalter der Universitätsgüter, ausgeliefert. »Unter diesen Umständen«, heißt es in dem Bericht, »hat sich endlich dieser Knecht erklärt, einen bestimmten Hof

---

[71] H. MAYBAUM, Die Entstehung der Gutsherrschaft im nw. Mecklenburg (Beihefte VSWG. 6, 1926, 189 ff.).
[72] In Schleswig-Holstein hatten die Kriege des 17. Jahrhunderts allenfalls zur Festigung der Leibeigenschaft beigetragen. Entstanden war sie jedoch bereits in dem Jahrhundert zuvor. Immerhin war etwa in Angeln 1624 noch von keiner Eigenschaft die Rede, während sie 1656 bei einem Verkauf als bestehend vorausgesetzt wird. (J. JESSEN, Die Entstehung u. Entw. d. Gutswirtschaft in Schleswig-Holstein, Zs. d. Ges. f. Schlesw.-Holst. Gesch. 51, 1922, S. 90, 99.)
[73] G. FRANZ, Deutsches Bauerntum II, 1939, Nr. 36.
[74] Sie ging über in die Landesverordnung von 1654 (ebd. Nr. 42).
[75] MURJAHN, 68 ff.
[76] C. J. FUCHS, Der Untergang des Bauernstandes und das Aufkommen der Gutsherrschaften in Neupommern und Rügen (1888). H. PRIEBE, Die Entw. d. Betriebsverhältnisse der landwirtschaftl. Betriebe in 30 Ortschaften des Kr. Greifswald (Diss. Berlin 1936). M. WEHRMANN, Gesch. v. Pommern II (1906), 143. Vgl. auch B. v. KÖLLER, Die wirtschaftl. Entw. d. Kr. Cammin in Pommern (Diss. Würzb. 1931).

zu übernehmen und als der Universität Untertan zu leben und zu sterben«. In 27 Dörfern des Kreises Greifswald sank die Anzahl der bäuerlichen Betriebe von 1570 bis 1659 um 156 auf 161, also um fast die Hälfte. Die selbständigen Ackernahrungen verminderten sich um 42 %, die nicht spannfähigen Betriebe um 60 %. In 6 Dörfern, in denen 1570 noch 30 Bauern gelebt hatten, gab es 1699 überhaupt nur noch Gutsland. Dabei waren diese Dörfer noch in den Händen der Universität Greifswald, die mit den Bauern sorgsamer umging als der Adel.

Doch auch die Gutsherren besaßen gar nicht genügend Kapital, um alle Bauernstellen wiederaufzubauen. So wurden nur so viel Bauernhöfe wiedereingerichtet, als für die Ableistung der Pflugdienste zur Bestellung des Gutslandes unbedingt notwendig waren. Das restliche Bauernland blieb zunächst wüst liegen und wurde, je mehr die Dienstkraft der neueingerichteten Bauern erstarkte, eingezogen und zum Hofland geschlagen. Es mußte jetzt von den Bauern mitbestellt werden. Die Bestellung des herrschaftlichen Besitzes war zum Hauptzweck des Bauern geworden. Nur solange er dafür notwendig war und diese Aufgabe erfüllte, wurde ihm seine Stelle gelassen.

Für die Städte und ihre Stiftungen waren die Geldabgaben wichtiger als die Dienste. Sie mußten also sehen, alle Bauernstellen wiedereinzurichten. Doch auch ihnen fehlte hierfür das Geld. So legten Greifswald und Stralsund Bauernhöfe zu Ackerwerken zusammen, die sie gegen Aufführung der Gebäude und Anschaffung des Inventars verpachteten. Das Heiligengeistkloster in Stralsund bildete z. B. 1630 aus 16 Bauernstellen einen neuen Gutshof auf der Insel Ummanz. In anderen Fällen übernahm wohl auch ein Bürger, in Greifswald auch ein Professor als Pensionarius die Wiedereinrichtung der Bauerndörfer, wobei ihm selbst ein Ackerwerk vorbehalten wurde.

Auf den Besitzungen der öffentlichen Hand wurde der Bauernstand stärker wiederhergestellt als auf den adligen Gütern. Doch auch hier herrschte der lassitische Besitz vor. Fuchs, der diese Entwicklung eingehend dargestellt hat, ist nur ein einziger Fall bekannt geworden, in dem ein wüster Bauernhof einem Bauern erblich überlassen wurde. Aber auch die alten Bauernwirte unterlagen der Entwicklung. Auch sie waren auf die Hilfe ihrer Herrschaft zum Wiederaufbau ihrer Höfe angewiesen und mußten dafür die Verschlechterung ihres Besitzrechtes in Kauf nehmen. »Der schlechte Besitz hat den guten verdrängt wie schlechtes Geld gutes Geld«. Unerblicher Laßbesitz ist auch hier das Ende. Einzig in Rügen hat sich in stärkerem Umfang erblicher Besitz behauptet. Vermutlich war es hier den Bauern eher möglich gewesen, ohne Hilfe der Herrschaft ihren Hof wiederaufzubauen.

Auch die Versuche der schwedischen Regierung, das Land mit freien Bauern neu zu besiedeln und die Leibeigenschaft aufzuheben, scheiterten völlig. Sie wollte bekanntmachen, daß alle Leute, die wüste Bauernstellen übernehmen würden, für alle Zeiten Freie und keine Leibeigene seien und jederzeit mit einjähriger Aufkündigung wieder wegziehen könnten. Einige Dienste oder Abgaben sollten sie entrichten. Doch gelang es anscheinend nicht, in nennenswertem Umfang Neusiedler aus der Fremde heranzuziehen, und für die altansässigen Bauern hatten die Freiheiten keine Geltung.

Wie unterschiedlich der Krieg den Bauernstand im adligen und im staatlichen Herrschaftsbereich betroffen hat, geht besonders deutlich aus einer Zusammenstellung für Ostpommern hervor.

Auf Domanialland hatten sich die Bauernstellen von den ältesten Matrikeln des 16. Jahrhunderts bis zur Bestandsaufnahme nach dem Kriege (um 1670) nur um 13 %, auf städtischem Besitz nur um 25 % vermindert unter gleichzeitiger Zunahme der Halbbauern und Kossäten. Die Zahl der adligen Bauern sank aber im gleichen Zeitraum von 6463 auf 3242, also um 49,8 %. Auch wenn man den Bauern die Halbbauern (deren geringe Zahl sich verdreifachte) und die Kossäten (die sich nur wenig verminderten) hin-

Die Entwicklung des Bauernstandes in Ostpommern[77]

Kreise		Ende 16. Jahrhundert			um 1670			1717 (19)		
		B.	Hlb.	Ko.	B.	Hlb.	Ko.	B.	Hlb.	Ko.[78]
Belgard:	Staat	133	1	23	122	—	23	117	—	22
	Stadt	48	—	19	48	—	19	48	—	20
	Adel	885	21	129	471	7	126	445	66	110
Neustettin:	Staat	314	11	95	257	1	69	278	10	75
	Adel	814	8	398	446	102	226	456	140	210
Kolberg-Körlin:	Staat	207,5	7	46	208	3	69	204,5	8	72
	Stadt	134,5	11	30	85	8	54	84,5	9	34
	Adel	593	15	98	298	44	78	299	18	94
Köslin:	Staat	196	2	31	153	8	40	154	17	45
	Stadt	43	8	13	37	5	44	37	5	44
	Adel	529	12	117	299	54	69	305	59	91
Bublitz:	Staat	139	—	23	111	6	15	115	—	32
	Adel	343	33	41	125	49	45	129	63	48
Schlawe:	Staat	680	8	120	581	15	137	580	21	171
	Stadt	103	11	6	77	22	27	84	9	31
	Adel	876	3	97	363	15	96	496	33	128
Rummelsburg[79]:	Adel	806	4	187	374	46	144	379	91	144
Stolp:	Staat	268	—	74	226	—	127	227	—	128
	Stadt	96	—	2	70	—	12	62	—	12
	Adel	1617	6	254	866	37	359	801	78	453
Lauenburg:	Amt	155	—	2	134	—	17	144	—	16
Bütow:	Amt	178	—	29	174	—	20	140	—	36
Insgesamt:	Staat	2270,5	29	443	1966	33	517	1959,5	56	597
	Stadt	424,5	30	70	317	35	156	315,5	23	141
	Adel	6463	102	1321	3242	354	1143	3310	548	1278

[77] Die Zahlen wurden mir seinerzeit von Herrn Mittelschullehrer E. GOHRBANDT in Stettin freundlicherweise zur Verfügung gestellt. Die 1. Zahlengruppe beruht auf Kirchenmatrikeln und anderen Matrikeln vom Ende des 16. Jahrh., die 2. Zahl nennt die besetzten Höfe nach dem Kriege bis etwa 1670. Es sind unterschieden Bauern, Halbbauern und Kossäten. Vgl. auch E. GOHRBANDT, Das Bauernlegen ... in Ostpommern (Baltische Studien NF. 38, 1936).
[78] Bauern, Halbbauern, Kossäten.
[79] Vgl. die ergänzenden Angaben bei M. MECKE, Bauerntum und Großgrundbesitz d. Kr. Rummelsburg (Diss. rer. nat. Göttingen 1936, S. 46 ff., mit völlig falscher Addition): Von 997 Bauernhöfen in den 78 Kreisdörfern (1628) waren 1717 noch 651 besetzt, 215 lagen wüst, 33 waren zum Ackerwerk gemacht, 98 zu Katen und Instwohnungen. Von den 578 Bauernhufen waren 233 zum Gutsland geschlagen worden (40 %), das sind 7000 ha, wenn man die Hufe zu 30 ha rechnet. Nur in 14 Orten haben sich im 17. Jahrh. Bauernland und Hofstellen nicht vermindert.

zurechnet, vermindert sich dennoch die Zahl aller Stellen um 40 % (von 7886 auf 4739). Ein wesentlicher Teil der Höfe war gewiß schon vor dem Kriege wüst geworden. Doch trifft dies erst recht für die Bauern im Domanialland zu[80], so daß dennoch durch den Krieg die Zahl der adligen Bauern unverhältnismäßig viel stärker als die der Domanialbauern abgenommen hat. Entscheidend dafür war wohl, daß gerade die ostpommerschen Adligen durch den Krieg tief verschuldet waren[81]. Sie konnten daher nur so viele Bauerngüter wieder instand setzen, wie sie zur Bestellung ihrer Gutswirtschaft unbedingt brauchten. Der Staat aber, das zeigte vor allem das Amt Rügenwalde, das der Herzoginwitwe unterstand, sorgte für seine Bauern und stellte ihnen ausreichend Saatkorn und Vieh zur Verfügung[82]. Dazu führte die sogenannte zweite ostdeutsche Kolonisation zu einer starken Abwanderung von Bauern über die nahe polnische Grenze. Von einem bewußten Bauernlegen ist auch in Ostpommern kaum zu sprechen.

Gewiß hat die Entstehung der ostdeutschen Gutsherrschaft vielerlei politische, soziale und wirtschaftliche Gründe, die im Rahmen dieser Arbeit nicht erörtert werden können. Die Umbildung zum Großbetrieb, die Hand in Hand mit einer Verschlechterung der bäuerlichen Lage ging, hat schon im 16. Jahrhundert begonnen und sich bis in das 19. Jahrhundert hinein fortgesetzt. Aber in dieser Entwicklung stellen die Notjahre des Dreißigjährigen Krieges, wie mir scheinen will, den bedeutendsten Einschnitt dar. Sie haben zahlreiche Hemmungen beseitigt und die Entwicklung sprunghaft vorangebracht. Entscheidend dafür war vor allem der Menschenmangel, das Fehlen von Bauern. »Das edle, unentbehrliche Kleinod der Leute« war bei der Wiedereinrichtung der Güter schlechthin nicht zu entbehren[83]. Aber es fehlte. Der Grundherr mußte das wüstliegende Bauernland zum Gutshof schlagen, wollte er es nicht brach liegen lassen. Hinzu trat der Kapitalmangel der Bauern wie der Ritter. Konnten die Bauern aus eigener Kraft ihre Höfe nicht wiederaufbauen, so vermochten die Adligen nur die für die Bestellung der Güter unentbehrliche Mindestzahl an Höfen einzurichten. Das Verhängnis wollte es, daß fast zwangsläufig mit dem Wachsen des Herrenlandes die verbliebenen Bauern immer stärker mit Diensten belastet wurden. Eine stetig abnehmende Zahl von Bauern mußte eine immer größer werdende Fläche Landes im Frondienst bestellen. Um die wenigen Arbeitskräfte, die den Krieg überdauert hatten, zu behalten, mußte man sie an die Scholle binden, zu Leibeigenen machen. Der Gesindezwangsdienst sollte dem Gesindemangel abhelfen.

Der Krieg hatte östlich der Elbe auch die ständischen Unterschiede in der bäuerlichen Landbevölkerung aufgehoben. Waren vor dem Kriege Bauern, Kossäten und Tagelöhner scharf voneinander geschieden, so übernahmen jetzt Kossäten und Knechte vielfach Bauernstellen, während Bauern, selbst Freischulzen, zu Kossäten herabsanken. Außenseiter, wie abgediente Soldaten, die vor dem Kriege nie einen Bauernhof hätten erhalten können, wurden jetzt als Neusiedler begrüßt. Auch die Unterschiede im Besitzrecht der Bauern wurden eingeebnet. In Ostpommern wurde selbst die Steuerfreiheit der Freischulzen beseitigt. Keine Lehnbriefe und keine Beschwerden halfen ihnen. Es gab nur noch eine Kategorie bäuerlicher Untertanen: die Leibeigenen[84].

Mochten in altdeutschen Landen die Bauernhöfe zahlreich verbrannt, der Viehbestand

---

[80] GOHRBANDT teilte mir mit, daß von den adligen Höfen etwa die Hälfte, von den Höfen auf Domanialland aber sicher 90 % vor dem Kriege wüst geworden seien, was mir freilich unwahrscheinlich erscheint.
[81] Der Adel hatte zudem noch an den verhängnisvollen Folgen des Zusammenbruchs des Stettiner Bankhauses der Loitze 1572 zu tragen (GOHRBANDT, S. 211 ff, 220).
[82] GOHRBANDT, S. 220.
[83] FUCHS a. a. O. S. 108 nach MEVIUS.
[84] GOHRBANDT, S. 221.

vernichtet, der einzelne Bauer schwer verschuldet sein, es waren alles Wunden, die die Zeit zu heilen vermochte und auch heilte. Die rechtliche Entwicklung, die der Krieg im deutschen Osten so wesentlich gefördert hat, ließ sich nicht rückgängig machen. So hat der Krieg an seinem Teil dazu beigetragen, den freien Bauernstand der deutschen Landnahmezeit zu vernichten und an seine Stelle den rechtlosen und geplagten Gutsuntertanen des 18. Jahrhunderts zu setzen. Der deutsche Osten wurde aus einem Bauernland zu einem Rittergutsland.

Wenn von der Stellung des Dreißigjährigen Krieges in der deutschen Volksgeschichte gesprochen wird, dann muß auch auf diese Entwicklung hingewiesen werden. Sie hat, wie gezeigt wurde, wesentlich bevölkerungsgeschichtliche Ursachen. In ihren Auswirkungen hat sie die Struktur des deutschen Volkskörpers entscheidend beeinflußt.

Ortsregister

Die Namen in den Karten wurden nicht berücksichtigt. Bei kleineren Orten wurde die Kreiszugehörigkeit nach dem Stand von 1945 angegeben.

Aachen 13
Adersbach, Kr. Braunau 27
Ahrensdorf, Kr. Beeskow 94
Aibling, Obb. 44
Aischgrund 47
Alfershausen, Kr. Hilpoltstein 68
Allgäu 45 f., 54 f., 65, 67
Alpenländer 14 f., 47, 57, 84
Altenburg s. Sachsen-Altenburg
Altes Land bei Hamburg 81
Altmark 7, 17 f., 21, 30, 81 f.
Altmühl, Fluß 68
Altona 8
Altruppin, Amt 79
Alzey 40
Amberg 45
Amerika 62
Amorbach, Kr. Miltenberg 38
Angeln, Holstein 101
Anhalt 30, 79, 81, 92
Anklam 22, 84
Annweiler, Pfalz 54
Ansbach 47, 68 f.; s. Brandenburg
Appenweiler, Kr. Colmar 60
Appenzell, Schweiz 52, 65
Ardey, Kr. Hörde 11
Arnshaugk bei Neustadt, Orla 32
Arnswalde, Neumark 20
Asbach, Kr. Hersfeld 37
Aschach, Kr. Bad Kissingen 90
Aschaffenburg 38
Aschersleben 29, 51
Assinghausen, Kr. Brilon 11
Atzendorf, Kr. Calbe 28
Au, zu München 73
Auerstedt, Kr. Eckartsberga 89
Augsburg 45–47, 68 f., 86 f.
Aulendorf, Kr. Ravensburg 65

Baden 42, 54, 56, 60, 62, 64 f., 78, 82, 85
Baden – Durlach, Mgft. 61
Badenweiler, Gft. 42
Baiersbronn, Kr. Freudenstadt 43
Baldenheim, Kr. Schlettstadt 60, 65
Baltikum 61, 76, 84
Ballendorf, Kr. Ulm 66

Bamberg 46, 67, 70, 78
Bamlach, Kr. Müllheim 61
Barleben, Kr. Wolmirstedt 78
Barnim, Ober- und Nieder- 17 f., 20 f., 78–81, 94
Basel 2, 54, 60–62
Bayern 5, 17, 44, 47, 52, 56, 65–70, 73, 77–79, 90
Bayreuth 70
Beeskow, Mark 17, 20 f., 78 f., 81, 94 f.
Behrensdorf, Kr. Beeskow 94
Belgard, Pommern 22, 103
Belgien 48, 53, 76
Bellingen, Kr. Müllheim 61
Benediktbeuren, Kr. Tölz 72
Beneschau, Böhmen 26
Benshausen, Kr. Schleusingen 33
Bentheim 10
Berchtesgaden 14
Berg, Hzgt. 13 f., 56
Berg, Kr. Hof 70.
Bergen, Rügen 84
Bergen, Kr. Weißenburg i. B. 68
Berlin 19, 87
Berlin-Cölln 19
Bern 15, 52, 54, 60–63, 65, 67, 82
Besigheim, Württ. 6, 43, 67
Biebrich-Mosbach, Rhein 38
Bielefeld 92
Bietigheim, Württ. 43, 67
Bingen, Rhein 40
Binswangen, Kr. Wertingen 66
Bischoffingen, Kr. Freiburg i. B. 48 f., 61
Blankenhain, Kr. Weimar 30
Blaubeuren, Württ. 66
Blieskastel, Saar 41, 51
Bocholt, Westf. 11
Bochum 11
Böckweiler, Kr. Homburg 54
Böhmen 17, 26–28, 47, 56, 67, 69 f., 73 f., 76–81, 97 f.
Böhmerwald 27
Böhmisch-Katharinaberg, s. Katharinaberg
Böhringen, Kr. Urach 64 f., 67
Borgentreich, Westf. 11
Bolanden, Pfalz 54, 56

Bottwar, Kr. Marbach 44
Brackenheim, Württ. 67
Bramstedt, Kr. Segeberg 9
Brandenburg, Prov. s. Mark
Brandenburg, Stadt 18 f., 79
Brandenburg – Ansbach 68
Bräunsdorf, Kr. Freiberg, Sa. 87 f.
Braunau, Böhmen 27
Braunschweig 7, 9 f., 29, 56, 67, 70, 78, 80, 91
Breisach 42
Breisgau 42, 44, 56, 67
Breitenau, Elsaß 42
Bremen 8–10, 78, 80 f., 91
Breslau 25, 78
Breuberg, Hessen 38
Breuschtal 58
Brieg, Schlesien 25
Briescht, Kr. Beeskow 95
Briesen, Kr. Cottbus 20
Broda, Kr. Stargard 23
Brunn, Kr. Neustadt, Aisch 69
Brusendorf, Kr. Teltow 79
Bublitz, Pommern 103
Buchloe, Kr. Kaufbeuren 46
Buchsweiler, Elsaß 42, 60
Buckow, Kr. Jüterbog 19
Budweis 75
Bütow, Pommern 22, 103
Bützow, Kr. Güstrow 24
Bunzlau, Schlesien 25
Burgfrieden, Württ. 68
Burgund 58, 61, 77

Calbe, Saale 28, 78
Cammin, Pommern 22, 101
Chemnitz 15
Chorin, Kr. Angermünde 82
Chotieschau, Kr. Mies 98
Celle 9
Cleve 81
Colditz, Kr. Grimma 15
Contwig, Kr. Zweibrücken 54 f.
Corvey 11
Cossenblatt, Kr. Beeskow 94
Cottbus 17, 20 f., 79–81

Daber, Kr. Naugard 22
Daberstedt, Wüstung bei Erfurt 86
Dachau 45
Dänemark 48, 76, 78–81, 83 f.
Damme, Kr. Havelland 19
Danzig 7, 66, 72
Dargitz, Kr. Ueckermünde 84
Dargun, Kr. Malchin 100
Darmstadt 6, 38, 77
Deidesheim, Kr. Neustadt a. d. Weinstraße 65
Deutscheinsiedel, Kr. Freiberg 74

Deutschkatharinenberg, Kr. Freiberg 74
Deutschneudorf, Kr. Freiberg 74
Deutsch-Zduny 25
Dieuze, Lothringen 57
Dillingen a. d. Donau 45 f., 66
Dingolfing, Ndb. 44
Doberan, Mecklenburg 23
Dössel, Kr. Warburg, Westf. 11
Dornhan, Kr. Sulz 43
Dortmund 11
Drahendorf, Kr. Beeskow 94
Dresden 2, 15
Dreißbach, Wüstung, Thür. Wald 34, 86
Driesen, Neumark 82
Dringenberg, Kr. Warburg, Westf. 11
Düren 14
Dürkheim, Bad, Pfalz 54

Ebenhofen, Kr. Marktoberdorf 46
Eberstadt, Kr. Darmstadt 6
Eckartsberga, Thür. 3, 31, 77, 89
Eckernförde 8
Egeln, Kr. Wanzleben 30
Eger 27
Egerland 27
Egern, Kr. Miesbach, Obb. 72
Ehinger Alb 67
Eichsfeld 56, 63, 73, 85
Eichstätt 47, 69
Eichstetten, Kr. Emmendingen 61
Einbeck 10
Eisenach 33 f., 77
Eisenberg, Thür. 30, 32
Eisfeld, Kr. Hildburghausen 32, 34–36
Eissen, Kr. Warburg, Westf. 11
Elberfeld 14
Elbmarschen 9
Elbogen, Böhmen 26 f., 75, 85, 97 f.
Eldena, Kr. Greifswald 21
Elsaß 17, 41 f., 44, 47, 54, 57–61, 63–67, 69 f., 72 f., 78
Emden 8
Emskirchen, Kr. Neustadt, Aisch 69
Emsland 11
Engelrod, Kr. Lauterbach, Hessen 38
England 48, 56, 78, 81
Ensheim, Kr. Oppenheim 56
Erbach, Gft., Hessen 38, 52, 63
Erbes – Büdesheim, Kr. Alzey 56
Erfurt 7, 32, 34 f., 77, 86, 89
Erzgebirge 15, 74
Erzweiler, Kr. St. Wendel 41
Eschwege, Hessen 37
Essen 11
Etschland 90
Etschtal 66

Ettersberg b. Weimar 31
Eulenburg, Hft., Mähren 27
Eulengebirge 25
Eysölden, Kr. Hilpoltstein 68

Fegersheim – Ohnheim, Elsaß 41
Feldberg, Kr. Neustrelitz 23
Felsberg, Kr. Melsungen 37
Finne, Berg, Thür. 31
Finnland 81, 84
Fischberg, Amt, Rhön 33
Flachslanden, Kr. Ansbach 60, 69
Flandern 54, 56; s. auch Belgien
Flonheim, Kr. Alzey 56
Forst, Kr. Neustadt a. d. Weinstraße 65
Franken 17, 30, 32, 46 f., 52, 65–70, 72 f., 76 f., 81, 90
Frankenhofen, Kr. Ehingen 67
Frankfurt, Main 34, 81
Frankfurt, Oder 19
Frankreich 48, 54, 76, 78
Frauenberg, Hft., Kr. Budweis 27
Frauenbreitungen, Kr. Schmalkalden 33 f.
Frauenroth, Kr. Bad Kissingen 91
Fraustadt, Posen 25, 76
Frederinghausen, Wüstung, Waldeck 36
Freiberg, Sachsen 15, 87 f.
Freiburg, Breisgau 62
Freiburg, Kr. Schweidnitz 25
Freiburg, Schweiz 52
Friedberg, Hessen 37
Friedberg, Kr. Saulgau 67
Friedland, Böhmen 27, 74 f.
Friedrichroda, Kr. Gotha 30
Friesenheim, Kr. Oppenheim 56
Friesland 81 f.
Frohse, Kr. Calbe, Saale 78
Frutigen, Kt. Bern 60
Fürstenberg, Havel 23
Fürstenberg, Kr. Waldeck 36
Füssen, Allgäu 45 f.
Fulda 53, 63, 73, 78

Gallenweiler, Kr. Staufen 61
Gardelegen, Altmark 18
Gauers, Kr. Grottkau 76
Gebirgsneudorf, Kr. Brüx 74
Gegendt, Hft., Kärnten 72
Geibsdorf, Kr. Lauban 75
Geldern 56
Georgenthal, Kr. Gotha 30, 51
Gerhausen, Wüstung, Waldeck 36
Gerlachsheim, Kr. Lauban 74 f.
Germersheim, Pfalz 56
Gestungshausen, Kr. Koburg 36
Giengen, Kr. Heidenheim, Württ. 66

Gießen 37
Glatz, Schlesien 26–28, 76
Glogau, Schlesien 25
Glückstadt 8 f.
Gönningen, Kr. Tübingen 65
Görlitz 25 f., 74
Görsdorf, Kr. Beeskow 94
Göttingen 10
Goldberg, Kr. Güstrow 23 f.
Gotha 30 f., 77
Grabfeld, Franken 90
Grabow, Kr. Ludwigslust 24
Granzow, Priegnitz 82
Graubünden 66, 73
Graz 14
Greifswald 21 f., 84, 99–102.
Gressoney, Savoyen 62
Grieskirchen, Oberösterreich 67
Grönenbach, Kr. Memmingen 65
Groß-Berge, Priegnitz 80
Großbrembach, Kr. Weimar 31
Großhöchstetten, Schweiz 15
Großmöhlau, Kr. Bitterfeld 85
Großrudestedt, Kr. Weimar 77
Groß-Salze (Salzelmen), Kr. Calbe 6
Großsteinheim, Kr. Offenbach 55
Großumstadt, Kr. Dieburg 53
Großzimmern, Kr. Dieburg 53
Grüningen, Kt. Zürich 52
Gudensberg, Kr. Fritzlar-Homberg 37
Günzburg, Schwaben 66
Güstrow, Mecklenburg 83
Güttersbach, Kr. Erbach 52
Gunzenhausen, Mittelfranken 68

Haardt, Kr. Neustadt a. d. Weinstraße 54
Haardt, Kr. Weißenburg, Franken 47
Hadersleben 80
Hagenau, Elsaß 41, 59 f.
Hagenow, Mecklenburg 24, 99
Halberstadt 84
Halle, Saale 29
Hambach a. d. Weinstraße 53
Hamburg 7 f., 34, 77, 80, 83, 99
Hanau 56
Hanau – Lichtenberg, Gft. 41 f., 59 f., 63 f.
Handschuhsheim, zu Heidelberg 53
Hannover 9 f., 56, 77, 84
Harz 81
Hasenfelde, Kr. Lebus 18
Haßloch, Pfalz 49 f.
Haufeld, Kr. Weimar 30
Hausen, Kr. Brackenheim 67
Havelberg, Priegnitz 18
Havelbruch 82
Havelland 17–19, 21, 82

Heerwegen, Kr. Glogau 25
Heidelberg, Neckar 53, 64, 69
Heidelberg, Kr. Freiberg 74
Heidenheim, Mittelfranken 46, 70
Heidenheim, Württ. 43, 66
Heilbronn 43
Heilsbronn, Kr. Ansbach 46, 93
Heimbach, Kr. Schleiden 13
Heldburg, Kr. Hildburghausen 34, 36, 77
Heldrungen, Kr. Eckartsberga 5, 31
Hellweg, Westf. 11
Helmishofen, Kr. Kaufbeuren 46
Henneberg, Gft. 32 f., 47, 77, 86
Hermannseifen, Kr. Hohenelbe 27
Hersbruck, Mittelfranken 69
Hersfeld, Hessen 36, 77 f.
Hesselberg, Berg, Franken 68
Hessen, 1, 17, 32, 36–38, 47, 53, 62–64, 77 f., 81
Hessen – Darmstadt 38
Hessen – Kassel 36
Hildburghausen 34, 36
Hildesheim 9 f., 91
Hinterweidenthal, Kr. Pirmasens 54
Hochberg, Mgft. 42
Hochheim, Kr. Wiesbaden 53
Hötensleben, Kr. Neuhaldensleben 29
Höxter 11 f.
Hof, Saale 70
Hofen, Kr. Weißenburg 55
Hohenems, Vorarlberg 65
Hohenfeld, Kr. Kitzingen 2
Hohenlohe, Gft. 7
Hohentengen, Kr. Saulgau 67
Hohentrüdingen, Kr. Gunzenhausen 46
Hohenwart, Kr. Schrobenhausen 73
Holland 53, 56, 59, 61, 81 f., 90; s. auch Niederlande
Holstein 9, 77 f., 80–84, 101; s. auch Schleswig-Holstein
Holzkreis, Magdeburg 29
Holzland, Pfalz 53 f.
Homberg, Hessen 37
Hornbach, Kr. Zweibrücken 54
Hoya, Hannover 91
Hüttenberg, Landschaft b. Gießen 37
Hunspach, Kr. Weißenburg 54, 65
Hwozd, Wald, Böhmen 27

Ibersheim, Kr. Worms 56
Iggelbach über Lambrecht, Pfalz 53
Ilmenau, Thür. 33 f.
Innerösterreich 70; s. auch Österreich
Isenburg-Büdingen, Gft. 53, 63
Italien 67, 76, 78
Ivenack, Kr. Malchin 23, 100

Jankau, Böhmen 26
Jauer, Schlesien 25
Jena 29 f.
Jeverland 10
Johanngeorgenstadt, Sachsen 73
Jülich, Hzgt. 13 f., 56, 73, 78
Jüterbog, Mark 79
Jungbunzlau, Böhmen 76

Kärnten 66, 68, 70, 72, 77
Kaiserslautern 39, 53, 56
Kaiserstuhl, Breisgau 61
Kalenberg, Kr. Springe 91
Kalkar, Kr. Kleve 14
Kaltennordheim, Kr. Eisenach 33
Kaltensondheim, Kr. Kitzingen 2
Kanada 57
Katharinaberg, Kr. Brüx 74
Kempten, Allgäu 45, 65
Kilianshof, Kr. Bad Neustadt, Saale 91
Kirchbach, Kr. Flöha, Sachsen 89
Kirchheim, Kr. Schwabmünchen 66
Kirchheim, Württ. 43
Kitzingen 2
Kleeste, Priegnitz 80
Kleinmöhlau, Kr. Bitterfeld 85
Klein-Rodensleben, Kr. Wanzleben 87
Klingenberg – Eidlitz, Kr. Komotau 98
Kloster Veßra, Kr. Schleusingen 34
Koburg 34–36, 47, 51, 77
Köln 14
Königgrätz 76
Königsberg, Preußen 7
Königsegg, Kr. Saulgau 66
Könnern, Saalkreis 29
Körlin, Pommern 103
Köslin 22, 103
Kohlsdorf, Kr. Beeskow 94
Kolberg 22, 103
Kolin, Böhmen 76
Konken, Kr. Kusel 53
Konopischt, Kr. Beneschau 26, 98
Konstanz 43
Kotzenau, Kr. Lüben 25
Krahne, Kr. Brandenburg 19
Kraichgau 61
Krain 67, 70, 76
Krakendorf, Kr. Weimar 30
Krakow, Kr. Güstrow 24
Kranichfeld, Kr. Weimar 30
Krefeld 14
Krempe, Kr. Steinburg, Holstein 8
Krempermarsch 9
Kreuznach 40
Kroatien (Krabat) 76, 83

Krügersdorf, Kr. Beeskow 95
Krummau, Oberdonau 27
Kühndorf, Kr. Schleusingen 33
Künheim, Kr. Kolmar 42
Küpper, Kr. Lauban 74
Küstrin 82
Kulmbach 78
Kurmark; s. Mark
Kurpfalz; s. Pfalz
Kurrätien 67
Kursachsen; s. Sachsen
Kurtrier; s. Trier
Kusel, Pfalz 54, 85
Kuttenberg, Böhmen 27, 76
Kyritz, Priegnitz 18

Laage, Kr. Güstrow 24
Landeck, Schlesien 25, 28
Landeshut, Schlesien 25
Landsberg, Obb. 44
Langenleiten, Kr. Bad Neustadt, Saale 91
Langhennersdorf, Kr. Freiberg 3, 87 f.
Lauban, Schlesien 74 f.
Lauenburg, Hzgt. 9
Lauenburg, Pommern 80, 103
Lauingen, Kr. Dillingen 45
Lausitz (Ober- und Nieder-) 20, 25-28, 53, 74 f., 79-82, 96 f.
Lautern, Oberamt; s. Kaiserslautern
Lebertal, Elsaß 58, 60, 63
Lebus, Land 17 f.
Leipzig 5, 15, 31, 34
Leitmeritz 75
Lemberg, Kr. Pirmasens 54
Lemgo, Lippe 13
Lenzen, Priegnitz 18
Lenzer Wische, Altmark 81
Leonberg, Württ. 43, 67
Leuchtenburg, Burg b. Orlamünde, Thür. 77
Leutkirch 45
Lichtenwalde, Kr. Flöha 15
Liebenwalde, Niederbarnim 82
Liegnitz 76
Limsdorf, Kr. Beeskow 94
Lindenfels, Kr. Bensheim 52
Lindow, Kr. Ruppin 19
Lingen, Gft. 10
Lippe, Gft. 12
Lissa, Posen 25, 76
Livland 77
Löbau, Sachsen 25
Löbejün, Saalkreis 29
Löcknitz, Kr. Randow 19, 21
Löwen, Kr. Warburg, Westf. 11
Löwenberg, Kr. Ruppin 81 f.
Löwenberg, Schlesien 25

Löwenstein, Kr. Heilbronn 44
Lohr, Kr. Zabern 60
Loisachtal, Obb. 66
Lombardei 48
Lossa, Kr. Eckartsberga 89
Lothringen 54, 56-58, 63, 67, 73
Luckenwalde, Brandenburg 79
Ludwigshafen 54
Lübeck 8, 67, 80, 83, 99
Lübz, Kr. Parchim 83
Lüchow, Niedersachsen 10
Lüneburg 9, 78, 80, 91
Lütgenede, Kr. Warburg, Westf. 11
Lüttich 55, 63
Luxemburg 56, 63
Luzern 62
Luzernertal, Piemont 56
Lyon 76

Mähren 26-28, 66 f., 70, 76 f.
Magdeburg 6, 17, 28-30, 47, 67, 78 f., 81, 83 f., 87, 93
Mainfranken 73
Maingebiet 38
Mainhardtswald, Württ. 68
Mainstockheim, Kr. Kitzingen 69
Mainz 40, 55, 63, 86
Malchin, Mecklenburg 24, 99
Maleschau, Kr. Kuttenberg 27
Mannheim 39
Mansfeld 81
Marburg 37, 63
Mark, Gft. 10 f., 92
Mark Brandenburg (Kurmark) 9, 17-21, 25, 47, 56, 62, 76-84, 86, 92, 94-96, 99, 101
Markgräflerland 61, 63, 65
Markirch, Elsaß 58, 63
Marklissa, Kr. Lauban 74
Marktredwitz, Oberfranken 70
Marsberg, Westf. 12
Maßfeld, Kr. Meiningen 33
Maulbronn, Württ. 67
Mechow, Kr. Schönberg 87
Meckenheim, Kr. Neustadt a. d. Weinstr. 53
Mecklenburg 9, 17, 23 f., 47, 77 f., 80 f., 83 f., 98-101
Meffersdorf, Kr. Lauban 75
Meiningen 33, 77
Meißen 15, 80
Melchnau, Kt. Bern 60
Melsungen, Hessen 37
Memmingen 45
Mettlach, Saar 40
Mettmann, Rheinland 13
Metzingen, Kr. Urach 44
Minden 10, 78, 92

Minfeld, Kr. Germersheim 54
Mirow, Mecklenburg 23, 98
Mitteldeutschland 78, 81, 85, 89, 93
Mittelhavel 80
Mittelmark 19
Mömpelgard 58, 61, 63
Mörchingen, Lothringen 58
Mörs 56
Monschau 13
Montafon 66
Mudau, Kr. Buchen, Baden 38
München 44 f., 72 f., 86 f.
Münchingen, Kr. Leonberg 67
Münchweiler, Kr. Pirmasens 54
Münster, Westf. 11
Münden, Hannover 10
Münstertal, Vogesen 42, 60, 63
Münzesheim, Kr. Bretten 61
Munderkingen, Breisgau 42
Muskau, Schlesien 26
Mutterstadt, Kr. Ludwigshafen 54, 56

Nachod, Böhmen 27
Nagold, Württ. 43
Nassau 53, 76
Natscheradetz, Kr. Beneschau 26
Naugard, Pommern 22
Naumburg, Saale 31 f., 78
Naumburg a. B., Kr. Freystadt 25
Neapel 72
Neckarland 85
Nedlitz, Kr. Potsdam 19
Neiße, Schlesien 25, 76
Nemerow, Kr. Stargard 23
Nesselwang, Allgäu 46
Neubessingen, Kr. Karlstadt 91
Neubrunn, Kt. Zürich 53
Neuburg, Kr. Krumbach 66
Neudamm, Neumark 82
Neuenburg, Rhein 42
Neuenheim, zu Heidelberg 53
Neuenkirchen, Kr. Greifswald 21, 84
Neuhaldensleben 29
Neuhausen, Kr. Freiberg 74
Neuhof, Kr. Kuttenberg 27
Neuhütte, Kr. Heilbronn 68
Neumark, die 17, 20, 82, 84, 96
Neumarkt, Schlesien 25
Neunkirchen, Saar, 51
Neurode, Kr. Glatz 25
Neustadt b. Koburg 36
Neustadt, Orla 32
Neustadt a. d. Weinstraße 53
Neustadt, Holstein 8
Neustettin, Pommern 103
Neuweiler, Kr. Zabern 42

Neuwernsdorf, Kr. Freiberg 74
Niederaula, Kr. Hersfeld 37
Niederbronn, Kr. Hagenau 42
Niederdeutschland 8, 81 f.
Niederlande 10 f., 56, 63, 76, 81; s. auch Holland
Niederlausitz s. Lausitz
Niederösterreich 70, 72; s. auch Österreich
Niederrhein 13 f., 56, 81
Niedersachsen 7, 9 f., 14, 30, 44, 47, 78, 80 f., 84, 91, 93 f.
Niederschlesien 76; s. auch Schlesien
Niederseiffenbach, Kr. Freiberg 74
Nördlingen 6, 43, 68
Nötzingen, Kr. Kirchheim 67
Norddeutschland 81, 83 f.
Nordwestdeutschland 7, 15, 47, 91, 93
Northeim 10
Nürnberg 35, 46, 68–70
Nuthe – Nieplitzniederung, Mark 80

Oberbayern 44, 66, 72; s. auch Bayern
Oberdeutschland 62, 67, 84, 89
Oberdorf, Allgäu 46, 65
Oberlausitz s. Lausitz
Obermossau, Kr. Erbach 52
Oberösterreich 54, 66–68, 70, 72; s. auch Österreich
Oberpfalz 44 f., 69 f.
Oberrhein 62, 65; s. auch Rheinland
Oberrheingebiet 38 f., 53, 64
Oberschlesien 76; s. auch Schlesien
Oberseiffenbach, Kr. Freiberg 74
Obersontheim, Kr. Gaildorf 43 f.
Oberspechbach, Kr. Altkirch 60
Oberstdorf, Allgäu 45 f.
Obersteinbach, Kr. Scheinfeld 69
Obersteinbrunn, Kr. Mülhausen 60
Odenwald 38, 52 f., 90
Oderbruch 20 f., 80
Odernheim, Kr. Rockenhausen 54
Oebisfelde, Kr. Gardelegen 29
Öhrberg, Kr. Bad Kissingen 91
Österreich 14, 24, 28, 64–69, 72 f., 76–78, 81, 84, 88, 90
Oettingen, Gft. 69
Oggersheim, Kr. Ludwigshafen 56
Ohlau, Schlesien 25
Oldenburg 9 f., 78
Olmütz 5
Opotschno, Kr. Neustadt, Mettau 27
Oppeln, Schlesien 25
Oranienburg, Barnim 96
Orlamünde, Thür. 77
Ortenberg, Kr. Büdingen 38
Ortenburg, Kr. Vilshofen 68

Ortenburg, Gft., Kärnten 72
Osnabrück 13, 44
Ostdeutschland 94
Osterburg, Altmark 18
Osthavelland 80
Ostheim, Kr. Gunzenhausen 69
Ostmark 68
Ostpreußen 7; s. auch Preußen
Otterberg, Kr. Kaiserslautern 54, 56
Ottweiler, Saar 41, 51, 57

Paderborn 11 f.
Pappenheim, Kr. Weißenburg, Fr. 69
Pegnitz, Oberfranken 68 f.
Peitz, Kr. Cottbus 20
Perleberg, Priegnitz 18
Pfaffenhofen, Obb. 44
Pfalz 17, 39, 42, 47, 53–56, 60, 63 f., 67, 69, 76–78, 81 f., 85
Pfalz – Neuburg 69 f.
Pfirt, Elsaß 63
Pfullendorf, Württ. 67
Picardie 57
Piemont 54, 56, 68
Pirna, Sachsen 15
Plau, Kr. Parchim 23
Pleystein, Kr. Vohenstrauß 69
Poel, Insel b. Wismar 24
Polen 66, 76 f., 79
Pommern, auch Vor-, Hinter- und Ost-, 17, 21 f., 47, 56, 76–78, 80–84, 98–104
Poppenhausen, Kr. Hildburghausen 34
Posen 25
Potsdam 19
Prädikow, Oberbarnim 80
Prag 26 f., 74, 76, 78
Preußen 7, 15, 78, 81 f., 84, 95; s. auch Ost-, Westpreußen
Priegnitz 17 f., 21, 79–82
Pritzwalk, Priegnitz 18
Pürglitz, Kr. Rakonitz 27
Pulsnitz, Kr. Bischofswerda 15
Purschenstein, Kr. Freiberg 74

Ragow, Kr. Beeskow 94
Ramholz b. Schlüchtern, Hessen 38
Ratingen, Kr. Düsseldorf-Mettmann 14
Ratzeburg, Mecklenburg 24, 83, 87
Raudten, Kr. Lüben 25
Ravensberg, Gft. 10, 92
Rawitsch, Posen 25
Rechbergreuthen, Kr. Günzburg 66
Recklinghausen 11
Regensburg 68, 70
Rehborn, Kr. Rockenhausen 53 f.
Reichenbach, Eulengebirge 24

Reichenbach, Kr. Freiberg 87 f.
Reichenbach, Kr. Görlitz 25
Reichersberg, Kr. Pfarrkirchen, Ndb. 44
Remigiusland 53
Renchtal, Baden 64
Rettenberg, Kr. Sonthofen 65
Rettwitz, Kr. Weimar 30
Reußendorf, Kr. Brückenau 91
Rhätikon 66
Rheine, Westf. 11
Rheinhessen 53
Rheinland 11, 13 f., 47, 59, 66, 68–70, 72, 76 f., 81, 92; s. auch Ober- und Niederrhein
Rheinpfalz s. Pfalz
Rheinweiler, Kr. Müllheim 61
Rhinow, Kr. Rathenow 80
Rhön 33 f., 90
Riegel, Kr. Emmendingen 62
Riesa, Sachsen 15
Rieschweiler, Kr. Zweibrücken 54
Rippberg, Kr. Buchen 90
Ritberg, Odenwald 38
Rittersdorf, Kr. Weimar 30
Rodach b. Koburg 36
Römhild, Kr. Hildburghausen 35 f.
Rohrbach, Kr. Bergzabern 63
Rohrbach b. Weimar 31
Rosenheim, Obb. 44
Rostock 24
Rotenburger Quart 36
Roth, Kr. Schwabach 68 f.
Rothenburg o. d. T. 68
Rügen 21, 101 f.
Rügenwalde, Pommern 104
Ruhla, Thüringen 34
Rummelsburg, Pommern 22, 103
Ruppin, Gft. 17, 19, 21, 78 f., 82

Saalegebiet 3, 30
Saalfeld, Thür. 32
Saalkreis 28
Saanen, Kt. Bern 60
Saarburg 40, 87
Saargemünd 41
Saarland, -gebiet, -pfalz 40 f., 50 f., 56 f., 59, 76
Saarmund, Kr. Zauche 19
Saarwerden, Gft. 42
Saaz 75
Sachsen 15–17, 20, 28, 31 f., 56, 61, 70, 73 bis 82, 84 f., 87, 89, 93, 96, 99
Sachsen – Altenburg 32, 86
Sachsen – Weimar 30, 77
Sachsenburg, Kr. Eckartsberga 31
Sagan, Schlesien 25
Salzburg 14, 56, 65–67, 70, 73

Salzuflen, Bad, Kr. Lemgo 13
Salzwedel, Altmark 7, 18
Sand, Amt, Rhön 33 f.
Sandberg, Kr. Bad Neustadt, Saale 91
Sands, Kr. Mellrichstadt 90
St. Gallen 67
St. Georgen, Kr. Villingen 62
St. Ingbert, Saar 41, 51
St. Johann, zu Saarbrücken 57
St. Peter, Kr. Freiburg i. Br. 42
Sanzenbach, Kr. Schwäb. Hall 89
Saßen, Land 80
Sauerland 10–12
Savoyen 61 f.
Sayda, Kr. Freiberg 74
Schärding, Oberdonau 44
Schaffhausen 62
Schaumburg, Gft. 9
Schievelbein, Pommern 22
Schifferstadt, Kr. Speyer 53
Schilde, Priegnitz 80
Schlawe, Pommern 22, 103
Schlesien 17, 24 f., 28, 47, 52, 56, 62, 67, 69 f., 75–81, 97
Schleswig-Holstein 3, 8 f., 14, 47, 84, 101; s. auch Holstein
Schlettstadt, Elsaß 60, 65
Schleusingen 32 f., 86
Schönberg, Kr. Lauban 25, 74 f.
Schongau, Obb. 44
Schopfheim, Kr. Lörrach 61
Schotten, Kr. Büdingen 53
Schottland 61, 78
Schriesheim, Kr. Mannheim 50, 53
Schützingen, Kr. Maulbronn 67
Schwabach, Mittelfranken 68
Schwaben 46, 65–68, 72, 77, 81
Schwäbisch Hall 43, 89
Schwäbische Alb 44, 64, 67, 85
Schwarzwald 42 f., 62, 64 f., 67 f., 86
Schwarzwald, Amt, Thür. 30
Schweden 48, 54, 76 f., 79, 81–84, 102
Schweidnitz, Schlesien 25, 78
Schweinekoven, Priegnitz 80
Schweiz 14 f., 48, 52–57, 59–61, 63–69, 76, 78, 82, 84
Schwelm, Westf. 11
Schwerin, Mecklenburg 23 f., 83, 99
Schwimbach, Kr. Hilpoltstein 68
Seehausen, Altmark 18
Segeberg, Holstein 80
Seidenberg, Kr. Lauban 74 f.
Seifersdorf, Kr. Freiberg 87 f.
Seiffen, Kr. Freiberg 74
Seißen, Kr. Blaubeuren 66
Seligenstadt, Main 38, 55 f.

Siebenbürgen 62
Siegburg 14
Siersberg, Kr. Saarlautern 40
Sigmaringen 67
Simmental, Schweiz 60
Sindringen, Kr. Öhringen 7
Skandinavien 84
Söhnstetten, Kr. Heidenheim 43
Soest, Westf. 11
Sooden-Allendorf, Bad, Kr. Witzenhausen 37
Solingen 13 f.
Solothurn 62
Sonneberg, Thür. 36
Sonnefeld, Kr. Koburg 35
Sonthofen, Allgäu 46
Sorau, Schlesien 26
Spahl, Kr. Eisenach 34
Spandau 19
Spanien 79
Spessart 56
Speyer 50
Spreewald 20, 80
Sprottau, Schlesien 25
Stadthagen, Schaumburg 9 f.
Stargard, Mecklenburg 23, 50, 83, 98 f.
Stauden, die, Kr. Schwabmünchen 66
Staufen, Breisgau 62
Stavenhagen, Kr. Malchin 23
Steiermark 54, 66 f., 70, 72, 90
Steigerwald 68 f.
Steinlachtal, bei Tübingen 68
Steintal, Vogesen 63
Steinwenden, Kr. Kaiserslautern 40, 54
Stendal, Altmark 18
Sternberg, Land, Mark 17
Sternberg, Mecklenburg 24
Stettin 22 f., 100 f., 103
Stolp, Pommern 22, 103
Storkow, Mark 95
Stralsund 22, 100, 102
Straßburg 42, 63
Strausberg, Oberbarnim 18, 20
Stremmen, Kr. Beeskow 94
Striegau, Kr. Schweidnitz 25
Strohweiler, Kr. Urach 64
Stützerbach, Kr. Arnstadt 34
Stuttgart 43
Sudeten 76
Süddeutschland 60, 64, 94
Sülzfeld, Kr. Meiningen 51, 86 f.
Suffersheim, Kr. Weißenburg, Fr. 46
Suhl, Thür. 33
Sulz, Württ. 43
Sulza, Bad, Kr. Weimar 89
Sundgau 41, 60
Sundhausen, Kr. Schlettstadt 60, 65

Sundhofen, Kr. Kolmar 60

Tangermünde, Altmark 18, 82
Tauche, Kr. Beeskow 95
Tegernsee, Obb. 72 f.
Teltow, Mark 17, 20 f., 79, 81
Tenneberg, Kr. Gotha 31
Thalmässing, Kr. Hilpoltstein 69
Themar, Kr. Meiningen 33
Thorn 7
Thüringen 3, 17, 30–32, 47, 52, 56, 59, 61, 63, 69, 76 f., 81 f., 86 f., 89
Thüringer Wald 34
Tiefenbach, Kr. Sonthofen 45
Tiefenhülen, Kr. Ehingen 67
Tirol 14, 53 f., 56 f., 61, 65–67, 70, 72 f., 76–78, 81, 84, 91
Torgau 15
Traunstein, Obb. 44
Trautenau, Böhmen 27
Trebatsch, Kr. Beeskow 94
Tremmen, Kr. Westhavelland 79
Treysa, Kr. Ziegenhain 37
Triebsees, Kr. Grimmen 22
Trier 17, 40 f., 56, 73, 87
Tschenowitz, Kr. Kuttenberg 26
Tübingen 68

Uckermark 17, 19, 82
Udenheim, Kr. Oppenheim 56
Udestedt, Kr. Weimar 77
Ueckermünde 21 f., 84
Ulm 43 f., 66, 70, 72
Ummanz, Insel, Pommern 102
Ungarn 67, 69 f., 72
Unterboihingen, Kr. Nürtingen 43
Unterwalden, Schweiz 52
Urach, Württ. 44, 65, 67
Usedom, Pommern 22
Utzberg, Kr. Weimar 7

Venedig 73, 79
Verden 78, 80, 91
Vermandois 57
Veßra s. Kloster Veßra
Vielitz, Kr. Ruppin 79
Vieselbach, Kr. Weimar 7, 77
Villach, Kärnten 72
Vogelsberg, Hessen 63
Vogesen 62 f.
Vogtland 76 f.
Volkenroda, Kr. Mühlhausen, Thür. 31
Volmarstein – Herdicke, Kr. Hagen 11
Voralpenland 65
Vorarlberg 65, 67 f.
Vreden, Kr. Ahaus, Westf. 11

Wachenheim a. d. Weinstraße 54
Wain, Kr. Laupheim 72
Waldberg, Kr. Bad Neustadt, Saale 91
Waldeck, Gft. 36, 56, 82
Waldfischbach, Kr. Pirmasens 54
Waldkirch, Kr. Günzburg 66
Waldmichelbach, Kr. Heppenheim 52
Walksfelde, Kr. Schönberg 87
Walldorf, Kr. Wiesloch 54, 63
Walsertal 66
Walsheim, Kr. Landau 54
Wanzka, Kr. Strelitz 23
Wanzleben, Prov. Sachsen 29
Warburg, Westf. 12
Warendorf, Westf. 11
Wardenburg, Kr. Oldenburg 10
Warnemünde 24
Wasserburg, Inn 44
Wassertrüdingen, Kr. Dinkelsbühl 68
Wasungen, Kr. Meiningen 33
Wegrain – Kleinarlertal, Salzburg 14
Weidenhausen, Kr. Biedenkopf 37
Weilerbach, Kr. Kaiserslautern 40
Weilertal, Elsaß 42
Weilheim, Obb. 44
Weimar 29–32, 50, 77
Weißenburg, Franken 47, 49, 68, 70
Weißenburg, Pfalz 54
Welferdingen, Kr. Saargemünd 41
Wemding, Kr. Donauwörth 44
Wendland 10
Wengen, Kr. Hilpoltstein 69
Wenigumstadt, Kr. Obernburg 55
Werratal 33
Werschweiler, Kr. St. Wendel 41
Wesenberg, Mecklenburg 23
Wesertal 12 f.
Westdeutschland 87
Westeregeln, Kr. Wanzleben 51
Westfalen 10 f., 13–15, 47, 56, 75–78, 81
Westhofen, Kr. Molsheim 42
Westhofen, Kr. Worms 56
Westpreußen 7, 66, 77
Wetter, Kr. Hagen 11
Wetterau 37 f., 54, 76
Wetzlar 37
Wiehe, Kr. Eckartsberga 31, 89
Wien 72 f., 78
Wiesbaden 53
Wildeshausen, Kr. Oldenburg 9
Wilstermarsch 9
Wimmenau, Kr. Zabern 64
Winsen (Luhe) 10
Winterbach, Kr. Zweibrücken 54
Wismar 24, 83, 99
Wittenberg 15

Wittingau, Böhmen 98
Wittstock, Priegnitz 18
Witzenhausen, Hessen 37
Wöhrd, zu Nürnberg 68
Wörth, Elsaß 60
Wolfenbüttel 9
Wolfhagen 37
Wolgast, Pommern 100 f.
Worms 78
Wredenhagen, Kr. Waren 23
Wriezen, Oberbarnim 20
Württemberg 1, 17, 42–44, 47, 56, 59 f., 62 f., 65–69, 78, 85, 89
Würzbach, Kr. St. Ingbert 41
Würzburg 33, 70, 86, 90 f.

Wulfersdorf, Kr. Beeskow 95
Wunsiedel 70
Wuppertal 13
Wurzen 15
Wustrow, Kr. Lüchow 9

Ysenburg s. Isenburg

Zauche 17, 19, 21, 78 f., 81
Zirnau, Kr. Budweis 27
Zittau 25
Zürich 14 f., 52–54, 62 f., 67
Zusamaltheim, Kr. Wertingen 66
Zweibrücken 40, 54, 56
Zwickau 2 f.

Bei Fragen zur Produktsicherheit wenden Sie sich bitte an:
If you have any questions regarding product safety,
please contact:

Walter de Gruyter GmbH
Genthiner Straße 13
10785 Berlin
productsafety@degruyterbrill.com